中国新疆
历史与现状

厉 声 等著

五洲传播出版社

图书在版编目（CIP）数据

中国新疆：历史与现状 / 厉声等著 . — 北京：五洲传播出版社，
2013.8

ISBN 978-7-5085-2564-8

Ⅰ.①中… Ⅱ.①厉… Ⅲ.①新疆—地方史 Ⅳ.① K294.5

中国版本图书馆 CIP 数据核字（2013）第 176042 号

中国新疆　历史与现状

著　　者：厉　声　等

策划编辑：荆孝敏　付　平

责任编辑：苏　谦

封面设计：北京正视文化艺术有限责任公司

制　　作：北京金海德科贸发展有限公司

出版发行：五洲传播出版社

地　　址：北京市海淀区北三环中路 31 号生产力大楼 B 座 7 层

邮　　编：100088

电　　话：010-82005927，82007837

网　　址：www.cicc.org.cn

承印者：北京圣彩虹科技有限公司

版　　次：2013 年 10 月第 1 版第 1 次印刷

开　　本：889×1194 毫米　1/16

印　　张：23

定　　价：50.00 元

目录

引 言

六分之一国土：中国最大的省区

新疆维吾尔自治区位于中国西北边疆，地处亚欧大陆腹地，全区面积 166.49 万平方公里，占中国国土面积的 1/6。周边与 8 个国家接壤，陆地边境线长 5600 公里，占中国陆地边境线总长度的 1/4，是中国边境线最长、接壤国家最多的省区。国内与西藏自治区、青海省、甘肃省相邻。

一、"三山夹两盆"的地形特色

新疆全境地形轮廓呈现"三山夹两盆"的地形特色。"三山"即北部的阿尔泰山、中部的天山和南部的昆仑山及喀喇昆仑山；"两盆"即北部的准噶尔盆地、南部的塔里木盆地。以天山山脉为中轴，把新疆分为北疆和南疆两个自然条件有明显差异的部分。习惯上，吐鲁番、哈密一带又称东疆。

天山是亚洲最大的山系，东西长约 2500 公里，南北宽约 250—300 公里。由三列大致平行的山岭组成，崇山峻岭之间形成大小不等、高度不一的盆地和谷地，如伊犁谷地、大小尤勒都斯盆地、焉耆盆地、吐鲁番盆地和哈密盆地。天山最高峰为托木尔峰，海拔 7435.5 米，位于乌鲁木齐东的博格达峰海拔为 5445 米。天山东端的吐鲁番盆地海拔 -154 米，是中国陆地最低点。阿尔泰山因盛产黄

金被称为金山，其主体在蒙古国境内，呈西北至东南走向，中段
在中国境内，长约 500 公里，海拔 2000—3000 米以上，最高峰是
友谊峰，海拔 4373 米。昆仑山和喀喇昆仑山均起自帕米尔高原，
并行逶迤向东，喀喇昆仑山入藏北与冈底斯山相连，昆仑山经新
疆、西藏地界进入青海、四川。昆仑山在新疆绵延 1800 公里，宽
150 公里，山脊大多海拔 5000 米以上。其中公格尔峰海拔 7719
米，公格尔九别峰海拔 7595 米，慕士塔格峰海拔 7546 米，被称
为"冰山之父"，三峰又誉为"昆仑三雄"。喀喇昆仑山群峰都在
海拔 5000—6000 米以上，其中乔戈里峰位于中国和巴基斯坦边界，
海拔 8611 米，为世界第二高峰，也是新疆最高峰。有"万山之父"
之誉的帕米尔高原是由喀喇昆仑山、天山和兴都库什山交汇而成。

准噶尔盆地处在天山、阿尔泰山之间，面积 18 万平方公里，
平均海拔 500 米。盆地南缘为天山脚下的冲积型平原，已形成绿
洲农业区；盆地中部为古尔班通古特沙漠，面积 4.5 万平方公里，
为中国第二大沙漠；盆地西部有阿拉山口、额尔齐斯河谷，自古
即为交通要道。塔里木盆地在天山以南，是高原环抱的内陆盆地，
仅东端与河西走廊相通。盆地中部是著名的塔克拉玛干沙漠，面
积约 33 万平方公里，是中国面积最大的沙漠。盆地周缘有依靠高
山雪水灌溉而形成的水草丰茂的绿洲。

以天山为界，北疆为温带大陆性干旱、半干旱气候，南疆为温
带大陆性干旱气候。大陆性气候特征显著。年均温度，北疆 4℃—
9℃，南疆 7℃—14℃。

二、物产资源富集

新疆维吾尔自治区资源丰富，有着巨大的开发潜力。一是水

土光热资源丰富，发展特色农牧业的优势突出；二是矿产、生物资源富集，种类全、储量大；三是旅游资源丰富多彩，极具特色。

水土光热资源。新疆可用于农林牧业的土地面积约 7147 万公顷，占全区土地总面积的 41.19%，其中可垦地 733 万公顷，已耕地 412.5 万公顷；可利用天然草地约 4800 万公顷；人工造林保存面积约 70 万公顷，林木蓄积量约 2.76 亿立方米。

新疆有大小河流 570 多条，大多数属内流河，多以高山冰川为源，或积水成湖，或流失于沙漠之中。主要河流有塔里木河、额尔齐斯河、伊犁河、开都河。塔里木河全长 2137 公里，是中国最长的内流河，上源出于帕米尔高原和昆仑山、天山，环流于塔里木盆地北部，最终流入台特马湖和罗布泊。伊犁河是新疆水量最大的内流河，穿行于伊犁谷地，自西出境流入巴尔喀什湖。额尔齐斯河是中国唯一注入北冰洋的河流。新疆还有众多湖泊，其中面积大于 1 平方公里的共 139 个，总面积达 5500 平方公里；面积大于 100 平方公里的 11 个，面积大于 500 平方公里的 4 个。天山山间盆地中的博斯腾湖是新疆最大的淡水湖，吐鲁番盆地的艾丁湖是中国海拔最低的湖泊，阿尔泰山密林中的喀纳斯湖是典型的冰蚀—冰碛湖，湖面海拔 1370 米，最深处 188.5 米，为中国第二深水湖泊。高山湖泊赛里木湖有"青蓝深浅层出，波平似镜，天光山色倒映其中，倏忽万变莫可名状"之美誉。乌鲁木齐东北有深藏天山中的天池，面积虽不大，但湖区景色艳美。其他较著名的湖泊还有乌伦古湖、艾比湖等。

新疆冰川资源丰富，已知冰川 1.86 万余条，面积达 2.63 万平方公里，约占亚洲山岳冰川面积的 21.6%，占中国冰川储量的 50%，冰川融水占新疆河流量的 21%（约 170 亿立方米）。农田灌溉面积占耕地面积 80% 以上。全区地表水年总径流量 884 亿立方米，地下水可开采量 252 亿立方米。水能资源理论蕴藏量 3350 万千瓦，其中可开发装机容量为 1796 万千瓦。

新疆又是中国日照最多的地区之一，光热资源充裕。全年日照时数达 2600—3400 小时。全年太阳能总辐射量每平方米为 5400—6300 兆焦耳，仅次于青藏高原，在全国主要农业区中是最丰富的，这就为作物、牧草生长提供了能量基础，为太阳能利用提供了充足的光热资源。

矿产、生物资源。 新疆矿产资源丰富，品种齐全。据统计，全国已发现的 168 个矿种中新疆有 138 种，占全国已发现矿种的 82.14%。其中已列入全国矿产储量表中的新疆矿产储量占全国首位的有铍、钠硝石、白云母、蛭石、陶瓷土 5 种；居全国前五位的有煤、石油、天然气等 27 种。新疆是中国矿产资源主要开发利用的大省区。新疆的石油、天然气储量开发潜力巨大，可供油气勘探的沉积盆地总面积超过 90 万平方公里。据全国第二次油气资源评价，新疆蕴藏着 208.6 亿吨石油资源和 10.3 万亿立方米天然气资源，分别占到全国陆上油气资源总量的 30% 和 34%。南疆的塔里木盆地、北疆的准噶尔盆地和东疆的吐鲁番盆地分别发现一批高产油气田。新疆煤炭的预测量是 2.19 万亿吨，占全国煤炭预测量的 40%，在已探明的储量中，大多数煤田的煤层厚度大、储量多、煤质优、埋藏浅、易开发，还有多种伴生矿可以综合利用。

新疆的生物资源极为丰富。温带农作物齐全，粮食作物以小麦、玉米、水稻为主，经济作物有棉花、甜菜、啤酒花等。新疆的棉花以其纤维长、色泽白、质量好而闻名，是中国最大的长绒棉生产基地，产量占中国长绒棉总产量的 90% 以上。新疆素有"瓜果之乡"的美誉，最有名的如吐鲁番无核葡萄、鄯善和伽师的甜瓜（亦称哈密瓜），库尔勒的香梨、库车的白杏、莎车的巴旦

木、阿图什的无花果、和田的薄皮核桃、叶城的石榴等。新疆的
林业占地面积约为 133.3 万公顷，人工林面积有 46.6 万公顷，天
然林区和森林资源主要分布在天山和阿尔泰山等山区。新疆可利
用的草原面积约占中国草原面积的 23%。家畜以绵羊为主，新疆
细毛羊、阿勒泰大尾羊、库车黑羔皮羊等闻名于世，其他优秀品
种还有伊犁马、塔城牛、双峰驼等。

旅游资源。新疆旅游资源极为丰富，拥有千姿百态的自然景
观和绚丽多彩的人文景观。其特征表现为：总量大、类型全、层
次高、组合优、功能多，有些旅游资源堪称"中国之最"乃至
"世界之最"。按照《中国旅游资源普查规范》的资源分类，新疆
六大类型资源齐备，在 68 种基本类型中新疆至少拥有 56 种，占
全国实体旅游资源总量的 83%，居全国各省、市、自治区之冠。
自然景观方面，有浩瀚的沙漠、辽阔的草原，有世界第二高峰
——乔戈里峰、世界第二低地——吐鲁番艾丁湖，有风光旖旎的
高山湖泊和众多的气泉、温泉。人文景观方面，有驰名世界的遗
址、石窟、佛洞，有风格迥异的清真寺、喇嘛庙、佛寺，有古今
各民族名人的墓地和纪念馆，有极富民族特色的民族文化、歌舞
艺术、服饰艺术和独具特色的民族食品。

三、民族人口

截至 2011 年末，新疆维吾尔自治区总人口 2208.71 万，自治
区是个多民族地区，有 47 个民族。汉族以外的其他民族有 1364.29
万人，其中维吾尔族人口 1037.04 万人，占全疆总人口的 46.4%，
分布在全疆多数地区，天山以南的喀什、和田、阿克苏以及东疆
地区的哈密、吐鲁番等地区最为集中。维吾尔族是信仰伊斯兰教

的主体民族，有着悠久的历史和灿烂的文化，其民族音乐、传统手工艺丰富多彩。他们能歌善舞，有着热情开朗的性格。除维吾尔族外，世代居住在这里的还有汉、哈萨克、回、蒙古、柯尔克孜、锡伯、塔吉克、乌孜别克、满、达斡尔、塔塔尔、俄罗斯族等 12 个民族，他们是新疆的主要民族。此外，还有东乡、撒拉、藏、苗、彝、布依、朝鲜族等 34 个民族。汉族分布在全疆各地，人口约 844.42 万，约占全疆人口的 39.3%；哈萨克族人口约有154.26 万，占全疆人口的 7.08%，主要分布在伊犁哈萨克自治州、木垒哈萨克自治县和巴里坤哈萨克自治县；回族人口有 100.34 万，遍布天山南北，主要分布在昌吉回族自治州等地；蒙古族人口有17.89 万，主要聚居在巴音郭楞蒙古自治州、博尔塔拉蒙古自治州、和布克赛尔蒙古自治县；柯尔克孜族 19.40 万人，80% 居住在克孜勒苏柯尔克孜自治州；塔吉克族 4.73 万人，60% 聚居在塔什库尔干塔吉克自治县；锡伯族 4.27 万人，大部分聚居在察布查尔锡伯自治县和霍城县、巩留县；乌孜别克族 1.74 万人；满族 2.64 万人，散居全疆各地；达斡尔族 6884 人，主要聚居在塔城、霍城；塔塔尔族 4950 人；俄罗斯族 1.16 万人，散居在天山南北，是 18 世纪后陆续从沙皇俄国迁来的。

四、行政区划

新疆维吾尔自治区成立于 1955 年 10 月 1 日。自治区下设地区、自治州和直辖市；地、州、市下设县、自治县、市和市辖区；县、市、区下设乡、民族乡和镇。除地区行政公署为自治区人民政府的派出机关，代表自治区人民政府行使权力外，自治州、直辖市和县、自治县、市、市辖区以及乡、民族乡、镇等各级行政单位均设有人民代表大会和它的执行机关人民政府。自治区、自治州、自治县的自治机关除行使《中华人民共和国宪法》等有关法律规定的职权外，同时依照《中华人民共和国民族区域自治法》规定的权限行使自治权。

为发展多民族的政治、经济、文化等建设事业，实现各民族人民的完全平等，根据《中华人民共和国民族区域自治实施纲要》，并报经中央人民政府政务院批准，新疆于1953—1954年间相继设立了伊犁哈萨克自治州（辖3个专区）、巴音郭楞蒙古自治州（辖3个县）、博尔塔拉蒙古自治州（辖3个县）、昌吉回族自治州（辖3个县）、克孜勒苏柯尔克孜自治州（辖4个县）等5个自治州和6个自治县。自治区成立50余年来，自治州、自治县的个数虽无变化，但自治州所辖县级行政单位发生了一定的变化。为了充实和加强自治地方的发展实力，解决发展过程遇到的问题，1958年在撤销乌鲁木齐专署时，将其所辖的奇台等5县并入昌吉回族自治州；1960年撤销库尔勒专署时，将其所辖的库尔勒等5县并入巴音郭楞蒙古自治州。

新疆维吾尔自治区现辖5个自治州、7个地区、7个区辖市、9个地辖市、8个州辖市、62个县、6个自治县、11个市辖区、857个乡镇。与自治区成立前相比，除自治州、自治县没有变动外，地区由10个减至7个，县由76个减至62个，市由3个增至24个，市辖区由0个增至11个。

自治区首府设在乌鲁木齐市。

新疆维吾尔自治区行政区划简表

自治区直辖行政单位		驻地	所辖县、市、辖区名称	合计
乌鲁木齐市		天山区	天山区、沙依巴克区、新市区、水磨沟区、头屯河区、达坂城区、米东区、乌鲁木齐县	7区1县
克拉玛依市		克拉玛依区	克拉玛依区、独山子区、白碱滩区、乌尔禾区	4区
石河子市		石河子市		
阿拉尔市		阿拉尔市		
图木舒克市		图木舒克市		
五家渠市		五家渠市		
铁门关市		铁门关市		
巴音郭楞蒙古自治州		库尔勒市	库尔勒市、和静县、和硕县、轮台县、尉犁县、若羌县、且末县、博湖县、焉耆回族自治县	1市8县
博尔塔拉蒙古自治州		博乐市	博乐市、阿拉山口市、精河县、温泉县	2市2县
伊犁哈萨克自治州（驻伊宁市）	州直辖行政单位	伊宁市		2市8县
	奎屯市、伊宁市、霍城县、伊宁县、尼勒克县、新源县、特克斯县、昭苏县、巩留县、察布查尔锡伯自治县			
	塔城地区	塔城市	塔城市、乌苏市、托里县、额敏县、沙湾县、裕民县、和布克塞尔蒙古自治县	2市5县
	阿勒泰地区	阿勒泰市	阿勒泰市、北屯市、青河县、富蕴县、吉木乃县、福海县、哈巴河县、布尔津县	2市6县
昌吉回族自治州		昌吉市	昌吉市、阜康市、奇台县、吉木萨尔县、呼图壁县、玛纳斯县、木垒哈萨克自治县	2市5县
克孜勒苏柯尔克孜自治州		阿图什市	阿图什市、阿合奇县、乌恰县、阿克陶县	1市3县
哈密地区		哈密市	哈密市、伊吾县、巴里坤哈萨克自治县	1市2县
吐鲁番地区		吐鲁番市	吐鲁番市、鄯善县、托克逊县	1市2县

（续表）

自治区直辖行政单位	驻地	所辖县、市、辖区名称	合计
阿克苏地区	阿克苏市	阿克苏市、库车县、沙雅县、新和县、温宿县、拜城县、乌什县、柯坪县、阿瓦提县	1市8县
喀什地区	喀什市	喀什市、巴楚县、伽师县、疏附县、疏勒县、英吉沙县、岳普湖县、麦盖提县、泽普县、莎车县、叶城县、塔什库尔干塔吉克自治县	1市11县
和田地区	和田市	和田市、和田县、皮山县、墨玉县、于田县、洛浦县、策勒县、民丰县	1市7县

五、周边国界

新疆维吾尔自治区与 8 个国家毗邻，依次为蒙古国、俄罗斯联邦、哈萨克斯坦共和国、吉尔吉斯斯坦共和国、塔吉克斯坦共和国、阿富汗共和国、巴基斯坦伊斯兰共和国、印度共和国。

新疆维吾尔自治区与蒙古国接壤的边界。1982—1984 年，中蒙两国共同对边界全线组织了第一次联合检查，签订了联检议定书并绘制了边界附图。1989 年 10 月，《中华人民共和国、蒙古人民共和国边界制度和处理边境问题的条约》经两国政府批准生效。这是中国与邻国缔结的第一个边界制度条约。

1993 年，经两国政府批准，在中蒙边界西段开放了哈密地区的老爷庙、昌吉回族自治州的乌拉斯台、阿勒泰地区的塔克什肯和红山嘴 4 个陆路口岸。

新疆维吾尔自治区与俄罗斯联邦接壤的边界。此段中俄边界俗称中俄边界西段，位于新疆北部阿勒泰地区，全长约 55 公里。1994 年 9 月两国签订了西段边界协定。

新疆维吾尔自治区与哈萨克斯坦共和国接壤的边界。此段边界位于新疆西部，北起中、俄、哈 3 国交界处，南至中、哈、吉 3 国交界处，全长约 1700 余公里，1993 年两国政府签订了边界协定。经两国政府批准，在中哈边界上开有 7 个口岸。目前正式开放过货的有吉木乃、巴克图、阿拉山口、霍尔果斯 4 个口岸。

新疆维吾尔自治区与吉尔吉斯斯坦共和国接壤的边界。此段边界北起天山山脉中、哈、吉 3 国交界处，南至中、吉、塔 3 国交界处，边界全长 1000 余公里。在两国相邻的边界线上，经两国政府批准开放了吐尔尕特和伊尔克什坦 2 个陆路口岸。

新疆维吾尔自治区与塔吉克斯坦共和国接壤的边界。此段边界全长约 450 余公里。

新疆维吾尔自治区与阿富汗共和国接壤的边界。此段边界全长 92.45 公里。1963—1965 年中阿两国政府签订了边界条约。

新疆维吾尔自治区与巴基斯坦伊斯兰共和国接壤的边界。此段边界全长 599.1 公里，1963 年中巴两国政府签订了边界协定。经两国政府批准，开放了红其拉甫陆路口岸。

新疆维吾尔自治区与印度共和国接壤的边界。此段边界长约 200 公里，由于历史原因，边界尚未正式划定，目前以传统习惯线为界。

第一章

多民族区域的历史发展

一、原始人口迁徙与文明的交流

1. 西域考古与原始居民

中国西北新疆地区，古时候属于泛称的西域。2000 多年前汉代史籍中首次出现西域的概念，其地域泛指玉门关、阳关以西的地方，以后也泛指历代中原王朝的西北部地区。尽管各朝史籍对西域的记载范围不同，但其中心部分都包括今天中国新疆在内的中亚地区。

西域原始人类最早出现在什么时候？随着 20 世纪考古发掘和研究的不断深入，这个涉及新疆人类历史源头的问题已经有了一个大致的轮廓。新疆已有关于旧石器时代遗址的报道，如交河故城西南台地发现两三万年前旧石器时代的打制石器工具。

新石器时代文化遗址的发现更多。不过，新石器时代的石器大多与铜器或铁器并存，年代有可能早到中石器时代，也有可能晚到青铜甚至早期铁器时代。西域周围地区，如前苏联中亚、南西伯利亚地区，中国的甘肃、青海地区，及印度等地的新石器遗址，年代均在距今 4000 年以前，在这之后，基本都步入了青铜时代。西域处于其中，不会有很大例外。综合这些情况，我们认为西域确有距今 4000 年以前的人类石器文化遗址，因此，我们对西域远古时代的叙述也以此为始。至于此前的一些考古结论和历史叙述，则有待于今后发掘和研究工作的进一步深入。

有关西域原始居民的研究，长期以来是学术界十分关注的问题。近 10 多年来，随着考古和西域古代人种及种族研究的不断深入，西域原始居民的来源、分布、迁徙、融合、发展等情况已有了一个大致的轮廓。西域尚未发现类人猿或猿人进化的遗址，据此可以推知，西域原始居民是在不同历史时期从周边迁徙而来的。虽然现有的资料还不能从古人类学上全面阐明今天新疆境内的古代人种和种族问题，但根据今和田地区、罗布泊地区、天山东段南麓哈密地区和伊犁地区的考古学和人类学资料，可以肯定迁入新疆的原始居民存在西方和东方两大人种支系成分。

2. 西域西方人种

西方人种指古代欧罗巴人种。这一部分种族迁入古代新疆的依据主要有两点。一是毗邻新疆的中亚考古和人类学资料。乌兹别克斯坦切舍克—塔什（石）洞穴中曾发现旧石器时代（莫斯特时期）的尼安德特人类型化石；东哈萨克斯坦曾出土具有克罗马农人特点的原始欧洲人种的两具头骨（一具属新石器时代，另一具属铜石并用时代），其他一些地区曾出土有极狭面的新石器时代头骨，这类头骨与欧洲地中海新石器时代墓地出土的头骨有诸多的共同点。根据这些资料可以推断，这一部分原始形态欧洲人种进一步向东迁徙到古代西域。二是新疆考古和人类学资料。尼安德特人和克罗马农人两种类型的原始欧洲人种成分在新疆境内铜器时代以后的古人类学材料中已经发现。中国著名古人类学学者韩康信先生指出："至少在铜器时代末期，具有原始形态类型的欧洲人种已经分布在罗布泊地区，目前还无法具体确定他们是从什么地方、通过什么途径来到新疆腹地的，然而古墓沟（属罗布泊地区）文化居民的人类学特征表明，他们与分布在南西伯利亚、哈萨克斯坦、中亚甚至伏尔加河下游的铜器时代居民都有密切的种族联系。"他又指出："具有地中海东支形态类型的欧洲人种成分似乎出现得较晚，在洛浦（属和田地区）山普拉丛葬墓、罗布泊楼兰城郊墓地及阿拉沟（天山东段南麓）古代丛葬墓已经发现了这样的类型。其中，山普拉和楼兰两处的基本成分就是这种类型。"韩康信先生还大致勾勒出古代新疆塔里木盆地周围原始人口的迁徙状况："中亚的地中海人种成分越过了帕米尔高原，一方面沿塔里木盆地的南缘向东推进到罗布泊地区，而这种类型也很可能是汉代楼兰国居民的重要组成部分，他们也很可能在这个地区与时间上更早占据罗布泊地区的原始形态的另一个欧洲人种成分居民相遇，并与后者一起参与了古代楼兰国居民的组成。""另一方面，一部分地中海人种成分沿塔里木盆地北向东渗进到天山东段地区，并且在渗进过程中可能比从其南方向东渗进的同类更多地与当地居民发生混杂。"而天山以北的原始人口状况是："在公元前后几个世纪，分布在伊犁河上游（天山以北）的古代塞人和乌孙（人），主要成分是另一种人类学类型，即以短颅型为基础的帕米尔—费尔干类型，或称中亚两河类型，其中也有中亚两河类型与安德洛诺沃（欧洲人种）变种类型的过渡特点。他们与中亚地区的其他塞人（不包括南帕米尔塞人）、乌孙时期的居民有明显相近的体质特点，与前述原始形态欧洲人种类型和地中海人种类型有明显的形态差异。"[1]

---

1 韩康信:《新疆古代居民种族人类学研究》，载《新疆古尸》，乌鲁木齐：新疆人民出版社，2002 年，第 214–223 页。

3. 西域东方人种

东方人种指蒙古利亚人种。目前，能够确切说明古代新疆这部分人种和种族的来源和分布的资料还很零碎，但根据现有的考古学和人类学资料可以做几点初步的判断。一是公元前蒙古利亚人种已迁入古代新疆。"大概在接近公元初，随着民族大迁徙开始，蒙古利亚人种类型特点程度不等地向正在形成的中亚两河类型（活动于今中亚和天山北部）'沉积'。"[1]二是从哈密焉布拉克墓地、罗布泊突厥墓地考古和人类学材料中推测，"可能至少在中国汉代以前，东、西方人种在新疆境内存在反方向渗入。但相比之下，蒙古利亚人种向西的渗入比较零碎，不如西方人种成分的东进活跃"。[2]三是在阿拉沟、哈密焉布拉克及较晚的楼兰和昭苏（伊犁地区）的古墓中，东、西方人种成分共存的现象（包括共存于同一墓地或同一墓穴）比较普遍，这是种族奴隶随葬，还是不同种族的家族成员同穴埋葬尚无从推断。

综上所述，古代新疆的原始居民是从周边迁徙进入的。迁徙主要来自西、东两个方面，迁徙的路线大致是沿草原（包括山脉深处的草场）、河流和盆地周围的山前冲积平原绿洲而运动的。由西方迁入的欧罗巴人种居民在西域分布的范围相对较广，他们逐步向东发展，至早期铁器时代已移动到今东疆哈密一带。从东部迁入的蒙古利亚人种主要分布在西域东部，他们逐步向西迁徙，在早期铁器时代已生活在今伊犁河流域。考古发掘和研究也证明，不同方向而来的西域原始居民在迁徙中相遇，并在人种成分上融合。

---

1 （俄）金兹布尔格：《与中亚各族人民起源有关的中亚古人类学基本问题》，载《民族学研究所简报》，俄文版，1959 年第 31 期。
2 韩康信：《新疆古代居民种族人类学研究》，载《新疆古尸》，乌鲁木齐：新疆人民出版社，2002 年，第 214-223 页。

4. 古代文明的交流

考古发掘和研究也反映出西域居民有自己的土著社会和文化习俗。这种社会和文化习俗既有西域本土的特点，又有周边文化习俗的影响。西域中部的土著特点比较明显，周边则受东西方社会文明的影响较大。从中可以推测出原始居民迁入西域以后有一个相对稳定的融合发展时期，并由此形成了独特的西域社会文明。

不同地区人类文明的发展不是齐头并进的。在西域社会的周边，东部毗邻的黄河流域中原文明发展相对较快。公元前2000年前后，当地的夏部落已建立了中原历史上第一个奴隶制国家——夏朝。公元前15世纪前后，统治中原的商朝已步入奴隶社会的鼎盛时期。约公元前8世纪前后，西周、东周分封制已较为普遍了。这一时期，西域也在向阶级社会过渡。而毗连西域西部的古代中亚两河流域是在公元前10世纪至前7世纪逐渐进入阶级社会，前6世纪开始处于古波斯王朝的影响下。由于塔里木盆地西部边缘的系列山脉和帕米尔高原限制了古波斯王朝进一步向东方扩展其影响，西域与东部毗邻的中原农耕文明及中原北方的草原游牧文明的交流容易得多，因此，西域与东部的交往源远流长。随着岁月的推移和相互间交往的加强，越来越多的东部部族人口迁徙到西域，古代西域文明与中原农耕文明及北方草原游牧文明彼此交融，逐渐成为共性日益增多的古代中华文明的一个组成部分。

国内外学者一致公认，对西域最早的文字记载是汉文史籍；有关公元前6世纪以前的西域（包括中亚）的历史研究必须依靠汉文史料。成书于战国时期（前465年—前221年）的汉文史籍《山海经》《竹书纪年》《穆天子传》及大致成书于此前后的《逸周书》等，其中有不少西域地理、历史传说的记载。《史记》《汉书》对西域的记载更加丰富和翔实。这些记载的特点之一，是将西域包容在中华文明中，如在地理记载中，将古代西域的自然地貌、山川河流、物矿出产与中原地区的相关内容并列记载于史籍中。以《山海经》为例，其书将西域中南部的昆仑山、东南部的阿尔金山与向东延伸的今甘肃河西祁连山、今陕西秦岭统一称为南山，又称秦岭为终南山，即自西域昆仑向东绵延的南山至此而终结。书中还有中原黄河源于西域之说，以为古西域之葱岭河（今喀什噶尔河与叶尔羌河）、于阗河（今和田河）等汇流后（即今塔里木河）注入泑泽（今罗布泊），由此潜入地下，经南山（今青海境内积石山）而形成黄河之源。此说虽是误识，并于唐代渐解，但反映出将古代西域与中原有机结合在一个整体中的思想。

至于对古代西域与中原相互交流和友好往来的传说记载则更是比比皆是。如《竹书纪年》记载："商中宗太戊二十六年（约公元前1612年），西戎来。王使王孟聘西戎。"而流传最广的莫过于周穆王巡游西域。相传周穆王率大队人马西征，在西域受到当地首领西王母的欢迎。周穆王向西王母赠送了丝绢、铜器、贝币等礼物，西王母则在瑶池设宴款待周穆王，席间赋诗相互祝福。周穆王十七年（约公元前985年），西王母又来朝，"宾于昭宫"[1]。至今在敦煌莫高窟423号洞窟的壁画上，以及1978年甘肃酒泉西家闸出土的五凉时期5号墓前室的壁画上，仍然可以看到周穆王与西王母相聚的生动形象。这些传说虽然不一定是信史，但反映出西域与中原源远流长友好交往的关系。

目前考古发掘材料中，有两类出土文物印证了西域与中原的物质交流。一是西域输往中原的玉石。西域产玉很早就闻名于中原。中原历代君王"贵用禺氏之玉"。禺氏即西北之"月氏"，分布于西域进入中原孔道即天山东部至敦煌一带，所以中原称西域

---

1 《竹书纪年》卷下。

之玉为"禺氏玉"。另外有昆仑玉，产于昆仑山。1976 年在河南安阳殷墟发掘了距今 3200 多年的殷王武丁妻妇好墓葬，出土随葬玉器 756 件，基本上都是昆仑玉制成的。敦煌玉门关之得名，显然是指西域玉石输入必经之关隘。二是中原输入西域或经西域转输往西方的中原丝织品。至今出土最早的西域丝织品来自公元前 2世纪西汉初年西域墓葬中。丝织品难以保存，早在公元前 5世纪后半叶，丝绸即经西域西传至波斯，传入西域当更早于此。另外，前苏联的考古资料表明，公元前 5 世纪生活于西域阿尔泰一带的呼揭人墓葬中有中原战国时期的铜镜，其形制、大小都与中原河南陕县上封岭虢国墓出土的铜镜基本一致。而古代西域流行的漆器，无疑也是从中原输入的。

二、西域与北方民族政权及中原王朝

1. 匈奴统治西域

战国至秦汉时期（前 5 世纪—前 3 世纪），天山以南塔里木盆地周缘绿洲或山间盆地生活的定居或半定居的居民已形成相对独立的聚落，大多有城郭，史称"城邦诸国"。这一时期，游牧于河西一带的月氏部族逐渐强盛起来，向西发展到阿尔泰山和天山东端部分地区。公元前 3 世纪下半叶，月氏势力又深入到漠北高原，控制了当地匈奴游牧部族，迫使匈奴首领头曼单于（？—前 209年）送太子冒顿为人质。公元前 209 年（秦二世元年），匈奴起兵反抗月氏，冒顿逃归，自立为匈奴单于。匈奴赶走月氏占据北方草原后，又南下与汉朝为敌。公元前 200 年（西汉高祖七年），冒顿率兵围汉高祖于白登山（今山西大同市东北），迫使汉朝与之结好和亲。此后，匈奴开始向西北扩展，公元前 177 年左右，其势力开始进入西域。

西汉初年，天山以南塔里木盆地周围分布的城郭诸国号称"三十六国"，其中东部的楼兰国（位于今罗布泊西北）势力较大。天山以北有塞人、乌孙人、呼揭人，他们以游牧为主，兼作狩猎，其中乌孙国（位于今哈密附近）、呼揭国（位于今阿尔泰山南麓）势力较大。此外，在今叶尼塞河上游有坚昆部，与呼揭和坚昆毗连的有丁零人，他们都是匈奴的部属。从社会发展阶段讲，西域诸国发展很不平衡，但基本上都已进入阶级社会。从国家规模讲，诸国大者数万人，小者千余人，所谓"国"，实际上是以城郭为中心或以部落为中心的聚落人群。西域整体处于"各有君长，众兵分弱，无所统一"[1]的状态。

军臣单于执政时（前161年—前126年），匈奴进入鼎盛时期。其势力范围东至大兴安岭，西至西域以西之塔拉斯河，北抵漠北，南距河套。匈奴政权机构由单于王廷、左贤王、右贤王三部分组成。王廷居中，左贤王辖东部，右贤王辖西部。匈奴统一西域之初，先以右贤王统辖，后由右贤王下的日逐王专理西域事务。公元前92年（征和元年），日逐王在西域设置"僮仆都尉"，常驻于焉耆（今焉耆）、危须（今和硕县东南）、尉犁（今焉耆县南紫泥泉一带）三国间，向西域诸国征收赋税和财物。《汉书·西域传》载：西域诸国"虽属匈奴，不相亲附。匈奴能得其马、畜、旃（一种毛毡）、罽（一种毛织品），而不能统率与之进退"。可见，匈奴统一西域后，主要是以政治上的统属、经济上的征收实物（同赋税）来体现与西域的统属关系的，并未实行对西域的直接管理，这也是当时游牧民族常用的一种统治方式。匈奴是中国北方草原上兴起的第一个强大的游牧民族，虽然它与西域的统属

1 《汉书·西域传》。

关系比较松散，一些边远地区甚至只是间接控制或名义上归属，但匈奴王廷是中国历史上第一个在西域有所作为的政权。

匈奴统一西域在中国历史上和西域发展史上都具有划时代的意义，主要体现在以下几个方面：其一，开创了西域与内地统一的先河，使西域与内地的关系从文明的交流步入政治的统一；其二，密切了原先分散林立、互不统属的西域诸国之间的关系，促使西域内部相互融合，协调发展；其三，奠定了中原统一西域的基础，提供了治理西域的经验，虽然匈奴统一西域只是一种局部的统一，但这种局部的统一拓展了西域、北方草原和中原之间文明的交流，确立了中国历史发展的道路，为中国历史上范围更广泛的统一奠定了基础；其四，匈奴统一西域后，实际上还控制了西域以西的地方，使东西方交通更加畅通。史称自乌孙以西至安息（今伊朗），"匈奴使持单于一信，则国国传送食，不敢留苦"[1]，就是这个情况的反映。

2. 两汉中央王朝统一西域

西汉初期实行与匈奴和亲的政策，但匈奴经常攻掠沿边地带，成为汉朝的边患。汉武帝时期（前 140 年—前 87 年），随着国力的恢复和军事力量的增强，决定改变政策，以武力对抗匈奴。汉朝政府制定了联络西域、共同打击匈奴的战略方针。西汉联络的对象是大月氏国。月氏被匈奴打败后，被迫迁到西域伊犁河、楚河流域一带，一直敌视匈奴。公元前 139 年（建元二年），西汉派张骞率百余人使团出发，前往联络大月氏。张骞一行在途中被匈奴截留，10 年后逃脱。这时大月氏人又被乌孙人赶出伊犁河、楚河流域，西迁到今中亚阿姆河一带。张骞率众继续追寻大月氏人，

---

1 《史记·大宛列传》。

首先到达位于今费尔干纳盆地的大宛国。大宛国王欢迎张骞一行，并派导译送他们经康居国到达大月氏。但这时大月氏已征服大夏，领有了阿姆河两岸，这里水草肥美，气候适宜，远离匈奴，周边安定，大月氏已不愿与汉朝联合远征匈奴。张骞一行在大月氏停留1年多，公元前128年（元朔元年）取道西域南山（今喀喇昆仑山、昆仑山及阿尔金山北麓）返回。途中又被匈奴扣留，后乘匈奴内讧，于公元前126年（元朔三年）回到长安。

张骞通西域，前后13年，去时百余人，归来仅两人，历尽了千辛万苦，虽然没有完成联合大月氏的使命，但仍有重要的意义。其意义在于：这是自秦汉中原统一以来第一次派往西域的使团，他们以亲身的经历带回了各种有关西域的信息，特别是有关西域政治格局及大国乌孙的信息，对于汉朝制定统一西域的方针大略起了重要的作用。张骞带回有关大宛、大月氏、大夏、康居等国（今中亚一带）的情况，收集到有关奄蔡（今咸海与里海一带）、安息（帕提亚波斯）、条支（塞琉古朝叙利亚）、黎轩（托勒密朝埃及）、身毒（古印度）等国的信息，使中原王朝第一次了解到西域以外的世界各国。直到今天，我们描述公元前2世纪以前的中亚及其周边历史时，还要倚重张骞出使的有关记载。

汉朝在张骞出使西域的同时，开始了武力反击匈奴。汉朝首先出兵占领河套以南之地，然后向河西推进。公元前120年（元狩三年）秋，汉军绕道居延海（今甘肃北之居延海）向天山东端的匈奴势力发起攻击。匈奴昆邪王率4万余众归降汉朝。汉朝在河西设立了酒泉郡（后分置武威、张掖、敦煌三郡，成为有名的河西四郡）。次年，又出征漠北匈奴，大获全胜。自此，"金城（今兰州）并南山（今祁连山）至盐泽（今罗布泊）空无匈奴"。中原通往西域的道路畅通，汉统一西域的条件成熟了。

公元前 116 年（元鼎元年），张骞奉诏再次率 300 人使团，随带价值巨万的金帛出使西域。这次出使以乌孙为主要对象，兼向沿途各国派遣副使。使团到达乌孙时，乌孙王猎骄靡已年老，属下三部各自为政，属官多惧匈奴而不了解汉朝，所以不愿与汉结盟反匈奴，而愿派使节随张骞报谢汉朝，实际上是想进一步了解汉朝的实力。乌孙使节数十人到长安，见汉朝人众富厚，归报其国，乌孙王下决心与汉结好。公元前 108 年（元封三年），乌孙王向汉室求婚，汉朝嫁宗女解忧公主与猎骄靡。双方联姻实际上是政治上结盟。张骞所遣副使也先后到达西域其他城郭小国，及大宛、康居、大月氏、大夏、安息、身毒等周边国家，这些国家也遣使随汉使前来中原。

汉朝频繁出访各国，西域汉使"相望于道，一辈大者数百人，小者百余人"[1]，引起匈奴的强烈不满，匈奴骑兵常袭击汉使，西域诸国也嫌劳扰，楼兰、姑师攻掠汉使尤甚。楼兰、姑师分别为西域南、北二道的起点。汉要控制西域，首先得控制南、北二道；要控制南、北二道，首先得控制楼兰和姑师。因此，公元前 108 年（元封三年），汉朝出兵，掳楼兰王，破姑师，并将烽燧亭障从河西酒泉延伸到玉门。

汉虽暂时控制了南、北二道，但匈奴对西域的影响仍然很大，西域仍"畏匈奴于汉使焉"，一些西域邦国迫于无奈，不得不两面结好。楼兰王对汉武帝陈述："小国在大国间，不两属无以自安"[2]，是这种状况的最好反映。为了彻底扬威西域，奠定治理西域的基础，汉朝进行了两场大的战争，一是"两伐大宛"，一是"五争车师"。

---

1 《汉书·西域传》。
2 《汉书·西域传》。

汉朝对于西域西部之强国大宛本执和好结盟的政策，"上遣使者持千金及金马，以请宛善马"。但是大宛国统治者分为两派，一派以贵族昧蔡为首，对待汉朝态度较好，但势力不大；一派以大宛王毋寡为首，主张依附匈奴，拒绝与汉和好。毋寡非但不予宝马，而且下令攻杀汉使，劫掠财物。公元前104年（太初元年），汉派贰师将军李广利率军数万伐大宛，第一次出征失利。越两年，李广利率军再伐大宛，获全胜。大宛王毋寡被属下杀死，汉军立昧蔡为王，大宛献马，双方订立和好盟约。毋寡弟蝉后封为王，仍送王子入质，进献"天马"，维持附属盟邦关系。

大宛归附汉朝，对西域诸国产生了极大影响，西域诸国争相与汉结好，进献贡物，送子入质。即使有的当权者愿意依附匈奴，国内也有反对意见。如楼兰王安归仍依附匈奴，其弟尉屠耆不满。公元前77年（元凤四年），汉朝除掉安归，立尉屠耆为王，并下嫁宫女为楼兰王夫人。楼兰更名鄯善国。西域南道自此畅通无阻。

但是车师（姑师改名）情况不同。车师距近匈奴，仍直接受匈奴的控制。车师依附匈奴，意味着西域北道交通阻隔，因此，汉朝必须与匈奴争夺车师。这场有名的"五争车师"战争自公元前99年至前60年进行了约40年，最后，以汉朝的胜利告终，汉朝终于控制了西域北道及自车师后王廷西向的道路。西域最后一个大国归附中原，彻底改变了西域的隶属面貌。

公元前60年（神爵二年），匈奴日逐王降汉，匈奴势力最终退出西域，汉朝取代匈奴，统一了西域。从此，西域正式纳入中央王朝的统治体系。

公元25年，东汉建国。匈奴趁中原改朝换代之机，又开始与东汉争夺西域。东汉国力不如西汉。《后汉书·西域传》称："自建武至于延光，西域'三绝三通'"，是双方争夺西域的扼要概括。

所谓"三绝三通"，实际上是匈奴与中原王朝交替控制西域的过程。东汉"绝"于西域之时，正是匈奴控制西域之日；反之亦然。东汉统一西域的道路虽然比较曲折，但统一仍是大的趋势。

从整体上讲，公元前177年后，西域统一于匈奴；公元前60年后，统一于西汉王朝；公元25年后，匈奴、东汉交替控制西域。由此可见，统一是这一时期西域历史发展的主流；此外，西域诸国多为分散的绿洲小国，西域统一后，在一个统一的政体之下各方彼此协调关系，于当地社会经济的发展是十分有益的。

中原社会经济发展水平高于西域，西域统一于中央王朝后，政治稳定，社会经济发展相对加快。如东汉班超任西域都护十余年间（91—102年），西域社会稳定，经济发展。97年（永元九年），班超以朝廷名义派甘英出使大秦（罗马帝国），抵条支（今叙利亚），虽因风险未能渡海，但史称"其条支、安息诸国至于海濒四万里外，皆重译贡献"[1]。可见统一西域后，中国的影响已达世界主要文明地区。

3. 汉朝治理西域的措施及制度

汉朝统一西域的过程，也是逐步完善治理西域的过程。汉在确立西域统治地位之前，公元前101年（太初四年），已在西域北道中心之地轮台（今轮台）及渠犁（今库尔勒以西）设置使者校尉。使者校尉率士卒屯戍积谷，既守护交通、供应汉使往来，又作为汉朝基本军事力量，必要时统领西域盟国之兵完成军事任务。使者校尉的设立开创了汉在西域设官驻军的先河，而轮台、渠犁则是汉朝在西域第一个直接治理的地区，这两方面在西域治理史上都有十分突出的意义。公元前77年（元凤四年）之后，汉朝又

---

1 《后汉书·西域传》。

应楼兰王尉屠耆之请，在罗布泊伊循城（今若羌米兰东）设伊循校尉，驻军屯田，镇守西域南道。使者校尉府和伊循都尉府为汉朝统一及治理西域打下了基础。

公元前 60 年（神爵二年）汉朝统一西域，设西域都护府于西域中心乌垒城（今轮台县东策大雅），西域都护府成为汉朝管理西域的最高军政机构。西域都护府之设立有两个要点：一是将西域定为直属中央的郡（相当于今之省）一级区划。汉之都尉是辅佐郡太守的郡一级的军职；或有不置郡太守而专设都尉者，其权位颇重。西域都护同此。所以，汉统一西域后，虽然没有等同内地设置郡县，但西域的管理级别等同于郡（省）级。二是对西域实行"使护"治理方式。"使"者，差遣特派；"护"者，督统护理。西域都护府为汉朝中央派出的军政合一机构，都护总掌大纲、监督总理要务。

汉朝治理西域的措施及制度归结起来有以下几个方面：

（1）设置机构，任命官吏。西域都护府是最高军政合一的机构，下设副校尉、丞、司马、侯、千人等职，军事、行政官兼有。都护的主要职责是颁行朝廷号令，镇抚西域诸国；督察政务，协调地方；指挥军事，讨伐动乱，平时则以驻军屯戍、守护交通为主。《汉书》记载，西域都护一共有 18 任。现已知姓名的有 10 任，即：郑吉、韩宣、甘延寿、段会宗、廉褒、韩立、郭舜、孙建、但钦、李崇。按汉之定制，边吏三年一转。但西汉末年，朝政废弛，都护任职无定期。如但钦于公元 1 年（元始元年）—13 年（始建国五年）任职，任期 13 年。

西域都护府之外，还有两个机构：一个是公元前 77 年（元凤四年）设置的伊循都尉府，治所在楼兰地区，扼西域南道交通咽喉。汉制，部分边郡设属国都尉，治理所属周边民族。伊循都尉与此大致相当。另一个机构是公元前 48 年（初元元年）设立的戊己校尉府，治所在车师前部交河城（今吐鲁番交河故城。后移高昌，今吐鲁番高昌故城）。戊己校尉府下设丞、司马各一，侯五，以驻军镇守、屯田守护为主，扼西域北道交通咽喉。两个机构均属中央直辖（或谓属敦煌太守管辖），仅受都护节制。

都护、校尉、都尉所在驻地轮台、车师前部（或高昌）、楼兰形成控制西域腹地的三足鼎立之势。

汉在西域的治理机构又分为中央派出与地方册封两个系统。上述都护府、校尉府、都尉府是中央派出机构，除直辖治所之地外，主要负责督控地方；地方事务则由汉朝册封的西域各君长国官员具体管理。各君长国均有汉朝政府册封任命的地方官员。据《汉书·西域传》记载："自译长、城长、君、监、吏、大禄、百长、千长、都尉、且渠、当户、将、相至侯、王皆佩汉印绶，凡三百七十六人。"一些大国官员，如乌孙国的大吏、大禄、大监，还颁赐了与内地最高级官员佩带几同的金印紫绶（后改为铜印墨绶，以符定制）。这些地方官员构成了汉在西域的基层管理人员。西域本地人也有任汉官校尉者，如弥国太子赖丹就是汉昭帝任命的校尉。

（2）驻军镇守、屯田戍防。汉朝驻军主要集中在乌垒城及周围（包括轮台、渠犁）、伊循城和车师前部交河城（后移至高昌）三处。其中乌垒城及轮台、渠犁驻军最多，约在 2000 人上下；其余两城驻军数百至千余人。公元前 53 年（甘露元年），汉又于乌孙赤谷城屯戍。另外，敦煌也设校尉统兵，以为西域后援。西域驻军屯田所获，除军队自养外，还供应汉朝往来的官员使者。这是一项意义深远的治边措施，为历代所采纳。汉朝在西域的屯戍驻军虽然有限，但各地驻军互成犄角，形成系统的镇防布局，对于汉朝统治西域作用显著。

（3）绘制舆图，统计户口。疆域舆图、户籍人口是国家统治权力的象征，也是治理的重要手段。周秦以来，中国历代皆十分重视，一般均由重臣掌管。汉朝统一西域后也十分重视此项治理措施。汉朝已有西域舆图，只是未能流传。史载：桑弘羊在论证轮台屯戍时利用了当时的西域舆图，"置校尉三人分护，各举图地形"[1]。都护府设立后，即查明并掌握了西域各地方的土地、山川、王侯、户数、道里远近及西域疆域四至。《汉书·西域传》明确记载了西域都护所辖49国情况，另有罽宾、乌戈山离、乌戈、安息、大月氏、大夏、康居、奄蔡等国，虽也有详略不等的记载，但均注明"不属都护"字样，以示区别都护所辖西域疆域范围。

（4）镇抚地方、督察境外。汉在西域治理政策以抚为主，镇抚并用。凡内外有事，"可安辑，安辑之；可击，击之"。由中央派往西域任职的官仅数十人，驻军仅数千人，不得不以"抚"为主。联姻、遗赠厚币、倚重册封的地方官员是"抚"的重要内容。"镇"者，是镇定而非镇压，主在安定社会。凡遇争议，特别是人口、地界划分等事，统由汉朝官吏进行协调；迁址等易引起动荡之事，亦由汉朝官吏协调实施。如公元前62年（元康四年），经使者校尉协调，将车师国迁往渠犁安置，以避匈奴的攻掠。公元前53年（甘露元年），西域都护为乌孙大小昆莫划分地界和人口，等等。至于无法安抚协调的诸事，如攻掠、入侵，则由都护调集诸国兵力予以平定。宣帝年间，乌孙内乱，兵困解忧公主及汉使，都护郑吉调遣诸国兵马予以平息，即是其例。

（5）遣子入质、贡献方物。周秦以来，中原王朝一直有遣子入质的制度，即令藩属送王子入朝为人质，作为政治信誉的抵押

---

1 《汉书·西域传》。

和归属的象征。汉朝将此制引入西域。实施这一制度的另一个意义是，中央政府通过对质子的影响，进一步密切与西域诸国的关系，因此在长安给予了诸国质子良好的教育和优裕的生活。此制的效果也是很明显的。据《后汉书·西域传》记载，王莽篡政时，匈奴重新控制西域，各国纷纷反抗，"莎车王延最强，不肯附属"。究其原因，盖因延曾入质长安，"慕乐中国，亦复参其典法，故常敕诸子，当世奉汉家，不可负也"。

贡献方物也是地方臣服的一种象征。初为诸侯向天子缴纳贡赋。赋者，上之求于下，即国家征收的钱物；贡者，下之纳于上，即诸侯奉献的钱物。汉在西域实行以贡代赋的制度，要求地方贡献方物、缴纳土产，作为中央王朝与属国关系的一种表示（境外非属国而贡献者另当别论）。凡诸国前来贡献，汉朝必有赏赐馈赠，其价值大大超过贡物，目的是厚贿以达安抚。而诸国也多有以贡献获取回赠，作为与中原经济交流的方式。

西域为东西交通的孔道，汉朝使者往来不断，沿途地方负有接待供应之责，也是一种变相的赋役方式。惟各国地理位置不同，苦乐不均。

（6）维护治权、引渡逃人。引渡逃人是国家主权的又一象征。有关这类事例史籍虽然记载不多，但有一条很能说明问题。王莽篡政后，任意改变西域治理政策，引发地方混乱，车师后王姑句、若羌去胡来王唐兜因此先后降匈奴。中央政府遣中郎将王昌等前往匈奴交涉，申明西域属于汉朝，匈奴不得接受叛臣。"单于谢罪，执二王以付使者。莽使中郎王萌待西域恶都奴界上逢受。"[1]

（7）修筑城垒烽燧、扼守交通道路。西域为"丝绸之路"的重要地段，由于特定的绿洲地理条件，往来交通大多只能沿山前

---

1 《后汉书·西域传》。

绿洲而行，因此护道十分重要。汉在通西域过程中十分重视控制道路。掳楼兰王、设伊循都尉，是为了控制南道的起点；争车师、设戊已校尉，是为了控制北道的起点；轮台屯田、设使者校尉，是为了控制北道的中间位置；而都护名称的本意，也是"都护南北二道"。为了保障交通，汉朝除了设官建制、驻兵屯守外，还将亭候、烽燧沿敦煌西一直修筑到罗布泊。《汉书·西域传》称："于是自敦煌西至盐泽，往往起亭"，即此之谓。及至统一西域，驻防屯守已成声势，交通保障已有体系。城垒犄角，驻屯相间，连城而西，烽燧列亭，一些重要地段还设卡稽查，构成治理西域的基础保障。

（8）正史列传、制度传承。汉朝统一西域后，西域便载入中国历朝官修的正史中，而且，各朝正史多将西域列为专传。《汉书·西域传》首开其例，并确定"西域"之名。《汉书·西域传》系统记载了西域归属关系的变化、汉朝政府统一西域的过程、汉朝治理西域的措施制度。正史列传既是西域统一于内地的佐证，又是西域各项制度传承的保证，本身也可视为统治西域的一种制度或手段。

4. 中原王朝、北方民族及河西政权争夺西域

公元 220 年（黄初元年）曹丕代汉称帝，东汉灭亡，中原进入魏、蜀、吴三国鼎立时期。曹魏政权统一北方后，平定东汉末年割据河西的地方势力，并开始控制西域。曹魏政权主要精力用于与蜀汉、吴国争夺天下，所以对西域的经营不甚得力，西域主要由凉州刺史或敦煌太守掌理。由于治理力度不如前朝，《三国志·魏书》未列西域专传，有关西域的记载也较《汉书》简略得多。但从有限的记载和考古发现来看，曹魏仍维持了对西域的管理。

东汉后期，北方草原已发生重大变化。东汉桓帝时（147—

167 年），鲜卑族取代匈奴占据了漠北草原。首领檀石槐统一鲜卑东西部，在弹汗山（今山西阳高县北）建廷立制，分属部为东、中、西三部，各置大人统领。鲜卑的势力范围"南抄汉地，北拒丁零，东却夫余，西击乌孙。尽据匈奴故地"[1]。但 181 年（光和四年），檀石槐去世，鲜卑瓦解，各部多先后依附于东汉和曹魏政权。西晋统一中原，接手统治西域。此时西部鲜卑势力有所增强，并与西晋争夺西域。271 年（泰始七年），鲜卑秃发部犯金城、凉州；279 年（咸宁五年），攻陷凉州，切断中原与西域的主要交通线。同期，另一支鲜卑深入西域高昌，多次向戊己校尉发动进攻。280 年（咸宁六年）初，西晋收复凉州，加强了对西域的治理。数年间，西域大国车师前部、鄯善、龟兹、焉耆等先后遣子入侍。

西晋末年，凉州刺史张轨利用中原战乱割据西北，建立河西前凉政权。张骏在位期间（324—345 年），前凉控制的范围"南逾河、湟，东至秦陇，西包葱岭，北暨居延"[2]。此时，西域的西晋命官亦不受朝廷控制，西域长史李柏归顺前凉，戊己校尉赵贞拥兵割据高昌。327 年（咸和二年），张骏亲征高昌，大获全胜，随后在高昌设置郡县，是为西域设郡之始。从史籍记载和出土文书看，高昌郡下设田地等县，县以下设乡、里，各设督邮、啬夫等职，基本上同于汉晋中原地方行政体制。前凉还保留了前朝西域官职，西域长史（或称西域都护）、戊己校尉、伊吾都尉与高昌郡同属前凉沙州刺史统辖。329 年，羯族人石勒统一中原北部，建立后赵政权。张骏遣使中原，俯首称臣，惟仍保持前凉国号。此时，西域至少在名义上又统一于中原北部。张骏力图扭转西域强国称霸的局面，加强对西域的控制。335 年（咸康元年），遣军渡流沙征服

---

1 《后汉书·鲜卑传》。
2 顾祖禹：《读史方舆纪要》卷 3。

鄯善、龟兹，迫使焉耆、于阗、车师前部等国恢复朝贡。345 年（永和元年）末，张骏又伐焉耆，一路攻城占地，直入尉犁，焉耆王被迫投降。至此，前凉基本上恢复了前朝统治西域的范围。张骏去世后，前凉对西域的统治有所松弛，但仍维持了西域遣使朝贡的关系。376 年（太元元年），氐族建立的前秦灭前凉，西域随之归前秦统治。前秦采取不同于前凉征讨为主的政策，代之以宣抚为主的方针。381 年（太元六年），西域与东夷等 62 国遣使朝拜，贡献方物。鄯善王休密驮、车师前部王弥亲赴长安，"请依汉置都护故事"，并愿为王师引导，前往西域[1]。383 年（建元十九年），前秦以骁骑将军吕光统兵西征，恢复中原对西域的统治。吕光返回时，前秦因淝水之战败于东晋，中原动荡。吕光在姑臧（今武威）建立后凉政权。吕光派儿子为使持节镇西将军、都督玉门以西军事、西域大都护，镇守高昌。后凉政权维持的时间不长，403 年（元兴二年）亡于后秦政权。后秦势力限于秦、陇及山西部分地区。

5 世纪初，北方草原又兴起一个强大的游牧民族——柔然。柔然本是鲜卑的一个部落，402 年（元兴元年），社仑称可汗，统一各部组成联盟，称霸草原。柔然势力向西发展，开始控制西域焉耆以北的地区。其后，又不断扩大势力，西域"小国皆苦其寇抄，羁縻附之"。焉耆、鄯善、龟兹、姑墨等大国，也受其役使[2]。乌孙不堪柔然侵扰，甚至西迁葱岭。原来称霸草原的鲜卑族，此时已向南发展，成为中原强大的政权——北魏王朝。北魏统一中原后，作为中原王朝的正统，势必要传承接统西域。柔然则挟制河西北凉政权，阻挠北魏进入西域。北魏统一西域的战争首先从扫除北

---

1 《资治通鉴·晋纪》。

2 《魏书·蠕蠕传》;《宋书·芮芮传》。

凉开始。439 年（永和七年），北魏太武帝下诏公布北凉割据称王、勾结柔然和吐谷浑、阻碍北魏与西域交往、重税西域胡商等十二大罪状，出兵西征。随即攻克凉州，灭了北凉政权。越两年，又攻占酒泉。北凉残余势力西渡流沙，于 442 年（太平真君三年）占据鄯善。北凉残余势力在柔然的支持下，胁迫鄯善王真达与北魏为敌，西域交通受阻达数年。445 年（太平真君六年），北魏发凉州兵西征鄯善，真达自缚出降。鉴于鄯善所处地位的重要，北魏决定在鄯善设立军镇，派员直接治理。448 年（太平真君九年），太武帝以朝臣交趾公韩拔为西戎都尉、鄯善王，统带官兵，镇守鄯善，"赋役其人，比之郡县"[1]。时车师前部王车伊洛已归附北魏，与鄯善联络声势，然而高昌却仍由北凉的残余势力控制。是年，北魏太武帝率大军亲征柔然，大胜，柔然退往漠北草原。同期，北魏又向西域柔然势力发起进攻，破焉耆、龟兹等国，极大地增强了北魏在西域的势力。史称："诸胡威服，西域复平。"北魏又于焉耆设置军镇。鄯善、焉耆军镇是军政合一的机构，两军镇的设置标志着中原军政制度已推行到西域腹地。

　　6 世纪上半叶，阿尔泰山以南的游牧部落突厥兴起。突厥原臣属于柔然。柔然内部分裂后，国势大衰。552 年（西魏废帝元年），突厥灭柔然，建立突厥汗国，一支新生力量加入了西域的角逐。突厥在兴起过程中，逐步占有了天山东部伊吾以西、焉耆以北，及准噶尔盆地东部金山（今阿尔泰山）西南的地区。突厥汗国有东、西两个重心。西面可汗室点密先攻高昌，迫其臣属。后又统兵 10 万往征西域他国，占据乌孙故地。至 558 年，汗国领地已东至辽海，西达西海（今里海），南自漠北，北到北海（今贝加尔湖），西南达中亚阿姆河流域。强盛的突厥汗国进一步扩大了中

---

1 《魏书·鄯善传》。

国北方游牧民族控制的范围。583 年，以金山为界，突厥分为东、西两大汗国。西突厥汗国领地东起伊吾，西至里海，南达疏勒、于阗，北到阿尔泰山以北，西域包括在西突厥的势力范围之中。

纵观魏晋以来 300 多年中原王朝、北方民族及河西政权对西域的治理，可以看出几个发展趋势。

首先，虽然中原割据削弱了统一西域的能力，但西域与内地统一的进程仍在继续。主要表现在以下几个方面：一是朝廷设置职官，从魏晋的西域长史、戊己校尉至北魏的西戎校尉，沿革不断。二是西域遣子入侍、贡献方物 300 多年间虽有间断，但已成定制。三是朝廷在西域直接治理的地区扩大，程度加深，前凉已开始设高昌郡，北魏又设鄯善镇、焉耆镇。四是历朝正史皆载西域，疆域舆图绘制更趋完善，从《魏略·西戎传》到《魏书·西域传》《北史·西域传》，各有专篇。五是经过 300 多年的交往，西域与中原社会发展的差距缩小，社会体制、风俗民情不断趋同。如高昌国政治制度、社会习俗略同于内地。王国设令尹一人，由世子担任，相当于中原的丞相。"其大事决之于王，小事则世子及两公随状决断"；政务由吏部、祠部、库部、仓部、主客、礼部、民部、兵部八长史执掌，八司马为之副；境内设郡县；等等，皆略同于中原。所谓"风俗、政令与华夏略同"，即此之谓。

其次，通过 300 多年间的交往和交流，西域与内地统一已成为人们普遍接受和提倡的观念，一旦条件成熟，中原统治者往往将收复西域作为"垂芳千载，不亦美哉"[1]的宏大事业。如北魏帝拓跋焘自诩："自古帝王虽云即序西戎，有如指注，不能控引也。朕今手把而有之，如何！"[2]西域虽孤悬塞外，对统一的向往也与内地

---

1 《晋书·符坚载记》。
2 《魏书·焉耆传》。

一致。如鄯善王休密驮、车师前部王弥入献前秦："请依汉置都护故事。"民间也向往统一，胡商要求统一更为迫切。史载西域商人闻隋统一中原，"密送诚款，引领翘首"，盼望隋朝尽快统一西域。[1]

第三，在策略和方式上，各朝政权收复西域更多地采取了安抚赏赐为主的和平方式。魏晋以来在西域有所作为的朝代，无不先遣使结好，安抚赏赐，而且都收到了很好的效果。前秦苻坚所谓"羁縻之道，服而赦之，示以中国之威，导以王化之法，勿极武穷兵，过深残掠"[2]，是这种策略思想的代表。前秦灭前凉后，即令凉州刺史遣使携大量丝绢往西域宣抚安辑。数年间，西域数十国先后遣使朝贡，鄯善、焉耆两王还亲赴长安。北魏拓跋焘经营西域，也先遣董琬、高明携金银、丝绸赴西域，引西域数十国相继来朝。

第四，中原与西域的统一历来受北方草原游牧势力的牵制和争夺，魏晋以来300多年间，中原割据，力量削弱，这种牵制和争夺更为激烈。在力不从心的情况下，一些中原王朝采取了互相制衡的策略。如北魏政权长期与柔然争夺西域，但高车势力兴起后，又转而扶持柔然，对抗高车。这种制衡策略虽然最终目的是为了统一西域，但也造成了一定的负面效应，这就是加剧了西域的战乱，影响了西域社会经济的正常发展。

5. 隋唐中央王朝统一西域

581年（开皇元年）隋朝建立。数年后灭南陈，结束了中原长达数百年的割据局面。隋朝建立之初，文帝为了抵御北方东突厥的进犯，曾遣使西域，与西突厥联络结盟。炀帝时，开始积极经营西域，并将统一西域的突破口选在伊吾。伊吾地处西域东部，

---

1 《隋书·裴矩传》。
2 《晋书·苻坚载记》。

不仅是西域的交通要冲和战略要地，而且是商胡杂居、货物云集的经济重镇。炀帝先派侍御史韦节等出使西域，又令内史侍郎裴矩往张掖，掌西域商胡贸易之市，以此联络商胡，了解形势。608年（大业四年），隋以右翊将军薛世雄为玉门道行军大将军，进取伊吾。大军至，伊吾守军降。610年，隋在伊吾旧城东筑新城，设伊吾镇，留银青光禄大夫王威统兵驻防。又设伊吾郡，除驻军外，另设司马一人，总理军政事务。609年（大业五年），隋平定吐谷浑后，乘势又在塔里木盆地东南部设鄯善郡和且末郡。鄯善郡治所鄯善城（古楼兰城），下辖显武、济远两县；且末郡治所古且末城，下辖肃宁、伏戎两县。为了加强这一地区的统治，隋朝政府"谪天下罪人，配为戍卒，大开屯田，发西方诸郡运粮以给之"[1]。裴矩所著《西域图记》称："伊吾、高昌、鄯善并西域之门户也，总凑敦煌，是其咽喉之地。"[2] 鄯善、伊吾已设郡县，西域门户隋朝已经三居其二。

高昌国素与内地关系密切，隋朝建立后，又与隋朝交通。609年（大业五年），隋炀帝西巡至河西焉支山（今甘肃永昌县西、山丹县东南），高昌王及西域大小数十国前来朝贺。612年（大业八年），高昌王麹伯雅朝隋娶华容公主。回国后诏改服色："今大隋统御，宇宙平一，普天率土，莫不齐向。孤既沐浴和风，庶均大化。其庶人以上皆宜解辫削衽"[3]，归顺隋朝之心跃然于上。西域门户尽握隋手。

西域其他地方，"相率而来朝者三十余国，帝因置西域校尉以应接之"[3]。时东突厥降隋入朝，西突厥射匮可汗也接受隋的册封，

---

1 《隋书·食货志》。

2 《隋书·裴矩传》。

3 《隋书·西域传》。

中国已处于大一统的前夜。然而，好大喜功的隋炀帝却贸然东向用兵，611—614 年，倾全国之力，三征高句丽。调兵征粮，举国骚动，猾吏侵渔，民不聊生。618 年（大业十四年），声势浩大的农民起义摧毁了隋王朝，西域的经营筹划也随之中止。

618 年（武德元年），唐朝建立。唐朝统一了中原，随后平定割据陇右的薛氏和凉州的李轨，统一了河西。630 年（贞观四年），唐削平东突厥汗国，统一了漠北草原。西域为之震动。臣属于西突厥的伊吾七城自动归降，唐在伊吾设西伊州，后改称伊州。

此后唐朝经营西域步伐加快。640 年（贞观十四年），唐调集各路兵马号称 15 万出兵高昌，以所属左领军大将军契苾何力率铁勒及突厥兵数万随军出征；同时，又遣使焉耆，请为声援（焉耆曾遭高昌攻掠）。由此可见，唐出兵统一西域，是以汉族、草原民族及西域同盟多方协力进行的。唐军出伊吾，取可汗浮图城（今吉木萨尔县北），南下进围高昌，麹文泰暴卒，子麹智盛开城出降。唐于高昌置西州，于可汗浮图城置庭州。又在西州设安西都护府，统领西域的军政。这是唐朝在西域设置的最高军政机构。

642 年，唐册封泥孰可汗之孙乙毗射匮为西突厥可汗，以控制西域北部和西部。但乙毗射匮却计策将唐限制于西域东部。乙毗射匮通过部下娶焉耆王女的方式控制了焉耆，进而阻碍交通，骚扰西州。唐军于 644 年（贞观十八年）攻下焉耆，但未能有效占领。648 年，唐军再次出兵。此次仍为蕃汉联军，并以蕃兵为主，统帅也由突厥降人右骁卫大将军阿史那社尔担任。铁勒兵 13 部、突厥兵 10 余万骑，加上关内、伊州、西州汉军，唐军浩浩荡荡，先取焉耆，后攻龟兹。西突厥阿史那贺鲁、屈利啜先后归降。唐军出师南下，于阗王亦降。唐又以新归顺的昆山道行军总管、左骁卫将军阿史那贺鲁为泥伏钵罗叶护，继续招讨。于是，西突厥纷纷归顺，西征获全胜，统一西域的军事行动告一段落。

唐乘胜在西域设立疏勒、龟兹、于阗、焉耆（679—719 年改为碎叶）四军镇，统由安西都护节制，史称"安西四镇"。安西都护府及安西四镇的设立，是唐朝统治西域的重要步骤。从这些机构的设置来看，唐朝对西域的治理，既有继承前朝的政略，又有新增的措施。归纳起来，大致有以下几点：其一，在治理体制上，仍实行军政合一的方式。自汉代创立军政合一的都护制以来，历朝相沿继承，收效甚佳，可见这种治理体制与当时西域社会经济发展状况是基本相适应的。其二，在治理方式上，仍实行唐初以来镇抚结合的策略。军镇主管驻兵防守，都护府主掌安辑宣抚。其三，在治理力量配置上，实行蕃汉结合。四镇守军蕃汉杂处，统兵将官亦汉蕃搭配。其四，在治理力量布局上，重视西域西部和南部的沿边要地。自汉代以来，历朝治理西域，鼎盛时期，多以西域中部焉耆、龟兹为重心；势力较弱时，则以西域东部伊吾、高昌、鄯善等地为重点。唐安西四镇皆为西域西、南部沿边要地，特别是碎叶镇深入西部，震慑中亚。所以，四镇的建立大大扩展了唐王朝直接控制的范围。总之，唐设安西都护府及安西四镇，标志着中央王朝对西域的治理进入了一个新的历史时期。

唐统一西域后，在治理体制上作了重大变革，标志是设立羁縻府州。最早设立羁縻府州是在征讨阿史那贺鲁时，654 年（永徽五年），于西突厥处月部故地设置金满、沙陀两羁縻府州，各设都督节制[1]。平定阿史那贺鲁之乱后，羁縻府州在西突厥故地全面铺开。658 年（显庆三年），设昆陵、濛池二羁縻都护府，以西突厥部落为基础，下设羁縻府州 27 个（史书记载不全，此为今所知者）。唐册立阿史那弥射为兴昔亡可汗兼左卫大将军、昆陵都护，

---

1 《新唐书·沙陀传》。

统辖原西突厥左厢五咄陆部落。册立阿史那步真为继往绝可汗兼右卫大将军、濛池都护，统辖原西突厥右厢五弩失毕部落。又派光禄卿赴西域，与弥射、步真代表朝廷册立各部落首领，"准其部落大小、位望高下，节级授（羁縻府州）刺史以下官"[1]。同年，安西都护府升为安西大都护府，迁往龟兹，居中统辖西域。在天山以南塔里木盆地设立四镇都督府，即龟兹都督府、焉耆都督府、疏勒都督府、毗沙都督府，下设34羁縻州。葱岭以西原西突厥的属地范围内也建立了羁縻府州，有专使前往册封。时葱岭西（吐火罗地区）及粟特地区（今中亚河中地区）城郭小国林立，都督府基本上以国别来划分。据《新唐书》记载："自于阗以西、波斯以东，凡十六国，以其王都为都督府。凡州八十八，县百一十，军府百二十六。"此外，《资治通鉴》卷200记载："显庆四年（659年）九月，诏以石、米、史、大安、小安、曹、拔汗那、挹怛、疏勒、朱驹半等国置州、县、府百二十七。"

702年（长安二年），唐于庭州设置北庭都护府。709年（景龙三年）升为北庭大都护府，与龟兹安西大都护府分治西域南北。天山以北，北庭掌之；天山以南，安西统之。由是西域羁縻府州制趋于完善。安西、北庭两大都护府为唐王朝直接派驻的治理机构。大都护府设大都护或都护1人，从二品或正三品，与朝廷尚书或左、右仆射同级，可见地位显赫。下设副大都护或副都护2人，长史、司马各1人。大都护府内政务、军事、司法、财政各有专署分理，设有功曹、仓曹、户曹、兵曹、法曹、参军等官署及录事官职，多与朝廷各部对应。大都护的职责范围是"掌所统诸抚、征讨，斥堠、安辑蕃人及诸赏罚，叙录勋功，总判府事"。

---

1 《唐会要》卷73。

大都护"行则建节，府树六纛，外任之重莫此焉"[1]。

西突厥两厢昆陵、濛池两都护府归大都护统辖，但对下属所实行的羁縻管理方式，使之在机构的设置上，与安西、北庭两大都护府有较大的区别。在职官名称上，两者分别称为兴昔亡可汗兼左卫大将军、昆陵都护，继往绝可汗兼右卫大将军、濛池都护，其中既有可汗封号，又有朝廷的官职，汗号、官职并用。而且，各都护府及下属都督府，只有首领接受朝廷的可汗、啜、俟斤等封号，及都护、都督、刺史等官职，基层仍按原西突厥内部旧制。各都护府、都督府一般设有参将，大多主办汉文文书。天山以南塔里木盆地周围都督府及葱岭以西诸都督府，一般是王号与都督、刺史官职并称。

在西域东部伊州（今哈密地区）、西州（今吐鲁番地区）、庭州（今昌吉和乌鲁木齐地区），唐王朝实行了与内地等同的州县管理体制。州设刺史，总管全州，下设别驾、长史、司马副职，分掌政务、军务。州职能机构有司功、司仓、司户、司兵、司法、司士，各设参军主持。县设县令总掌政务，县丞、主簿、县尉佐之，分管各部事务。县以下设乡、里。乡设耆老（或父老）；里设里正。经济上实行与内地等同的"均田制"土地制度、"租、庸、调"赋税制度。军事上的"府兵制"实行得更为广泛。不仅西域东部州县实行此制，而且葱岭以东的西域西部地区也普遍实行"府兵制"，甚至葱岭以西的部分地区也设立了军府。

从以上唐对西域的治理可以看出，唐政府在当地实行的是边疆羁縻制度与内地州县制度并存的治理方式；此外，羁縻府州本身又具有羁縻制度与州县制度的双重性质。这种"并存"的治理方式，反映出唐王朝在西域的治理体制正在从羁縻制度向州县制

---

1 《通典》卷32。

度过渡，由此使中央政府对西域的管辖更趋直接，管理更趋强化，进而使边疆与内地的社会经济发展向一体化过渡。惟"汉蕃分治"仍是"过渡时期"的重要内容，但采取了"上合而下分"的具体管理方式。即安西与北庭两大都护府分掌西域全境，实行"汉蕃合治"的管理，其下分别设立州、县或羁縻制的都护府、都督府，实行"汉蕃分治"的管理。甚至在同一地区，两种管理体制也并存。如庭州下有金满县和轮台县，又有金满州羁縻都督府和轮台羁縻都督府，以管理当地的游牧部族。

734年（开元二十二年）唐册封的突骑施忠顺可汗苏禄以北庭都护擅斩突骑施首领为由，举兵反唐。唐先后调集6万大兵西征，在突骑施属下大首领莫贺干达及拔汗那、石国、史国等的配合下，于739年（开元二十七年）平定苏禄之乱。西突厥诸部纷纷上表，请唐王朝"将部落于安西管内安置，永作边扞，长为臣子"[1]。唐对西域的治理进一步强化。苏禄反唐之时，吐蕃势力乘机响应。吐蕃于663年（龙朔三年）灭吐谷浑后占据青海，进而进入塔里木盆地，曾于680年前后陷龟兹、疏勒。苏禄反唐时，吐蕃出兵配合突骑施向唐安西各军镇发动进攻，又与唐争夺帕米尔之大小勃律。虽然唐军最终在对吐蕃的斗争中取得了胜利，至753年（天宝十二年）收复了大小勃律，完全控制了帕米尔，但唐王朝在西域的统治却有所削弱，境外大食乘机向西域西部伸展势力。

750年（天宝九年），安西节度使高仙芝以石国王"蕃礼有亏"，出兵征讨，破其国。石国王子遂引大食兵入犯唐境。大食即阿拉伯帝国。7世纪初兴起后，以伊斯兰教为旗帜向东方扩展势力，占据波斯，后又侵入唐王朝统辖的西域西部中亚两河地区。各属国多次告急求援，唐王朝都没有发兵，致使大食势力侵占中亚的

---

1 《册府元龟》卷977。

河中地区。此次既有石国王子为内应，大食乘机大举入侵西域西部。高仙芝闻讯，率安西四镇唐军并调发西域各羁縻府州兵计 6 万余人前往迎敌，进抵怛逻斯地方（今塔拉斯河流域）与大食军遭遇，两军对垒。史载双方"相持五日，葛逻禄部众叛，与大食夹攻唐军，仙芝大败"[1]。及至撤回安西，四镇精兵损失大半，大食乘势占据石国，是为西域历史上著名的"怛逻斯之战"。

唐军虽然失利，但仍牢固地控制着西域的局面。各属国藩部册封、朝贡依旧，753 年还收复了大小勃律，在十姓故地册封了突骑施可汗。战后唐与大食的关系也很快恢复正常，752—753 年间（天宝十一年至十二年）大食使者前来唐长安朝贡达 4 次之多。

755 年（天宝十四年），中原发生"安史之乱"。次年唐肃宗李亨在灵武（今属宁夏）继位，调集各地兵马勤王。西域安西四镇驻军主力也调往内地参加平乱；另有西域属国拔汗那、于阗等奉调随安西四镇官军勤王，其中于阗王率精兵 5000 入关。758 年（乾元元年），又有吐火罗叶护乌那多等西域 9 国首领来朝，请求"助国讨贼"，被派赴朔方行营效力。境外大食国也派兵相助。一时"西北守塞及诸胡之兵"成为平乱主力，但唐在西域的统治和城防却大大削弱了。

吐蕃乘"安史之乱"进占河西，切断了东西往来的交通，随后向孤立无援的西域不断发起攻击。朝廷命官、留守军卒并地方军民武装合力奋战，历经艰辛，抗击吐蕃，保全西域免遭分割。768 年（大历三年）前后，西域偶与中央王朝恢复联系，唐政府始知孤军坚守，西域尚存，上下无不为西域军民"忘身报国"的事迹而感动。唐代宗诏令褒奖："不动中国、不劳济师，横制数千

---

1 《资治通鉴》卷 216。

里，有辅车首尾之应。以威以怀，张我右腋。"[1]781 年（建中二年）又分别任命坚守西域的曹令忠、郭昕为北庭大都护和安西大都护，加封宁塞郡王和武威郡王，西域在中央王朝中的地位有所提高。

783 年（建中四年），长安发生泾原兵变，唐德宗遣使向吐蕃求援，吐蕃乘机提出割让河西东部泾、灵等四州及西域安西、北庭的交换条件，实际上是要占有唐自泾、灵四州以西的西北全境。当时吐蕃已控制河西且深入关陇，西域已被吐蕃阻断，孤悬塞外20 多年，唐在西域的守军已失去拱卫作用。朝廷遂与吐蕃签约，应允出让安西、北庭；又专发《慰问四镇、北庭将士敕书》，拟派专员前往西域办理交割。由于道路遥远、交通阻塞，朝廷意旨并未到达西域。至 789 年，唐军仍坚守安西、北庭及葱岭以东各地。时回纥汗国兴起，已占有漠北蒙古草原，并进入西域东部。游牧于金山（今阿尔泰山）的葛逻禄部则取代突骑施部，领有西突厥十姓故地。是年，吐蕃联合葛逻禄部进犯北庭。北庭驻军与回鹘（788 年自请由回纥改称回鹘）相联合。在遭遇战中，唐、回联军失利，回鹘被迫退回漠北，北庭为吐蕃攻陷，唐军官兵 2000 余众撤往西州（今吐鲁番）。790 年（贞元六年），唐、回联军出兵反攻北庭失利，葛逻禄占据了浮图川（今吉木萨尔一带），吐蕃则乘势攻占了西州，进而围攻龟兹。时安西四镇唐军已空，当地各族军民奋起抵抗吐蕃。次年，回鹘第三次出兵西域，终于击败吐蕃，收复北庭、西州，解龟兹之围。至此，西域已分别为回鹘、吐蕃控制。其中回鹘领有北庭、西州及塔里木盆地北缘的焉耆、龟兹、温宿、拨换（今阿克苏）和疏勒以东一带；吐蕃则占有塔里木盆地南缘，于阗是吐蕃统治西域的中心。葱岭以西中亚河中地区则被境外大食占据，唐王朝势力基本退出了西域。

---

1 《唐大诏令集》卷116。

三、西域与回纥民族及鄂尔浑回纥汗国

1. 回纥的来源

今天新疆的维吾尔族是一个多源的民族，主要是由原蒙古草原上的回纥人和原塔里木盆地各绿洲上的土著居民融合而成的。今天的"维吾尔"(Uyghur)与古代的"回鹘"都是原蒙古草原上一个部落的突厥语名称——"回纥"的不同音译。

回纥源于北狄。北狄是中国最古老的几个古代民族之一。早在公元前 2000 年，他们就活动于中国西北地区，与华夏诸部毗邻而居。他们的人种或外貌可能与华夏族相似但语言却不同。双方交往时需要"舌人"居间译语[1]。他们"披发左衽"[2]，食半生的肉，以游牧为生，没有文字。

商周时期（前 11 世纪—前 5 世纪），"狄"又被称为"翟"。在先秦及两汉时期，翟人被称为"丁零"、"丁灵"或"狄历"。到了公元 3 世纪以后，又相继被称为"敕勒"和"铁勒"。这些词尽管写法不同，发音却十分相近，这都是同一族称的不同汉文音译。这个族称来自另一种语言，即翟人自己的语言。而在公元 6 世纪以前，翟人尚没有文字，因此我们对他们的称呼只能沿用汉文史书中译写的名称。公元 6 世纪以后，铁勒人开始用突厥卢尼文拼写自己的语言，并且用这种文字刻写了许多碑铭，其中有些一直遗留至今。1893 年，丹麦语言学家汤姆森（V.Thomsen）首先将这种神秘的文字解读出来，人们才了解到他们的自称是 Turk 或 Turuk，是"强有力"的意思。汉文的翟、狄、丁零、狄历、铁勒等都是 Turk 或 Turuk 的音译。

---

[1] 《国语·周语》卷 2。

[2] 《论语》："微管仲，吾其被发左衽矣。"田广金、郭素新:《鄂尔多斯式青铜器》，第 391 页。

狄人原居于今内蒙古的鄂尔多斯及其邻近地区。人口的繁衍和经济的发展，促使他们不断向东、向南开拓更多的草场。到了夏商时期，他们的游牧地域已遍布中原北部各地。在今山西、河北、陕西北部都有他们的足迹。

狄人与华夏诸部毗邻而居，他们之间的关系十分密切。有的先秦文献认为狄人与华夏族同祖。《山海经》称："黄帝之孙曰始均，始均生北狄。"[1] 这个记载的真实性已无从查证了，但狄人与华夏族在人种、文化上的密切联系却有大量考古材料可以为证[2]。商周时期，双方通婚的例子更是史不绝书。后来，迁入中原地区的狄人大多融合进了华夏族之中。

公元前 11 世纪，还有一支狄人北迁。北迁的狄人一部分以内蒙古阴山一带为活动中心，后来构成了匈奴的一部分。另一部分（狄人中的赤狄）一直向北，越过戈壁，进入了漠北大草原和南西伯利亚的原始森林。

北迁的狄人主要分布于贝加尔湖与叶尼塞河之间。他们很快与当地土著居民融合。汉文史书中称他们为"丁零"。丁零人和其他原始部落的人群都生活在南西伯利亚山地和蒙古草原的北部边缘。

南西伯利亚东、西部之间自然地理的差异，使得西部的丁零人"颇为艺植"，有很多部落都兼营农耕或以农耕为主。而东部的丁零人则以狩猎、采摘和游牧为生。东部和西部丁零之间的差异日益明显，逐渐发展成了相对独立的两个集团。后来的回纥部和

---

1 《山海经·大荒西经》，上海古籍出版社，1980 年，第 395 页。
2 吉谢列夫：《南西伯利亚古代史》上册，第四章。田广全、郭素新：《鄂尔多斯式青铜器》，第 185—200 页、第 326—327 页。

九姓就出自东丁零[1]，而阿史那氏的突厥部和葛逻禄等部则出自西丁零[2]。

西部的丁零主要集中于鄂毕河上游的库兹涅茨盆地、叶尼塞河上游的米努辛斯克盆地和阿尔泰山区。东部的丁零部落主要活动于贝加尔湖周围及贝加尔湖以南的大河流域。

到了公元前 4 世纪，原游牧于漠南黄河河套和阴山一带的匈奴人强盛起来，将大漠南北草原上的各个戎、狄、湖等"诸引弓之民，并为一家"[3]，建立了草原上第一个统一而强大的匈奴政权。匈奴"北服丁零"，将整个南西伯利亚和漠北草原都置于自己的控制之下。

公元 85 年（东汉元和二年），北匈奴政权在丁零等各被奴役部落和东汉王朝的夹击下大败，从此"不复自立，乃远引而去"。匈奴政权灭亡以后，在蒙古草原上又相继出现了鲜卑和柔然政权。丁零人又相继受鲜卑和柔然的统治。

公元 3 世纪以后，在汉文史书中，将丁零记为"敕勒"、"高车"或"铁勒"。《魏书·高车传》记载："高车，盖古赤狄之余种也，初号为狄历，北方以为敕勒，诸夏以为高车、丁零。"《新唐书·回鹘传》也称："回纥……俗多乘高轮车，元魏时亦号高车部，或曰敕勒，讹为铁勒。"《北史·高车传》记载它有六氏十二姓。六氏即：狄氏、袁纥氏、斛律氏、解批氏、护骨氏、异奇斤氏。史学界一般认为，其中的袁纥氏，即后来的回纥。

4 世纪中叶，在色楞格河、鄂尔浑河和土拉河流域的高车部

---

1 白鸟库吉：《匈奴民族考》，载林幹编：《匈奴史论文选集》，北京：中华书局，1983 年。
2 《北史·突厥传》："突厥者，其先居西海之右。"《新唐书·葛逻禄传》："葛逻禄突厥诸族，在北庭西北，金山之西。"
3 《史记·匈奴传》。

落已经团聚形成了一个松散的集团，史书中将他们称为"东部高车"。回纥就是东部高车集团中的一部，当时活动于"鹿浑海西百余里"[1]。鹿浑海在今鄂尔浑河上游，其西百余里当为色楞格河流域。

6 世纪以后，在准噶尔盆地东部出现了一个姓阿史那的突厥部，546 年（西魏大统十二年），它兼并了在准噶尔盆地的其他高车部 5 万帐，力量膨胀，遂东向攻入漠北，灭了柔然，于 552 年（西魏元钦元年）在蒙古草原上建立起突厥汗国。突厥汗国东起兴安岭，西至准噶尔盆地和中亚锡尔河上游一带。回纥和各铁勒部都受突厥汗国统治。突厥汗国是一个奴隶制政权，对草原上各部落的统治十分残暴。史称突厥"世行暴虐，家法残忍"[2]，遭到铁勒各部的反抗。在反抗突厥汗国的战斗中，回纥部团结了越来越多的铁勒部落，又得到唐朝的支持，日益壮大起来。

2. 鄂尔浑回纥汗国的建立

744 年（天宝三年），唐朝联合回纥和其他铁勒部灭亡了突厥汗国。当时在蒙古草原上的诸多铁勒部落中，回纥成为最强大的部落。但回纥要统一蒙古草原还存在众多的障碍。在漠北能够向回纥霸权提出挑战的有拔悉密、葛逻禄，北方有虎视眈眈的黠戛斯；南方有已归附唐朝的铁勒部落和突厥旧部。这些部落都曾经是唐朝的羁縻府州。因此回纥必须得到唐朝的册封，借大唐威名才能够号令诸部，并进一步统一整个漠北。所以，突厥灭亡后，回纥首领骨力裴罗马上遣使长安请求册封。745 年（天宝四年），唐玄宗册封他为怀仁可汗。在得到唐朝认可后，回纥遂成为漠北霸主。"居突厥故地，立牙帐于乌德犍山"[3]，鄂尔浑回纥汗国诞生了。

---

1 《魏书·太祖纪》登国五年条及《魏书·高车传》。
2 《隋书·突厥传》。
3 《资治通鉴》卷 215。

此后，历代回纥可汗都向唐朝称臣，接受唐朝的册封，回纥汗国始终作为唐朝的属国而存在。回纥还多次受唐朝调遣，派骑兵帮助唐朝平息国内的叛乱，并多年与唐朝联合对抗吐蕃。双方的贸易，特别是绢马贸易，也十分活跃。纵观匈奴以后1000余年的历史，回纥汗国是与中原王朝关系最为密切友好的北方草原政权。为此，唐朝曾相继将宁国、咸安、太和公主嫁给回纥可汗。这是自西汉以来，历代中原王朝的和亲公主中仅有的3位皇帝亲生女儿。

回纥汗国的疆域大体上是贝加尔湖、萨彦岭、唐努山一线以南，阴山、贺兰山、河西走廊及北山（马鬃山）一线以北，阿尔泰山以东，兴安岭以西的蒙古草原地区。从此以后的近100年中，以回纥部为核心，在汗国疆域内的铁勒诸部逐渐融合成了统一的回纥族。

3. 回纥的人口与种族特征

回纥汗国建立后，原来分散的铁勒诸部向统一的回纥族团聚的局面基本形成。此后，草原上的铁勒诸部在对外交往时不再使用本部落的名称而统称回纥，回纥不再是一个部落而成为一个民族和汗国的名称。

关于回纥汗国的人口，史书中缺乏明确的记载。有人认为，唐太宗所说漠北铁勒"总百余万户"和实际情况相去不远[1]。根据这一看法，漠北至少应有500万人口。但这一估算，令人难以置信。

因为回纥汗国的疆域与以前的东突厥汗国和成吉思汗创建的蒙古汗国的疆域大体相当，与今天蒙古人民共和国的疆界相比，除了在北方超出较多外，东、西、南三面也相近。这一区域也就

---

1 马长寿：《突厥人和突厥汗国》，上海人民出版社，1957年，第57页。

是史书中一般所指的"漠北"草原地区。因此，东突厥汗国、蒙古汗国和今蒙古人民共和国的人口数字都可以作为估算回纥汗国人口的参照。

根据1918年的统计，蒙古人民共和国的人口为647504人[1]。这个数字对于历史上漠北草原汗国的人口有参考价值。13世纪初期的蒙古汗国，其军队共有12.9万人[2]。蒙古汗国的人口虽然没有直接的记载，但当时整个汗国的各部落都被编为若干个千户。千户的数目，最初为65，后发展到95[3]。如每个千户都以足数（每户5人）计算，当时汗国境内也不足50万人。如果用以上这些数字和唐太宗所谓漠北铁勒"总百余万户"，即500万人口的提法相比，差距太大，唐太宗所说显然是过分夸大的。

千百年来，漠北草原一直是以牧业为主的地区。牧业依靠草场，而草场的载畜量是有限的。牲畜的数量又限制了人口的数量。纵观历史，外来的游牧部落大规模进入漠北草原只有两种情形。或者是乘草原上游牧政权崩溃，一些部落迁走时，进占空出的牧场；或者是武力将一部分人赶出漠北草原而取代之。原因很简单，草场面积是基本固定的，载畜量也是相对固定的，草原上的政权和民族可以不断更替，但人口数量只能保持相对稳定。当人口过量，即所谓人口爆炸时，草原上的部落或者联合起来向外扩张，去夺取新的草场，或者发生内战，将一些部落消灭或赶走。根据这个简单的道理，这个与13世纪初的蒙古汗国在疆域上大体相当的回纥汗国，其人口超过50余万的可能性是不大的。换句话说，它的人口可能最多为50余万。

---

1 （苏）穆尔扎也夫著，杨郁华译：《蒙古人民共和国》第3章，北京：三联书店，1985年。
2 拉施特：《史集》第1卷，第2分册，第362页。
3 《元史·术赤台传》。

我们对唐代一些史料进行分析，与以上的估计大体相合。647年（贞观二十一年），唐朝统一了漠北。当时漠北共有 13 个大的部落，唐太宗将其划分为 6 府 7 州。这 13 部的兵力或户口，除了较小的浑部和思结别部外，都有明确记载[1]。如果以三人出一兵或每户五人的方法计算，这 11 部则只有 46 万人。如果考虑到后来迁到叶尼塞河上游和准噶尔盆地去的一些回纥部，以及记载和统计上的误差，将回纥汗国的人口拟定为 50 余万似乎是比较适中的。总之，我们的结论是，漠北回纥汗国，即所有自称为回纥的人口，估计在 40 余万至 60 余万之间，很有可能为 50 余万。

关于回纥人的种族特征，虽然史书中缺少明确详细的描述，但零星的史料和旁证材料还是很多的。中外学界一般公认，回纥人的祖先丁零人属于蒙古人种，与回纥关系密切的匈奴人也属于蒙古人种[2]。

与回纥人同种族的突厥人的外貌特征，中外史书中都有较明确的记述。11 世纪的波斯人乌特比称突厥人"宽脸庞，小眼睛，高鼻子，少胡须"。另一位波斯人加尔迪齐也说"他们的胡须疏疏落落"[3]。唐代还有这样一段汉文史料："突厥阿史那思摩入见，上引升御榻，慰劳之。思摩貌类胡，不类突厥，故处罗（可汗）疑其非阿史那种。"[4]可见，当时的突厥人与白种的胡人在外貌上的差异是十分明显的。

1　回纥、思结和奚结的数字见《新唐书》卷 217，其他部的数字均见《通典》卷 199。

2　韩康信等：《古代中国人种成分研究》，载《考古学报》1984 年第 2 期。吉谢列夫：《南西伯利亚古代史》上册，第 57 页。潘其风：《从颅山骨资料看匈奴的人种》，载《考古学报》1984 年第 2 集，北京：科学出版社，1986 年。

3　W.Barthold, *Turkestan-Down to the Mongol Invasion*, London, 1968, P240。加尔迪齐：《记述的装饰》摘要，《西北史地》1989 年第 4 期。

4　《资治通鉴》卷 191。

关于这一点，当代的土耳其学者也指出："古代的突厥人是蒙古种——黄色人种的一支，他们来自中国北部。当他们从使用希腊语的拜占庭人手中夺取小亚细亚以后，他们获得了一部分高加索人种（白种）的血统。当他们进一步深入欧洲以后，他们就吸收了更多高加索人种的特征。今天，突厥人已经变得主要表现为白色人种的特征了。当然，仍与其他白种人有所区别，即他们多为黑头发、黑眼睛，皮肤颜色介于黄、白之间。但是在土耳其的一些山区，至今仍有机会见到一些蒙古人种特征的突厥人。"[1]关于回纥人的种族特征，尽管缺乏确切的、文字方面的史料，可是古代遗留下来的壁画资料还是相当丰富的。德国突厥学家噶玛利女士曾专门搜集和研究回纥的绘画。她指出，在这些绘画中，"西方人……眼大如牛，但回鹘贵族的面孔则满如圆月，鼻子稍勾，眼如杏仁，就像一般的蒙古人那样"。她还说："汉族人在种族的特征上可能与突厥回鹘人没有什么区别。我们只能从画中的服饰或题词中加以区别。"[2]另两位突厥学者勒柯克和吉洪诺夫也与噶玛利有基本相同的见解[3]。如果我们对这些壁画中的回纥人形象进行分析，还是可以分辨出他们与中原汉族人的区别的。这就是，比中原汉族人脸大而宽阔，鼻根较高较窄。这些均属于北亚蒙古人种的特征。而中原汉族人一般表现为远东蒙古人种的特征。

4. 汗国的崩溃

788年（贞元四年），回纥可汗上表唐德宗，请改回纥为回鹘，取回旋轻捷如鹘之意。8世纪中叶以后，回鹘汗国与吐蕃王国在今新疆东部展开了几十年的争夺。到了9世纪20年代，双方的元气

---

1 Emil Lengyel, *Turkey*, London and New York, 1970，P38–85。
2 噶玛利：《回鹘绘画》，《突厥语研究通讯》第 9 期。
3 《回鹘文化与风习》，《民族研究译文集》第 6 集，中国社会科学院民族研究所编印。

都已消耗殆尽，回鹘与吐蕃同步走向衰落。回鹘汗国末年，统治阶层争夺汗位的内乱也加快了衰落的速度。

839 年（开成四年）漠北草原上"连年饥疫，羊马死者被地，又大雪为灾"，回鹘人"流亡遍于沙漠，缰仆被于草莽"[1]。当年，内讧再次加剧。回鹘相掘罗勿借漠南的沙陀骑兵北上，彰信可汗被迫自杀。次年，驻于牙帐北方的将军句录莫贺招引早已虎视眈眈的黠戛斯，他们合骑 10 万南下攻回鹘城，"杀可汗，诛掘罗勿，焚其牙，诸部溃"[2]。壮丽的回鹘首都和可敦城、公主城等都被"烧荡殆尽"，回鹘汗国崩溃。可是，黠戛斯的突袭并未将回鹘汗国的统治阶级彻底消灭或征服。可汗的兄弟子侄、汗国的宰相都督、"名王贵酋"，大部分人还在，并且还控制着众多的部落。不久，在统治阶层人物最集中的"近可汗牙十三部"中推举出了新的可汗。回鹘仍是一个有可汗的民族。

这以后，回鹘仍有相当数量的部落继续留在漠北草原，而且直到 10 世纪，当契丹人进军漠北时，还曾多次与这些回鹘部相遇。以后，辽朝还在漠北设"回鹘国单于府"统辖当地的回鹘部落。留在漠北的回鹘人后来基本上融合进了别的民族之中，如在蒙古帝国成吉思汗和窝阔台汗时期的宰相田镇海一族，就是回鹘人的后裔。

其他的回鹘人分为数支，在各部首领的统帅下有组织地撤离了漠北。能够给他们提供草场的去处，只有漠南和准噶尔盆地。于是，他们分别向南、向西奔去。

（1）南迁回鹘

汗国崩溃后，南迁的回鹘分为两支，分别沿参天可汗道南下。

---

1 《唐会要》卷 98；李德裕:《李文饶文集》卷 2。

2 《新唐书·回鹘传》。

其中主要的一支为"近可汗牙十三部"，以乌希特勤为首。另一支由大特勤温末斯等人率领。南迁的两支回鹘分别属于互相敌对的两派，因此他们是抱着不同的目的分头南下的。

由温末斯和那颉啜所率的一支回鹘进入漠南后，先后归附了唐朝。而乌希特勤所率的一支，集中了原汗国统治阶层的大部分"名王贵臣"[1]，专意于恢复汗国。于是，他们在南下途中拥立乌希特勤为乌介可汗。回鹘国破后，"近可汗牙十三部"仍为所有回鹘人瞩望的中心。乌介可汗至少在名义上仍然是各支回鹘，包括西迁回鹘的可汗。因此，在南迁回鹘覆亡前，西迁回鹘的首领庞特勤一直自称叶护。

乌介可汗所率之部南下后，向唐朝提出借兵北击黠戛斯等要求，遭到唐朝拒绝。847年（会昌七年），乌介被部下所杀。次年，南迁回鹘彻底覆亡，恢复漠北回鹘汗国的企图也就完全破灭了。

关于南迁回鹘的人数，估计两支共约10万多人。其中温末斯部近5万人，乌介部5万余人[2]。南迁回鹘破散后，大部分进入中原，融合进了汉族之中。其中的温末斯部，一部分被"分隶诸道"为骑兵，其余多在大同附近耕种定居。在敦煌莫高窟第61号窟中有一幅绘于10世纪的山西五台山图，图中还画有"铁勒寺"。可见直至五代宋初，这些回鹘人的后裔还在当地聚族而居。温末斯部的上层人物后来都带同家属徙居长安，并"赐甲第于永乐坊"。另外，原那颉啜所统7000帐、乌介可汗部被俘和归降的三四万回鹘

1　其中宰相5人、特勤11人、将军8人，另外还有可汗姊、公主、大都督、啜、尚书等多人。

2　温末斯部降唐的有"骑士二千五百人"，如算家属应共约1万余人；那颉啜所统"七千帐"，每帐以5口计，应为3万余人；这一支合计近5万人。乌介部于843年被唐军"斩首万级，生擒五千"，溃兵多诣幽州降，"前后三万余人"，此后，遏捻可汗收集亡散得五千以上，这一支合计5万多人。

人也多被唐朝"分隶诸道"。他们分布的范围是很广的，远的一直被分配到江、淮地区[1]。还有很多回鹘骑士被唐朝边将收为部下。幽州节度使张仲武部下的李茂勋、李可举父子就是其中的回鹘部队将领。这些南迁、内迁的回鹘贵族凭借剽悍善战的回鹘骑兵，屡立战功，被唐封官晋爵，日后构成了中原王朝统治阶层的一部分。特别是在唐末的藩镇角逐和五代的纷争中，很多回鹘族将领扮演了重要角色[2]。

（2）甘州回鹘

回鹘除了南迁和西迁的以外，还有人数较少的一支自漠北草原向南，沿花门山至居延泽，再沿弱水进入河西走廊。进入河西走廊的回鹘人并不是同时迁来的，较大规模的迁入至少有两批。第一批是 840 年（开成五年）自漠北直接南下的一支。另一批是南迁回鹘失败后，"余众西奔，归于吐蕃，吐蕃处之甘州"[3]。此外，还有一些先后零散迁来的部落。回鹘逃奔甘州后，"役属吐蕃"，吐蕃"乃以回鹘散处之"，也就是将他们分散地安置于河西及陇右各地。史书将被分散安置的这些回鹘分别称为贺兰山回鹘、秦州回鹘、凉州回鹘、合罗川回鹘、肃州回鹘、瓜州回鹘、沙州回鹘等。甘州是河西、陇右各地回鹘人最为集中的聚居区，而且各支回鹘并非一盘散沙，他们互通声气，以甘州回鹘的药逻葛氏首领为共同的统帅，因此史书中又统称他们为甘州回鹘。

河西的各支回鹘不仅互通声气，他们还通过草原上的居延道路与南迁回鹘和西迁回鹘保持着联络，互相声援。当西迁的庞特勤称可汗后，他们是承认庞特勤为回鹘共主的，因此史称甘州回

---

1 《资治通鉴》卷 250。

2 《旧五代史·李存信传》;《旧五代史·何建传》。

3 《旧五代史·回鹘传》。

鹘为庞特勤之"后嗣"[1]。只是由于两边的距离遥远，才逐渐疏远分离。

9世纪中叶，河西吐蕃政权崩溃。到911年（后梁开平五年），甘州回鹘击败了盘踞于敦煌的"西汉金山国"，控制了整个河西走廊，并且这个河西霸主的地位一直维持了100余年。甘州回鹘统辖的范围还包括走廊北侧的荒原和半沙漠地带，即今内蒙古的阿拉善和额济那旗等地。这一地区东接黄河之滨的贺兰山，西与伊州和巴里坤草原相连，因此，出使宋朝的甘州回鹘使节曹万通说："本国东至黄河，西至雪山（东部天山）。"[2] 甘州回鹘统治下的河西是一个松散的联合政权。加入这个政权的河西各族都承认回鹘可汗的宗主地位，但内部事务却大多是自主的，因此史称他们"故处甘、凉、瓜、沙间，各立君长，分领族帐"[3]。独立性最强的是汉人张、曹氏治理下的沙、瓜州及占据凉州一带的吐蕃者龙、六谷部。

1028年（宋天圣六年），西夏军攻破甘州城。回鹘可汗药逻葛通顺仓猝出奔，甘州回鹘统治河西的历史就此结束。政权崩溃后，回鹘部众大多四散迁走。其中影响最大的，是退处敦煌以南、祁连山麓的一支，他们自称"沙州回鹘"。直到1127年（金天会五年），尚有"沙州回鹘活喇散可汗遣使入贡"的记载[4]。但此后，他们就从各类史书中消失了。甘州回鹘政权崩溃几十年以后，在1081年（宋元丰四年）史书中出现了一个"黄头回鹘"部。史学界多数人认为，黄头回鹘就是甘州回鹘的余部，更具体一点说，就是退处沙州的那支回鹘人。但这种说法存在很多疑点。当时黄

---

1 《旧唐书·回鹘传》。
2 《宋史·回鹘传》。
3 《西夏纪》卷3。
4 《金史·太宗纪》。

头回鹘居于塔里木盆地南缘，活动于西起约昌城（今且末一带），东至若羌的东西约 500 公里的范围内。这与沙州回鹘的活动区域相距很远。另外，黄头回鹘部的成分复杂，其中除了各回鹘氏族外，还包括一些拔悉密、突骑施、黠戛斯的氏族。因此，黄头回鹘很可能不是沙州回鹘而是高昌回鹘的一部分。

元代，黄头回鹘又被称为"撒里畏兀儿"，受蒙元西宁王的管辖，并与一些蒙古人融合。15 世纪末，他们又迁至河西走廊的甘州地区，这就是今天的裕固族。今天裕固族中的杨姓，就是古代回鹘汗族药逻葛氏的汉译姓。

5. 西迁回鹘

漠北回鹘汗国崩溃后，由庞特勤率领的 15 部回鹘人西迁。关于这 15 部回鹘的人口，过去有人估计为十数万至三十万[1]。因为庞特勤西迁 10 年之后才"渐至二十万"[2]，所以我们估计西迁 15 部的人口在 20 万以下。西迁回鹘沿着传统的草原道路首先到达了北庭。为了占据足够的草场，他们又逐渐分散，一些部落继续西行，进入葱岭西葛逻禄部居地。他们主要分布于伊塞克湖沿岸及伊犁河谷地。这部分回鹘人以后与葱岭西的葛逻禄等部一起建立了喀喇汗朝。大部分西迁的回鹘人则留在今新疆境内，分散在焉耆之北的天山山谷中和北庭周围。这些人日后建立起了高昌回鹘政权。

842 年（会昌二年），黠戛斯自蒙古草原西进，相继攻占北庭和吐鲁番，庞特勤遂退至焉耆。这时，南迁回鹘已推举出了乌介可汗，庞特勤则自称叶护，这说明他是承认乌介作为回鹘共主的地位的。856 年（大中十年），庞特勤"尚寓安西"（当指焉耆）[3]。这

1 安部健夫：《西回鹘国史的研究》第 4 章，乌鲁木齐：新疆人民出版社，1985 年版，第 174 页。

2 《新唐书·突厥传》。

3 《资治通鉴》卷 249。

时南迁回鹘已经失败，"遗帐伏山林间……稍归庞特勤"。留在蒙古草原上的回鹘部落也将希望寄托于庞特勤，"皆西向倾心望安西庞特勤之到"[1]。庞特勤遂自称可汗。回鹘的中心完全转移到了东部天山地区。对于回鹘统治中心的西移，唐朝也给予承认，于次年册封他为怀建可汗[2]。庞特勤称可汗后，所有西迁的回鹘部落都奉之为共主。主要包括居于河西走廊、葱岭西和今新疆境内的各回鹘部落。于是一个地域广大而各部之间联系松散的、以庞特勤为可汗的西回鹘汗国规模初具。这个政权的中心在焉耆。

至 866 年（咸通七年），驻于北庭附近的回鹘大酋仆固俊攻克了北庭城和吐鲁番，接着他进兵焉耆，杀死了可汗并自己即了汗位。他将牙帐设于北庭。以后他的继任者又将牙帐迁至高昌。所以一些学者认为仆固俊是高昌回鹘政权的创建者[3]。这以后，原来松散的西回鹘汗国分裂了。三支回鹘人走向了各自独立发展的道路。

（1）高昌回鹘

高昌回鹘面积辽阔，人口稀少，差异很大的众多部族和城邦杂处于一个政权之下，而统治民族回鹘人在总人口中又占少数。一些绿洲和部落有很强的自主性。如龟兹就经常独自派出使节去中原朝贡，伊州的统治者则由当地的汉族人陈氏世袭。

高昌回鹘的文化是一种农牧结合、东西混合的文化。回鹘人大量继承了塔里木盆地原有的农业文化，同时又按照自己的需要和理解对其进行了改造和发挥，使它具有新的时代和民族特点。高昌回鹘文化的混合性表现在语言、服饰、艺术和建筑等各个方

---

1 《旧唐书·回鹘传》。
2 《唐大诏令集》卷219《大中十一年册回鹘可汗文》。
3 森安孝夫：《关于回鹘的西迁》；刘义棠：《维吾尔研究》，台北：正中书局，第 173 页。

面[1]。12世纪中叶，高昌回鹘和喀喇汗朝相继成为西辽的属国。到13世纪初，高昌回鹘又归附了成吉思汗，以后，归入了元朝的版图。高昌回鹘王国建立后，其疆域不断扩张，西达焉耆、龟兹和今乌鲁木齐一带。

（2）喀喇汗朝

在准噶尔盆地西部和葱岭西的回鹘贵族建立了另一个政权——喀喇汗朝。喀喇汗朝的创建者可能是庞特勤的后裔，也可能是庞特勤的部将。而喀喇汗朝应是866年以后的什么时候创建的呢？在中亚的穆斯林史料中，记载了一位"毗伽阙·卡迪尔汗"，被认为是喀喇汗朝的始祖[2]。他死后，由其两子继位。长子治巴拉沙衮，次子治怛逻斯。这个年代是9世纪末。到893年（景福二年）怛逻斯被萨曼王国（874—999年）攻破，次子迁都喀什。这一事实表明了这已是一个独立于高昌回鹘之外的政权。因此，把喀喇汗朝建立的年代拟定为866年至9世纪末之间是较合理的。汗朝的疆域基本上包括了今中亚阿姆河与锡尔河之间的农业区，锡尔河以北至巴尔喀什湖一线的牧业区；在准噶尔盆地以精河、新源一线与高昌回鹘为界；在塔里木盆地以乌什、英吉沙分别与高昌回鹘和于阗国为界。首都分别建于巴拉沙衮（今托克玛克）和喀什噶尔。喀喇汗朝的统治者虽然以回鹘贵族和他们的后裔为主，但回鹘人在汗朝境内的人口中所占比例显然很小。他们逐渐与当地其他部落或民族融合，作为回鹘人的意识十分淡薄。到了10世纪中叶喀喇汗朝改信伊斯兰教以后，汗朝的统治者似乎已不再自称回鹘，而仅仅自认是铁勒（或称突厥）人。同时，他们将没有

---

1 胡振华、黄润华：《高昌馆杂字》，北京：民族出版社，1984年，第9–10页。邹如山译：《高昌回鹘王国的生活》，吐鲁番地方志编辑室1989年编印。

2 魏良弢：《喀喇汗王朝史稿》，乌鲁木齐：新疆人民出版社，1986年，第73页。

信仰伊斯兰教而居于今新疆境内的同族人仍称为回鹘，并且抱着敌视的态度。当然，他们并没有忘记自己来自东方的历史。[1]

6. 回鹘与土著的融合

13世纪以后，西迁回鹘所建立的两个政权虽然相继灭亡，但这些回鹘人却大部分在塔里木盆地定居下来并与当地的土著居民融为一体。

在回鹘人大规模进入塔里木盆地以前，当地土著居民的成分尽管是复杂的，但大体上可分为欧洲人种的胡人和蒙古人种的羌人、汉人两类。除了吐鲁番、哈密以外，多数地区的居民以欧洲人种的胡人为主。这些居民所使用的各种语言也多属于印欧语系。他们以农业和园艺业为生并善于经商。曾身历其境的东晋法显和唐朝玄奘和尚都很细致地描绘了当地居民的外貌、语言文字和经济生活。其他有关的史料也非常丰富。总之，在种族方面土著居民与草原上迁来的回鹘人差别甚大。

9世纪中叶以后，西迁的回鹘人分别在吐鲁番和喀什及葱岭西地区建国后，开始从东、西两端向塔里木盆地的中心发展。到1006年左右，灭亡了盆地腹地土著人的最后一个王国——于阗国。从此，塔里木盆地只剩下回鹘人所建的两个王国东、西对峙。土著人逐渐放弃了自己的语言文字而讲突厥语，用回鹘文，这标志着回鹘人在塔里木盆地统治地位的确立。塔里木盆地的土著居民与回鹘人相比，有较高的经济、文化水平，因此回鹘人逐渐放弃了原有的游牧文化而接受了当地的农耕文化。

但是当时在整个盆地内，却不具备形成一个统一民族的条件。一方面，土著人与回鹘人的融合，即土著人在语言上的突厥化和

1　张广达：《关于马哈木·喀什噶里的〈突厥语词汇〉与见于此书的圆形地图》，《中央民族学院学报》，1978年第2期。

回鹘人对于土著农耕文化的吸收学习过程并没有完成。另外，高昌回鹘和喀喇汗朝两部分回鹘人因为宗教的歧异而互相敌视，他们逐渐失去了作为同一个回鹘族的意识。而他们所信仰的宗教都分别渗透到了双方社会生活和文化的各个方面，特别是伊斯兰教，表现更为显著。以喀什噶尔为中心的喀喇汗国以伊斯兰教为国教，而高昌回鹘王国的居民都是佛教徒和摩尼教徒。由于宗教的不同，造成文化和心理状态之各异，甚至文字也有区别，高昌回鹘王国仍使用回鹘文，而喀喇汗国则改用阿拉伯字母为基础的哈卡尼亚文。在政治上双方势同水火，处于完全敌对的状态。东、西两部分居民并没有同一民族的心理意识，人们只忠于自己的区域和宗教而不忠于民族。

元朝后期，蒙古察合台汗的子孙们在各个绿洲上拥兵割据，塔里木盆地陷于割据和战乱之中。在战乱中，世俗势力利用伊斯兰教继续向东发展。到16世纪末，佛教连同信仰佛教的政治力量已被赶出了吐鲁番。1514年（明正德九年），察合台的后裔赛义德汗统一塔里木盆地，建立了叶尔羌汗国（1514—1680年），汗国疆域一直东达哈密。持续了500年之久的冠以宗教名义的混战至此结束，在一个统一的政权之下，整个塔里木盆地的居民都皈依了伊斯兰教。统一的政权和宗教使过去那种狭隘的宗教和地方意识转变成了包括所有盆地居民的民族的意识，回鹘人与土著居民以及后来的蒙古人在文化、风俗和血缘上的融合也已完成。

今天意义上的维吾尔族尽管继承了回鹘人的语言和其他的很多特点，但她已经不再是一个马上民族，也不再具有典型的蒙古人种的外貌。因此，尽管她的历史是古老的，尽管她仍沿用回鹘这一古老的族名，而她的内涵确实已经发生了全新的变化。

四、西域与蒙古民族及蒙古汗国

1. 成吉思汗西征

公元 12 世纪中后期，蒙古在漠北草原上逐步强大起来。13 世纪初，成吉思汗（铁木真）一步步统一了草原上各个部落，并于 1206 年（宋开禧二年）在漠北斡难河河源"根本之地"举行忽里台大会，即大汗位，建立起强大的蒙古政权。成吉思汗的南下攻金（女真，1115—1234 年）灭夏（党项），以及他对草原以北吉利吉思和"林木中百姓"的征讨，震撼了周邻各地。

成吉思汗兴起时，天山地区东部居住着高昌回鹘，他们在元代的汉文文献中被称为"畏兀儿"，他们的首领称"亦都护"，意为"神圣陛下"。畏兀儿的东面直到沙州（今哈密一带）生活着哈密立人，他们的首领称"的斤迭林"，在元代汉文文献中常与"畏兀儿亦都护"并提，但他们的族属尚不清楚。畏兀儿以西分布着不同的哈剌鲁（即唐代葛逻禄人）部落，哈剌鲁首领阿儿思兰汗及其部众生活在海押立（今哈萨克斯坦的科帕尔），另一首领斡匝儿生活在阿力麻里（今伊宁霍城县）。哈剌鲁人以西是西辽（穆斯林史料称为哈剌契丹）和中亚河中地区的花剌子模。

蒙古兴起后，游牧于金山（今阿尔泰山）东西的乃蛮部被击败，其王子屈出律西迁并夺得西辽王位，所以以西辽名义统治西域。畏兀儿当时主要占据着哈喇火洲、别什八里、昌八里（今昌吉）、仰吉八里（今玛纳斯）和唆里迷（今焉耆）等五城一带，由西辽派驻高昌的少监监督国事。畏兀儿亦都护巴而术阿而忒的斤对西辽少监的骄横奢淫非常不满，见蒙古强盛，便于 1209 年（宋嘉定二年）杀了西辽少监，投靠了蒙古。1211 年（宋嘉定四年）巴而术阿而忒的斤遵照成吉思汗的命令，带着方物珍宝亲自前往蒙古觐见成吉思汗，受到成吉思汗的厚待，"使与诸皇子约为兄弟，宠异冠于诸国"，成为成吉思汗的"第五子"。虽然畏兀儿亦都护在蒙古元朝时期始终是大汗和皇帝的臣属，但与其他被征服地区和部族不同，对自己的领地和人民仍然拥有一定的自主权。与蒙古人的这种关系，是蒙元时期畏兀儿人在中国各地活跃的重要原因。

当时海押立的哈剌鲁首领阿儿思兰汗也对西辽少监不满，被西辽皇帝觉察后，被迫服毒自杀。他的儿子新阿儿思兰汗继位不久，正值成吉思汗为消灭乃蛮部残余派军前来，便也杀了西辽少监，投奔了成吉思汗，受到优厚待遇。阿力麻里的斡匝儿在屈出律夺得西辽王位后不断受到屈出律的攻击，不久便应成吉思汗召见前往漠北，受到成吉思汗的礼遇，但返回阿力麻里后，被屈出律俘获杀害。其子昔黑纳黑继位。成吉思汗西征花剌子模时，哈剌鲁的两个首领都曾率部从征。

天山以南的可失哈耳（喀什噶尔）和忽炭（和田）在屈出律夺得西辽王位后也受到残暴统治。1218年（宋嘉定十一年）成吉思汗派哲别率军前往天山以南征讨屈出律。哲别只追击屈出律，不侵害当地百姓，甚至宣布允许人民保留自己的宗教信仰，受到可失哈耳、忽炭等地人民的支持。

1219年（宋嘉定十二年）成吉思汗为报复花剌子模杀害蒙古使者，开始西征。当年秋天，蒙古军队抵达锡尔河下游的讹答剌，兵分几路攻打，忽章河沿岸城池均被蒙古军队占领后，蒙古军队又攻下花剌子模都城玉龙杰赤。成吉思汗本人则和幼子拖雷统率主力攻占了不花剌（布哈拉）、撒麻耳干（撒马尔罕）、忒耳迷等地，1221年（宋嘉定十四年）初渡过阿姆河，先后占领巴里黑和塔里寒等城。与此同时，成吉思汗又派兵追击花剌子模末代君主札兰丁。哲别等人沿中亚呼罗珊大道一路向西攻打，然后翻越高加索山脉，在南俄草原击败钦察，进击到今俄罗斯喀山一带的不里阿耳，然后返回。蒙古军队在中亚、伊朗、俄罗斯和东欧等地的军事行动非常残酷。他们以受到抵抗为由，夷城屠人，造成大量的人员和财产损失。但在天山南北，则因为当地首领们自动归附，蒙古军队的行动相当节制。

成吉思汗在西征前夕还将已经占领和将要占领的西域各地在三个较大的儿子术赤、察合台和窝阔台之间进行了划分。根据志费尼《世界征服者史》[1]、拉施都丁《史集》和乌玛儿等记载，现代学者认为"大抵也儿的石河以西，今咸海、里海之北，属于术赤；畏兀儿与河中之间，原西辽故地，属于察合台；从叶密立迤北，包括今喀拉额尔齐斯河和阿尔泰山一部分的原乃蛮部地，属于窝阔台"[2]。成吉思汗的分封为蒙古时期西域政权的格局奠定了基础。

成吉思汗去世后，窝阔台、皇后脱列哥那、贵由、皇后斡兀立海迷失和蒙哥先后执政，其间，窝阔台于 1236 年（宋端平三年）派出的"长子西征"攻灭了钦察和不里阿耳，征服了斡罗思，横扫了孛烈儿、马札儿等东欧地区，基督教世界大震。蒙哥继位后派出的"旭烈兀西征"剿灭了今伊朗境内的木剌夷（伊斯兰教亦思马因派中主张暗杀的极端派别）和西亚的黑衣大食（阿巴斯王朝），再进兵叙利亚，最后在今巴勒斯坦的阿音·札鲁德受阻而返。

成吉思汗去世后的西征，使得蒙古在西域的势力范围大为扩展。但是这段时间里对今新疆地区最大的影响是窝阔台—贵由系和拖雷—蒙哥系的权力争斗。1251 年（宋淳祐十一年），蒙哥在拔都等的大力支持下登上大汗位，窝阔台和察合台两系宗王反对，

---

1 志费尼：《世界征服者史》，第 45—46 页。
2 韩儒林：《元朝史》（上），北京：人民出版社，1986 年，第 193 页。

并企图袭击蒙哥，未果。从此蒙哥开始大力镇压窝阔台和察合台两系，而成吉思汗"黄金家族"中的各支贵族都着意经营自己的势力范围。拔都及其后裔在钦察草原建立了钦察汗国，旭烈兀在波斯、阿拉伯建立了伊利汗国，两个汗国的上层贵族后来大多皈依了伊斯兰教。而察合台汗国主要在今新疆和新疆以西的中亚地区。

2. 蒙古宗王争夺西域

察合台于 1242 年（宋淳祐二年）去世。在窝阔台系和拖雷系的汗位争斗中，察合台后裔诸王或追随贵由，或党于蒙哥，受到多方的打压。蒙哥去世后，忽必烈与阿里不哥争夺王位，察合台后王阿鲁忽（察合台第六子拜答儿之子）在政治旋涡中利用矛盾，先依靠阿里不哥夺得权力，并将术赤系势力从中亚河中地区逐出，然后杀阿里不哥的使者，宣布归附忽必烈。1260 年忽必烈击败阿里不哥，登上大汗之位后，开始加强大汗在中亚权力的行动，与阿鲁忽矛盾加深，窝阔台后王海都（窝阔台第五子合失之子）乘机向阿鲁忽开战，夺取地盘。1265 年（宋咸淳元年），阿鲁忽死，忽必烈派自己身边的八剌前去察合台汗国夺取了汗位，钦察汗也参与争夺。中亚再次出现察合台、窝阔台和术赤三系争斗的形势。1269 年（宋咸淳五年），察合台、窝阔台、钦察三系诸王在中亚塔剌思（塔拉斯）召开忽里台大会，决定缓和矛盾，一致反对忽必烈和伊利汗国，并划分了中亚河中地区的势力范围。但第二年八剌借口份地不足，单独率军入侵呼罗珊，被伊利汗国打败后不久死去。

八剌去世后，窝阔台后王海都成为元朝在中亚的主要敌对势力。他扶植八剌的儿子笃哇为察合台汗，控制察合台和窝阔台两汗国，势力范围南起畏兀儿，北有也儿的石河上游，西抵可失哈耳和答剌速河谷，按规定属于大汗的城郭诸地均被海都控制。虽然 1276 年（元始祖至元十三年）灭宋以后，元朝腾出手来，派出军队开进西域各地对付海都等人，但终因西北叛王势力太大，而元军交通补给困难，难以长驻大军，于 1289 年（至元二十六年）"罢斡端宣慰使元帅府"，后又被逐出畏兀儿境（元大德初）。1301年（大德五年），海都、笃哇联军越按台山（阿尔泰山）与元军激战，海都、笃哇均受伤。海都在归途中死去，其子察八儿继位。

海都、笃哇等与元朝的争夺对当地的经济破坏很大，察合台和窝阔台两汗国自身也深受影响。1303 年（大德七年），笃哇、察八儿向元朝请和，承认元朝皇帝的宗主地位。不久笃哇与察八儿之间发生冲突，元朝支持察合台汗国，派军攻击察八儿军侧背，察八儿大败，被迫投降笃哇，其地大部分被并入察合台汗国。1309 年（至大二年），察八儿参与察合台汗国一次内争，失败后逃归元朝，其领地大部为新即位的察合台汗也先不花所有，窝阔台汗国亡。

也先不花与元朝的关系先好后坏，双方战斗各有胜负。至1320 年（延祐七年）也先不花去世，弟怯别继立，双方关系再度好转，两年后恢复和平。怯别时代，察合台汗国的政治中心开始逐渐西移。怯别之后，其弟燕只吉台、笃来帖木儿相继为汗。从《元史》卷 63《地理志·西北地附录》的记录看，当时察合台汗国境包括今阿富汗加兹尼、喀布尔一带，中亚河中的不花剌、撒麻耳干一带和今新疆境南北疆各地。1331 年（至顺二年），笃哇之子答儿麻失里继立为汗，常年留居汗国西部呼罗珊边境，并宣布皈依伊斯兰教。1334 年（元统二年），笃来帖木儿之子不赞等起兵发难，指责他违背了扎萨（法律）。答儿麻失里在逃亡途中被捕获处死。此后察合台汗国汗位更迭频繁，到 14 世纪中期，察合台汗国汗的权威消失，八鲁剌思氏合札罕家族掌权，频繁废立可汗。各地贵族也裂地自据，纷纷从成吉思汗后裔中选立自己的可汗。

元朝建立以后，结束了自唐末藩镇称雄、各地割据分立和攻伐战乱的局面，使历史上中国的统一步入了一个新的时期。元世祖忽必烈既是元朝的皇帝，也是蒙古分封诸部宗王的大汗。作为蒙古大汗和大汗执掌的元朝，具有对分封诸宗王及其领地的宗主权，西域及中亚的察合台汗国也不例外。分封之初，各地分封宗王在中原"皆有食采分地"，并定期领取岁赐；元朝建立后，承袭"食采分地"不变，同时在宗王所在封地征收贡品和赋税。另一方面，各分封宗王的半独立性也在不断增强。但在平定海都、笃哇之乱后，元朝对西域察合台汗国封地的统治地位得到了巩固和加强。

3. 东察合台汗国

在各部贵族纷纷拥立自己的可汗之际，统治今南疆地区的朵豁剌惕家族宣称秃黑鲁·帖木儿是也先不花之子，并于1348年（元惠宗至正八年）在阿克苏拥立他为可汗。从此察合台汗国分裂为东、西两部。当时西察合台汗国已经基本伊斯兰化。秃黑鲁·帖木儿在逐渐统一东察合台的过程中，也皈依了伊斯兰教。在1362年（至正二十二年）去世之前，秃黑鲁·帖木儿两度率大军入侵河中，使察合台汗国东西部实现了短暂的统一。

秃黑鲁·帖木儿去世后，察合台汗国再度分裂。巴鲁剌思部异密帖木儿势力在河中地区迅速发展，灭西察合台汗国，建立起帖木儿帝国，而且率兵多次攻入东察合台汗国境内，一直打到吐鲁番地区，不久又征服花剌子模、波斯的伊利汗王朝和阿富汗等地，又北攻金帐汗国，南侵印度，西征小亚，建立起广大的帝国。帖木儿甚至一度准备东征中国明朝。大约1389年（明洪武二十二年），秃黑鲁·帖木儿的幼子黑的儿火者被拥立为东察合台汗国汗，在异密忽歹达的支持下，定都别失八里，并且与东西两大邻国明朝和帖木儿王朝建立了比较友好的关系。黑的儿火者汗时期（1389—1403 年）的东察合台汗国大致包括今新疆地区，分为三大块：蒙古斯坦（意为蒙古人之地），东起阿尔泰山，西至塔斯河，北界塔尔巴哈台山至巴尔喀什湖一线，南包天山山脉；向阳地，包括天山以南的"六城"地区（喀什噶尔、英吉沙、叶尔羌、和田、阿克苏和乌什）以及葱岭以西的费尔干纳地区，有时塔什干也在其中；畏兀儿地，即天山东部的吐鲁番和焉耆，有时也包括库车和哈密[1]。

黑的儿火者去世后，东察合台汗国汗位更迭频繁。1407—1415 年在位的马哈麻汗是狂热的穆斯林，在境内强制推广伊斯兰教，手段极其严酷，蒙古人如不缠头巾，就可能被用马蹄铁钉钉入头中。1417 年（永乐十五年）歪思被拥上汗位。在歪思汗统治时期（1417—1432 年），瓦剌在蒙古强盛起来，势力向西发展到阿尔泰山以西。歪思汗被迫将首都迁至亦力把里（今伊宁市），将汗国的重心转移到伊犁河谷和天山以南。1432 年（宣德七年）歪思汗去世后，汗国内实力派家族朵豁剌惕部家族在汗位继承问题上再次分裂。到 15 世纪下半叶，东察合台汗国实际上分裂为相互争战的三大部分。

15—16 世纪之交，西域的形势异常复杂。帖木儿去世后其子沙哈鲁不久登上汗位。沙哈鲁改变了其父远征中原的计划，与明朝友好，并致力于汗国的繁荣。但他派驻河中地区的儿子兀鲁伯多次发兵攻打东察合台的蒙古斯坦，长期占领喀什噶尔。1447 年（正统十二年）沙哈鲁去世后，兀鲁伯继位，旋即被杀。在帖

---

1 魏良弢：《叶尔羌汗国史纲》，哈尔滨：黑龙江教育出版社，1994 年，第 36 页。

木儿王朝内乱、分裂的过程中，蒙古人、月即别人、柯尔克孜人、瓦剌人在天山地区和中亚河中地区的活动更加剧了局势的混乱，其中帖木儿王朝的巴布尔与月即别人昔班尼汗的争斗尤为激烈。1510 年（正德五年）双方大战中昔班尼身亡，巴布尔占领中亚河中。但他的什叶派倾向得不到河中逊尼派民众的支持，被月即别人反攻击败，以后退往印度发展。

4. 叶尔羌汗国

在中亚混战之中，参与混战的东察合台汗国的萨亦德汗在朵豁剌惕家族的支持下，于 1514 年（正德九年）攻占了叶尔羌，建立起一个新的政权，现在学界称之为"叶尔羌汗国"。萨亦德逐步巩固了统治，缓和了社会矛盾，政治上也比较清明。萨亦德在位期间，花费了 5 年时间多次出兵北疆蒙古斯坦，试图收复蒙古人传统游牧之地，但未能成功。然而他成功地与东察合台汗国实现了和解，"不仅在形式上恢复了东察合台汗国的统一，而且创造了一个和平的社会环境"[1]。他还出兵巴达克山、西藏和克什米尔等地。1533 年（嘉靖十二年）在从克什米尔返回的路上死去。

萨亦德汗去世后，拉失德汗夺得了汗位。他不仅稳定了国内局势，而且在与东察合台汗国的对垒和战争中屡屡获胜，从而使叶尔羌汗国获得了真正的独立。他还在对外政策上一改传统，与西部宿敌——月即别昔班尼王朝结成联盟，拆散月即别对哈萨克和吉利吉思的支持，相机收复蒙古斯坦。他在位 27 年，多次出兵蒙古斯坦，虽然未能彻底制服哈萨克人和吉利吉思人，但成功地在北疆站住了脚。拉失德汗去世后继承汗位的是他的儿子阿不都·哈林。阿不都·哈林一方面打击内部的权势集团，巩固汗位；另一

1　魏良弢:《叶尔羌汗国史纲》,哈尔滨：黑龙江教育出版社,1994年,第54页。

方面继续萨亦德汗的对外政策，与月即别昔班尼王朝保持友好关系，并多次成功地征伐哈萨克和吉利吉思。他在位的 33 年间还成功地将东察合台汗国并入叶尔羌汗国。继承阿不都·哈林的是马黑麻汗，他在位时汗国达到鼎盛。他将国家事务交给 4 位异密管理，同时提高汗权，牢固控制着汗国。他厚待百姓，压制高利贷，受到赞颂。他击退了月即别人的进犯，并且完全统一了天山南路。

1610 年（万历三十八年）马黑麻汗去世。其长子阿黑麻汗继位，但他上台后遇到了多方面的反叛。他的儿了喀什噶尔总督帖木儿速檀曾两次出征东部叛乱，一度稳定了汗国的局势。但在他统治的 10 年中，反叛不断，镇压不断。结果汗国内拉失德汗后裔所剩无几，整个汗族势力大衰，而异密势力相对上升[1]。阿黑麻汗本人最后也在阴谋中被杀。继承他统治的阿不都·拉提甫汗在位 12 年，处于更加严重的内乱外患之中。东部的叛乱仍然存在，哈萨克和卫拉特蒙古都介入动乱。统治集团内部异密之间的争权日益严重。伊斯兰教势力发展，伊斯兰教内部的矛盾与世俗政治相互影响。继承他上台的是几个短命的汗，中央汗权进一步旁落。

1635 年（崇祯八年），长期反叛的汗国东部家族的阿不都拉哈汗利用叶尔羌统治集团内部的纷争，在伊斯兰教和卓势力和一些异密的支持下，率领大军进入叶尔羌城，重新统一了汗国。阿不都拉哈汗被认为是叶尔羌汗国后期最有作为的统治者。他上台后，安排自己的兄弟们镇守各方，将前朝的一批显贵放逐到印度，在叶尔羌汗国的两大重地叶尔羌和喀什噶尔处死了几百人，包括一些宗教人士，甚至包括曾拥戴他上台的叶尔羌大阿訇。他派兵坚决抵抗正在兴起的卫拉特蒙古的入侵，主动出击吉利吉思，又西

1　魏良弢：《叶尔羌汗国史纲》，哈尔滨：黑龙江教育出版社，1994 年，第 117 页。

征费尔干纳。他继续父亲对明朝友好的政策，在清朝入主北京后，又主动遣使通好。但是像所有专制君主一样，阿不都拉哈汗既不信任宗室，又不信任大臣，总是不断用新贵代替旧臣，大臣们暗地阴谋活动不断。同时他支持境内黑山派和卓势力，特别是和卓沙迪，结果导致受到压抑的穆斯林民众倒向白山派，使叶尔羌汗国内的形势更趋复杂[1]。他的长子尤勒巴尔斯速檀镇守喀什噶尔，早就野心勃勃，在阿不都拉哈汗与卫拉特蒙古大战惨败之后，开始干预朝政。他还得到对大汗不满的白山派和卓的支持。当阿不都拉哈汗再次镇压子孙对自己的挑战时，尤勒巴尔斯速檀便投靠了卫拉特蒙古，然后在卫拉特蒙古的支持下反攻回喀什噶尔。众叛亲离的阿不都拉哈汗只得以前往麦加朝圣的方式放弃汗位出走。但是上台的尤勒巴尔斯速檀和不久夺得汗位的伊思玛业勒汗都是靠了卫拉特蒙古中的某一势力的支持上台，上台后不仅屠杀家族内的异己，而且镇压对立的伊斯兰教派。黑山派先受到镇压，伊思玛业勒汗上台后则镇压白山派。在政治和宗教的混战之中，白山派和卓阿帕克前往西藏，在达赖喇嘛的干预下，卫拉特蒙古准噶尔部的噶尔丹于1680年（清康熙十九年）派兵攻占叶尔羌城，灭叶尔羌汗国，开始了准噶尔在天山南北的全面统治。

自成吉思汗西征开始，蒙古人对西域统治的第一大影响是成吉思汗黄金家族成为当地的正统王室。特别是在蒙元以后的东西察合台汗国和叶尔羌汗国时期，这种正统观念表现得非常突出。权势再大，也要推举某位黄金家族的后代，甚至假造一位后代，继承汗位。很可能由于这种正统观念的发展，早先在突厥汗国时代特别是喀喇汗朝时代，以各种方式活跃的各种突厥语部族，大

---

1 魏良弢:《叶尔羌汗国史纲》，哈尔滨：黑龙江教育出版社，1994年，第128页。

多不再见诸史料记载。假如可以将这种发展称之为西域的"蒙古化"，那么，进入西域的大批蒙古部众的"突厥语化"也相当明显。他们在统治西域的几百年中，在与当地民众共同生活、冲突、交融之中，逐步失去了自己的语言，反倒采用了当地民众的突厥语语言。今天留存的关于东西察合台汗国和叶尔羌汗国的史料，主要是当地突厥语文献。

蒙古统治西域的第二大影响是在蒙元后期，特别是东西察合台汗国和叶尔羌汗国时期，统治者之间的争斗和战争对当地的社会和经济破坏极大。长期的战争不仅毁财伤命，消耗资源，而且在生态极其脆弱的西域，破坏可能就是不可逆转的永久毁灭。这可能是当地经济以后长期落后的重要原因。

第三大影响是在东西察合台汗国和叶尔羌汗国期间，伊斯兰教的社会影响及其内部冲突的发展。东察合台汗国和叶尔羌汗国时期的政治整体上讲始终处于动荡之中，汗位更迭往往靠实力强大的家族的支持和阴谋活动。争夺汗位和夺得汗位的人都极力显示对伊斯兰教的虔诚和支持，力争取得当地伊斯兰教势力的拥护。政治上的干预，加上社会动荡，促使百姓对某种超自然力量的期望，导致了宗教影响的迅速发展。这一时期政治对宗教干预的突出表现是汗位的争夺者对不同宗教派别的利用或打击。这种干预导致当地宗教派别的严重冲突以及当地民众对外来势力的敌视。随着准噶尔势力的进入，当地的政治斗争和教派冲突又进入了一个新阶段。

5. 准噶尔汗国

游牧于蒙古草原西部扎布河、科布多河及额尔齐斯河、叶尼塞河上游一带的斡亦剌蒙古部，明朝称之为瓦剌，清代称之为卫拉特。瓦剌进入西域之时，正值叶尔羌汗国兴起，其在西域的扩展活动受到了叶尔羌汗国的抵抗。1655—1656 年（清顺治十二年至十三年），叶尔羌汗王尤勒巴尔斯速檀得到白山派的支持，在尼雅地方再次击败入侵和田的卫拉特（即瓦剌）军队。此后，卫拉特利用叶尔羌汗国的内部斗争，渐在对抗中占了上风。1667 年（康熙六年），阿布都拉哈汗弃位，黑山派在阿克苏拥立其弟伊思玛业勒为汗，并向叶尔羌进军夺权。卫拉特参与其行动，并在距叶尔羌不远的地方第一次取得了作战的胜利。随后，白山派在拥立阿布都拉哈汗的儿子尤勒巴尔斯速檀即汗位，进而向阿克苏进攻时，得到卫拉特首领僧格汗的支持；而另一部卫拉特人则仍支持黑山派。白山派最终战胜了对手，但卫拉特人也利用战争的胜利控制了叶尔羌汗国。尤勒巴尔斯速檀被迫交出了权力，由卫拉特指定他的儿子出任汗王，并派监护大臣统军"保护"这个国家。即使如此，白山派和黑山派的争斗仍未停止。先是黑山派在卫拉特监护大臣的支持下发动宫廷政变成功，白山派继而反扑，平息了叛乱。卫拉特又支持黑山派，与阿克苏的伊思玛业勒联合进军叶尔羌，守军被迫投降，伊思玛业勒被扶为大汗。黑山派重掌政权后，对白山派大开杀戒，白山派首领阿帕克和卓被迫流亡中亚。

1671 年（康熙十年），卫拉特僧格大台吉遇刺身亡。其弟（巴图尔浑台吉的第六子）噶尔丹从西藏达赖喇嘛身边匆匆赶回西域，于 1678 年（康熙十七年）统一了卫拉特各部。随后又着手统一西域。次年，噶尔丹汗统兵 3 万，迫使叶尔羌汗国东部的吐鲁番、哈密臣服，并于当年称汗，建立准噶尔汗国。此时在境外流亡了近 10 年的白山派首领阿帕克和卓经克什米尔进入西藏，恳请达赖喇嘛帮助他夺回权力。达赖致书噶尔丹汗协助阿帕克和卓。这为噶尔丹汗统一天山南部提供了契机。1680 年（康熙十九年），噶尔丹汗统兵 12 万，经阿克苏、乌什攻取了喀什噶尔和叶尔羌，灭亡了叶尔羌汗国。

噶尔丹执政后，统一的准噶尔汗国进入了鼎盛时期。如同所有的游牧民族政权一样，步入鼎盛时期的准噶尔汗国开始向四外扩展势力，西征哈萨克。这一时期，哈萨克汗国占据锡尔河以北的中亚草原，与准噶尔汗国相邻。1682—1683 年，噶尔丹率军多次袭击哈萨克汗国，开始时攻城受挫，人马损失大半；后进攻得势，长驱直下攻占塔什干城；继而征服布鲁特人，攻占费尔干纳。1688 年和 1690 年（康熙二十七年和二十九年），噶尔丹两次出兵进攻其东部的喀尔喀蒙古。其中 1690 年出兵后直入内蒙古，"乘胜长驱而南，深入乌兰布通，距京师七百里乃止"[1]。清对噶尔丹的进犯予以了坚决回击，同年在乌兰布通会战中大败噶尔丹。1696年（康熙三十五年），又在蒙古昭莫多彻底击溃了噶尔丹的主力。时准噶尔汗国发生内讧，汗廷伊犁河谷已为策旺阿拉布坦占据。噶尔丹欲归不能，手下亲信又纷纷叛离，在忧愤中病故。

策旺阿拉布坦是僧格的长子，执政后励精图治，很快重振准噶尔汗国，并继续向外扩展势力。1716 年，策旺阿拉布坦利用西藏上层内讧，派遣 6000 精兵经和田北上奔袭西藏。次年秋攻入拉萨，整个西藏一片混乱。直至 1720 年（康熙五十九年）清军分兵两路入藏，攻占拉萨，平定西藏之乱。1723 年（雍正元年），准噶尔利用草原大雪成灾，再次大举进犯哈萨克汗国。时哈萨克已分成大、中、小三帐。邻近准噶尔的大帐被彻底击溃，成为准噶尔的附庸；中帐的残存部分也服属了准噶尔；小帐则西迁到乌拉尔河和伊施姆河一带躲避。准噶尔在主要的征服地区设官征税，收取贡赋。1727 年（雍正五年）和 1740 年（乾隆五年），准噶尔又多次向哈萨克中帐发动袭击，致使中帐沦为准噶尔的附庸。

---

[1] 魏源：《圣武记》，卷 3。

准噶尔汗国在向外扩展势力的同时，西北方向却受到沙皇俄国扩张和蚕食领土的压力。俄国是一个欧洲国家，16世纪80年代越过乌拉尔山进入亚洲，先灭了乌拉尔山以东的西伯利亚汗国，进而沿叶尼塞河和鄂毕河两个方向扩张势力。而当时叶尼塞河上游与鄂毕河上游都是卫拉特及附属部族的游牧地，俄国是在向东方的扩张中逐步逼近卫拉特领地的。在与卫拉特的交往中，俄国最初的政策是"极力通过和平手段把卫拉特王公和执政者变为俄国臣民，把从属于这些王公和执政者的居民变为为俄国国库提供实物赋税的居民，并把他们居住的地区变成俄国的领土"[1]。所以，早在1608年（明万历三十六年）双边的初步接触中，俄国方面即提出以加入俄国国籍、宣誓效忠于沙皇，作为允许卫拉特人在其控制的沿边地区自由放牧和自由贸易的条件。在次年召开的一次盟会（丘尔干）上，卫拉特首领们拒绝了俄国的"建议"，并在以后很长一个时期的对俄交往中坚持了维护汗国和民族主权的原则。而俄国方面则不断强化其兼并政策，甚至提出在必要时可以使用武力。巴图尔浑台吉统一卫拉特各部时，俄国已向卫拉特部下手了。1640年（明崇德五年）10月，巴图尔浑台吉当面向俄国使者提出质问："你们一方面携带皇上的赏物、礼品来我这里，而另一方面，俄国人却在攻打我的居民。"此后俄方的蚕食活动频繁，双边关系不断恶化。1647年，卫拉特中止了与俄方的使节往来；两年后，准噶尔军队袭击了托木斯克的俄国驻军，以武力阻止俄军的蚕食。僧格在位时，进一步加强了对俄军蚕食的抵抗。1667年（清康熙六年），僧格曾亲自统领4000多人的军队包围了克拉斯诺雅尔斯克，要求俄国交还扣押的卫拉特属民和人质。

1　兹拉特金：《准噶尔汗国史》（俄文版），莫斯科科学出版社，1964年，第168页。

噶尔丹称汗建立准噶尔汗国后，双方关系有所缓和。特别是1685 年（康熙二十四年）中俄雅克萨之战爆发前后，噶尔丹加强了与俄国的关系。俄国提出，"希望与博硕克图汗（即噶尔丹）对向蒙古人武装进攻一事取得一致意见"，以及"建立俄国—卫拉特联盟的想法"[1]，进而鼓动和支持噶尔丹进犯喀尔喀蒙古。当噶尔丹兵败逃亡科布多附近时，俄国便抛弃了这个盟友。

策旺阿拉布坦和噶尔丹策零父子在位时，俄国恢复了对准噶尔的扩张政策，蚕食活动愈演愈烈。准噶尔汗国多次要求俄国撤出蚕食的准噶尔游牧地，俄国非但不理，蚕食的步伐反而加快。1716 年（康熙五十五年），俄军沿额尔齐斯河深入到中游左岸的亚梅什湖，由此引发了著名的"亚梅什湖战役"。准噶尔出兵 1 万多名包围了入侵的俄军，最终以歼敌 3000 名、俘获数百名俄军的战绩将入侵者驱逐出亚梅什湖。随后俄军改变了战略，以现代化的军事手段，采取"堡垒线"的形式，沿额尔齐斯河建立了一系列的军事要塞，如同一把尖刀直入准噶尔游牧地。准噶尔汗国也采取了针锋相对的抵抗：或将部分附属的吉尔吉斯人迁往伊塞克湖周围，或乘敌人立足未稳，派军队捣毁新筑的俄国要塞，或派军队袭击和骚扰俄军的据点。与此同时，多次通过正常外交途径向俄方提出抗议和警告。1720 年（康熙五十九年），策旺阿拉布坦远征西藏受挫后，曾遣使去俄国寻求支持。俄国仍坚持臣服是先决条件。在困难的逆境中，准噶尔首领对是否臣服于俄国进行了辩论。反对称臣的意见占上风，这充分表现了准噶尔人不屈的民族气节。噶尔丹策零即汗位后，仍坚持对抗俄国的蚕食侵略。1742年（乾隆七年），准噶尔汗国特使前往彼得堡，向俄国女皇递交

---

1 《准噶尔史略》编写组：《准噶尔史略》，北京：人民出版社，1985 年，第363 页。

了一封信，对俄国的蚕食侵略提出严重交涉。噶尔丹策零在信中详细说明了准噶尔的疆界，列举了边界地区总数约 5000 帐的各准噶尔爱玛克（村落）的界址，要求沙皇下令撤出入侵的俄国人员，"否则我决不能容忍他们在我的土地上生活"[1]。噶尔丹策零去世后，汗国虽因内讧开始衰落，但仍在 1751 年（乾隆十六年）遣使彼得堡，重申俄国撤出所占的准噶尔领地的要求。1755 年，清出兵统一西域，准噶尔汗国瓦解。

---

1 《十七世纪俄中关系》（俄文版），莫斯科，1969 年，第 2 卷，第 261 页、18 页。

第二章

多元文化的继承与并存

一、多种语言文字并行

新疆自古以来是多民族的聚居地，是世界印度、波斯、希腊、中国四大文明的荟萃地。作为各民族相互交融和经济、文化相互交流的工具，语言文字在此裂变衍生，得到充分的发展。历史上在新疆繁衍生息的古代民族（或部族）有 30 多个，先后在当地使用的语言有 30 多种，主要有匈奴语、犍陀罗语、于阗塞语、汉语、焉耆－龟兹语、突厥语、粟特语、回鹘语、中古波斯语、吐蕃语、蒙古语、满语等等。当地使用的文字亦有 20 多种，主要有汉文、佉卢文、焉耆－龟兹文、于阗文、突厥文、粟特文、叙利亚文、回鹘文、吐蕃文、摩尼文、波斯文、哈卡尼亚文、察合台文、契丹文、回鹘蒙古文、托忒文、八思巴文、满文等等。这些语言文字大多数使用范围较小，时间较短，流传不广，有的已经消亡，有的融合到其他语言文字中。影响比较大的是回鹘文和察合台文。前者是近现代胡都木蒙文、托忒文、满文、锡伯文的源泉，后者是现行维吾尔文、哈萨克文、柯尔克孜文的滥觞。而汉语言文字则是新疆有文字记载以来，唯一贯穿西域历史的语言文字。

大体说来，北疆和南疆历史发展各具形态，古代北疆主要生活着游牧民族，南疆主要居住绿洲农业民族。游牧民族号称“行国"，语言虽然发达，文字却不兴盛。如匈奴，作为公元前3世纪末至公元2世纪中叶统治西域的游牧民族，语言很丰富，《汉书·匈奴传》载匈奴语谓天为"撑犁"，子为"孤涂"，广大貌为"单于"，等等，却没有文字。又如嚈哒，公元4—6世纪活跃在北疆，并一度控制中亚和南疆，但"无文字，以木为契。与旁国通，则使旁国胡为胡书，羊皮为纸"[1]。再如柔然，公元5—6世纪曾经统治西域，亦"刻木记事，不识文书"[2]，只是后来与中原交往，在汉文化影响下，一定程度上使用过汉字[3]。南疆则不一样。南疆农业民族经济水平比较高，文化比较发达，语言文字也比较兴盛。中古后半期以后，民族构成不断变化，南北疆之间的这种差异逐渐消失。

1. 曾经使用的语言文字

西域曾经使用过多种语言文字，随着历史的变迁，其中有些语言文字已经消亡。这些消亡的语言文字是：犍陀罗语佉卢文、吐火罗语焉耆－龟兹文、塞语于阗文、粟特语文、突厥语文、突厥语回鹘文、吐蕃语文、契丹语文、满语文等等。另外，哈卡尼亚文、察合台文、回鹘式蒙文、八思巴文、托忒文，以及梵文、摩尼文、叙利亚文、阿拉伯文也曾在西域使用并逐渐消亡，由于它们或是现行语文的前身，或是宗教圣语文字，我们将在下面的篇目里叙述，此处不赘。

犍陀罗语佉卢文。佉卢文是一种用阿拉美字母书写的拼音文字，表达的是印度西北部犍陀罗语。公元初，佉卢文成为贵霜王

---

1 《梁书·滑国传》。

2 《南齐书·芮芮传》。

3 《魏书·柔然传》载，柔然可汗予成在位第二年即公元466年曾仿汉制，立永康年号。吐鲁番出土《高昌永康十七年（482）残文书》中的"永康"，就是高昌所奉柔然年号（载《吐鲁番出土文书》第2册，北京：文物出版社，1981年，第4—5页）。

国（今巴基斯坦境内）的官方文字。2世纪后半叶，传入西域于阗，3世纪初传入鄯善（今若羌），成为当地的官方文字。鄯善等地东汉时行用汉语文，此时接受佉卢文和印度俗语，学者们推测可能是一批贵霜王国居民因战乱移民至此，他们人多，文化高，因而对当地的语文产生了重大影响。5世纪以后，佉卢文在西域消亡。

人们重新认识作为"死文字"的佉卢文，得益于19世纪下半叶之后陆续发现的出土材料。塔里木盆地周边的疏勒、和田、库车、尼雅、米兰、楼兰以及河西走廊敦煌等地都曾发现佉卢文。这些佉卢文书写在木牍、木简、皮革、绢帛、纸张、桦树皮、钱币之上，总数多达千余件，主要属于于阗、鄯善两个王国。于阗的考古资料主要有汉佉二体钱币（312枚）、S.661号文书和《法句经》抄本残页。鄯善的考古资料主要为国王敕谕、公私信札、各种契券和簿籍账历，世俗文书之外也有佛教文书。佉卢文字母数量各个时期不同，从22到57个不等。从右向左横写，词间无间隔，亦无标点符号。于阗、鄯善两地佉卢文字体略有不同，语言分别掺杂了一些当地方言成分。

于阗、鄯善都有佉卢文、汉文双体并存的考古文献。如于阗流通的汉佉二体钱，正面用汉文篆字标示币值，背面用佉卢文标明国王的尊号和名字，是于阗王国双语并存的典型；鄯善楼兰出土的东汉锦，上有汉字"延年益寿大宜子孙"，边幅有佉卢文"频婆·室利可陀之锦（价值）百万"，是鄯善王国双语并存的证明。

于阗语文。于阗语是和田地区古代民族使用的语言，属于印欧语系东伊朗语族的一种方言。由于操这种语言的民族是塞种人，又称于阗塞语，简称于阗语。于阗语文字是印度婆罗迷字母的一种中亚变体。于阗文晚于汉文和佉卢文，约通行于5—10世纪（或说4世纪已出现）。公元1006年喀喇汗朝灭于阗王国，伊斯兰教取代佛教，回鹘语亦逐渐取代于阗语，于阗语文字成为"死文字"。《大唐西域记》卷12记载："瞿萨旦那国（于阗）……文字宪章，聿遵印度，微改体势，粗有沿革，语异诸国。"19世纪末20世纪初，新疆和田、巴楚、图木舒克、木头沟及甘肃敦煌等地发现于阗语文献，于阗文得以重现天日。经过几代人的努力，于阗语文献大部分已能通读转写，但仍有部分世俗文书和文学作品未能圆满解释。早期于阗语字体规范，语法严谨，晚期于阗语字体潦草，有些合体字很难辨识。

现存于阗语文献以佛教文献居多，特别是大乘佛经最为丰富，如《僧伽吒经》《维摩诘经》等等。于阗曾是大乘佛经翻译盛地，中原历代皆有来此求法取经者。唐宋时于阗已不局限于翻经译典，而是开始解说，敦煌曾发现这类于阗文作品，如《佛本生赞》就是缩写加工而成的。于阗语世俗文献出土亦多。和田地区曾出土百余件唐代于阗语世俗文书，内容包括诏令、账簿、契约、书信等等。敦煌莫高窟藏经洞发现120余件于阗语文献，大多数也是世俗文书。10世纪沙州归义军曹氏与于阗王室世代通婚，关系密切，于阗使者、僧侣出使沙州、中原、西夏、河西甘州回鹘汗国，在敦煌留下了大量书信、愿文、公私账簿、地理文书、医药文献、文学作品、双语词表、习字、字母表和给于阗王府的报告副本。

于阗地区受汉文化影响颇深，继汉代以后，唐在于阗设毗沙都督府；唐退出西域后，于阗与沙州保持姻亲关系，汉文始终通行这个地区。与佉卢文与汉文并用相同，于阗文始终与汉文并用，后期还与吐蕃文并行。出土文书中，于阗文、汉文、吐蕃文并存已能说明问题，出土文献中还有汉文、于阗文对应书写的双语文书。如策勒县达玛沟遗址所出7件公元755—790年间的"六城"百姓缴纳丝绸账簿和军事戍防文书，就是用汉文、于阗文对应书写的。不少于阗语文献还夹用汉文，如《于阗王致曹元忠书》中，于阗王尉迟输罗向其舅沙州大王曹元忠报告970年（天尊四年）于阗对喀喇汗王朝的宗教战争获得胜利，信函末尾大书汉文"敕"字（还有相应的于阗词 Parau），信尾和纸缝共钤九方汉文"书诏新铸之印"。有些于阗语明显译自汉语，如以"si"音结尾的于阗佛寺名称就译自汉语的"寺"。于阗语文献还有长史、节度使、宰相、都督、判官夫人、大德、世尊等名称，也是采用汉语的官称和尊称。于阗语文献中的"同庆""天尊""天兴""中兴""天寿"等年号，显然也是仿汉制的年号。

吐蕃语文。吐蕃文是书写吐蕃文献所用的藏文，又称古藏文，语言属汉藏语系。公元7世纪，吐蕃崛起于青藏高原，662年开始进入西域，与唐朝争夺西域统治权。8世纪末9世纪初，吐蕃占领西域。866年，由于本土内乱，退出西域。吐蕃在西域统治半个多世纪，对西域的语言文字产生了重要的影响，吐蕃语文一度成为塔里木盆地南部诸国的官方语文。

20世纪以来，若羌县米兰故城遗址、和田以北麻扎塔格古堡遗址出土了大量吐蕃文简牍、写卷，总数达700多件，米兰吐蕃戍堡遗址还发现一块保留着吐蕃文卜辞的卜骨。敦煌也出土了至少8件与于阗有关的吐蕃文文献、1件与伊州（哈密）有关的吐蕃文文献。于阗是吐蕃统治西域的重要据点。后世藏文《甘珠尔》《丹珠尔》两大文献结集中有《净光明佛所说经》《牛角山授记》《僧伽伐弹那授记》《于阗阿罗汉授记》《于阗国授记》5部专讲于阗的著作，可见西藏与于阗关系密切。米兰是吐蕃统治西域的重要军事据点。敦煌曾被吐蕃占领，9—10世纪归义军又与于阗关系密切，因此，这三个地方出土吐蕃文非常正常。

新疆出土的吐蕃文文献基本上属于8—9世纪，内容涉及吐蕃统治西域的各个方面，如经济方面有土地、粮食、赋税、借贷、物品等内容，军事方面有武器、斥堠、巡逻、驿站等内容，政治方面有报告、指令、公私文牒等内容，社会生活文化方面有宗教、氏族、部落、地名、占卜等内容。敦煌所出文献都属于 10 世纪。虽然吐蕃 9 世纪后半期已退出西域和河西，但影响所致，吐蕃文一直行用到吐蕃结束统治后相当长一段时间。敦煌吐蕃文《沙州曹尚书致于阗王书》《于阗王致沙州令公书》《于阗王致甘州长史书》等是于阗、沙州（敦煌）归义军、甘州（张掖）回鹘三个地方政权统治者之间往来的书信，《于阗教法史》是有关于阗佛教盛衰及沧桑变迁的历史文献。《伊州李僧政贝登致沙州李僧政书》则是伊州、沙州僧俗交换物资的文献。

吐蕃在西域实行与唐羁縻制类似的管理体制，在语言文字方面也允许吐蕃文、于阗文、汉文同行并用。吐蕃这个政策有利于发展西域的新文化，保护西域的传统文化。

焉耆－龟兹语文。20 世纪初在新疆发现一种用中亚婆罗迷斜体字母书写的文字，这种文字记载了两种印欧语系语言。两种语言词汇和语法差异不大，但呈现了方言的不同，于是学者们根据它们出土地点的不同分别称在吐鲁番、焉耆发现者为焉耆语，在库车发现者为龟兹语。文字亦分别称作焉耆文和龟兹文。以前有学者称前者为吐火罗语 A 或甲，或称东吐火罗语；后者为吐火罗语 B 或乙，或称西吐火罗语。焉耆－龟兹语文大约行用于 3—9 世纪。

现存焉耆－龟兹文文献比较丰富，有诗歌，如《箴言诗集》《摩尼赞美诗》；有演唱故事，如《六牙象本生故事》《木匠与画师故事》；有字书，如古龟兹语—回鹘语、梵语—龟兹语对译字书；有公私账册，如《商旅通行简》、政令残片、寺院出纳账目；还有医术咒语。但焉耆－龟兹文文献现存最著名的是《弥勒会见记》剧本，共存 88 页，27 幕，是中国发现最古老最长的一部剧本。现存最多的是佛典，有《法句经》《佛所行赞》《脱胎经》等等。然只有小乘佛典，没有大乘经典，从中可以看出西域当时佛教大小乘的分野。

焉耆－龟兹语文献中，焉耆语资料都是手抄本，龟兹语材料除此（占绝大多数）之外，尚有木简、壁画题记和石窟铭刻，数量较多。《大唐西域记》卷 12 载：屈支（龟兹）国"文字取则印度，粗有改变"，现存焉耆－龟兹文表明情况属实。焉耆－龟兹语文虽以印欧语系婆罗迷文为特征，但外来语甚多。据研究，其与印欧语系的伊朗语族、日耳曼语族、斯拉夫语族等都有相同相似之处，与非印欧语系也有某种关系，这种关系主要表现在语言结构和借词两个方面。以汉语为例，汉语中有吐火罗语借词，反之亦然。《隋书·音乐志》讲七声："一曰娑陁力，华言平声，即宫声也。"第一个字就是龟兹语（或通过龟兹语变来的印度字）。汉文"沙门"或"桑门"亦出自焉耆语。早期（东汉、三国）汉译佛典中的佛教术语，都并非直接译自梵文或巴利文，而是通过吐火罗语等古代中亚民族语言的媒介而来。吐火罗语借自汉语的例子亦颇多，如 cane 是汉语的"钱"，tau 是汉语的"斗"，sakse 是汉语"烧酒"[1]，等等，不胜枚举。操焉耆－龟兹语文的民族生活在西域，西域是古代世界文明的交汇之处，其语文与其他民族语文发生关系是必然现象。

粟特语文。粟特文是记录粟特语的文字，由阿拉美文发展演化而成，又称窣利文。粟特语言属印欧语系伊朗语族东伊朗语支，至少在公元前 6 世纪已盛行于中亚泽拉夫善河流域。粟特文约于

---

1 季羡林：《敦煌吐鲁番吐火罗语研究导论》，台湾：新文丰出版公司，1993 年，第 254 页。

公元 13 世纪蒙古人进入中亚后废弃。粟特是一个擅长经商的民族，曾在中亚国际商路上起着十分重要的中介作用，粟特语文因此成为中亚地区的通用语文，并对一些民族和国家的语文产生了重要的影响。

突厥人曾用粟特语文作为官方的语言文字。回鹘汗国建立后，也以粟特语文为官方语文。后来，回鹘人在粟特文的基础上创制了回鹘文。回鹘文以后演变成回鹘式蒙文，回鹘式蒙文派生出满文，满文又成为锡伯文的原型，粟特文是这些文字的基础或源头，十分典型地反映出西域各民族文化相互融合的关系。

粟特文遗存在中外“丝绸之路”沿路都曾发现。如塔吉克斯坦穆格山遗址曾发现一批 8 世纪粟特文书，印度河上游丝绸古道旁的石崖上曾发现数以百计的粟特文题记，蒙古布古特附近曾发现《木杆特勤纪功碑》，等等。中国境内也发现大量粟特文献。敦煌汉长城烽燧遗址发现 8 封 4 世纪初粟特书信，是现存最古老的粟特文书，敦煌藏经洞还发现了不少粟特文佛经。

新疆发现的粟特文献最为丰富。天山伊犁特克斯河北岸西突厥汗陵前有粟特文碑铭石人。楼兰至和田古代遗址中有许多商业性粟特文书。吐鲁番出土有粟特文契约文书及其他世俗文书，还有佛教、景教、摩尼教等多种宗教的粟特文经典。新疆粟特文献年代跨度较大，既有 840 年回鹘汗国西迁之前的文献，又有西迁之后的文献，如吐鲁番所出“代人”木牌，背面为粟特文突厥语“人”字，大约是公元 5 世纪末的遗物；粟特文买婢契是公元 639 年麴氏高昌国的遗物；而吐鲁番所出粟特语地名录，记载 9—10 世纪粟特人在欧亚大陆自拂林（罗马）至薄骨律（宁夏灵武）的经商路线，则属于高昌回鹘汗国时期。吐鲁番所出摩尼教、景教等粟特文文献也都属于 9—10 世纪。粟特语文与西域的关系源远流长。

粟特文是一种没有标明元音的音节文字，有 19 个音节字母，用弱辅音字母兼表元音。在中国境内发现的粟特文献主要有三种字体：佛经体（标准体）、古叙利亚体（景教徒使用）、摩尼体（摩尼教徒使用）。粟特文写法一般自右至左横写，但也有受汉文的影响，改为从上至下竖写者。

突厥语文。突厥一词有狭义与广义之分。狭义指公元 6—8 世纪在中国北方和西北建立突厥汗国的突厥族，广义包括突厥部落联合体的诸部族。突厥部落联合体曾一度十分强大，因此，操突厥语的部族众多。公元 6—7 世纪，西突厥统治西域，此地开始行用突厥语。8—9 世纪，操突厥语的葛逻禄、回鹘两大游牧部族迁到塔里木盆地，并转入定居农业生活，以回鹘语、葛逻禄语为核心的突厥语逐渐成为当地的通用语言，而原来居民的印欧语言则逐渐消亡，仅保留了一些语音、词语、语法融合到突厥语之中。至迟 11 世纪末，突厥语已基本普及到南北疆各地。

突厥文是一种拼音文字。根据《突厥铊钵可汗记功碑》用粟特文记事可以推知，6 世纪 80 年代，粟特文仍为突厥的官方文字。《北齐书·斛律羌举传》所谓“后主命世清作突厥语翻涅槃经，以遗突厥可汗”发生在公元 574—576 年间，当指突厥语而非突厥文。《周书·突厥传》所谓“其书字类胡”可能指稍后之事。突厥文大约行用于 7 世纪末至 10 世纪间。突厥汗国、回纥汗国、高昌回鹘汗国以及语言与突厥语相近的黠戛斯都曾使用过这种文字。如漠北回纥汗国时期，回纥人曾用突厥文刻写石碑。回纥人受外来影响，所使用的突厥语中的借词不断增加。这些借词的来源有汉语、吐火罗语、希腊语、梵文、藏语、粟特语和伊朗语等。其中最多的是汉语借词，例如大部分丝织品和一部分官职的名称：锦缎、都督、将军、都统等。其他还有面团、墨、茶、包子、罪、龙、蜡、升、法师、密、万等各类词语。还有来自粟特语的大麦、黏液；来自藏语的使节；来自希腊语和焚文的经典、鳄鱼、官爵等。突厥语本身还继承了匈奴、柔然和其他一些草原民族的词汇，如可汗、可敦、天等[1]。

突厥文失传甚久，19—20世纪重新发现后，学者们曾根据其外形颇似古代日耳曼民族所用卢尼文而称之为突厥卢尼文，又根据其重要碑铭发现于鄂尔浑河、叶尼塞河流域而称之为鄂尔浑－叶尼塞文。

突厥文各个时期各个地区使用的字母数目和形体不全相同，一般有38—40个字母，其中23个源于阿拉美文，其余来自氏族、部族标志和一些表意符号。突厥字母变体颇多，有些甚至有5—6种变体。其文通常从右向左书写，每个词（或词组）之间用两点隔开。

现存突厥文文献主要是一些碑铭墓志（大约有200多件），多发现于北蒙古高原、叶尼塞河流域、勒拿河—贝加尔湖地区、阿勒泰地区等地。重要者有《阙特勤碑》《毗伽可汗碑》《暾欲谷》《翁金碑》等等。《阙特勤碑》《毗伽可汗碑》用汉文、突厥文两种文字刻成，《阙特勤碑》并有明确的汉文纪年——大唐开元二十二年（734年）。《回纥葛勒可汗碑》还用突厥文、汉文和粟特文三种文字刻写。现存突厥文文献也有写本，如敦煌曾发现完整的突厥文写本《占卜书》。

新疆发现的突厥文文献主要为米兰所出突厥文军事文书，吐鲁番地区鄯善县吐峪沟所出突厥文写本残卷，交河故城附近洞窟所存突厥文题记。新疆还有用其他文字拼写的突厥语文献，如伊犁、库车、吐鲁番等地所出土的突骑施汗国钱币，文字为粟特文，

---

1 克劳森：《早期突厥语的外来成分》，载《民族语言研究》，1981年第3期。

语言为突厥语。吐鲁番发现的"代人"汉文木牌，背面"人"字亦用粟特文突厥语写成。新疆还出有 79 件婆罗迷文突厥语文献，等等。

突厥文文献的发现不仅有助于我们了解突厥语言文字，而且也是我们研究突厥历史以及西域突厥化进程的重要依据。

回鹘语文。回鹘语属阿尔泰语系突厥语族东支，回鹘文是记录回鹘语的文字。公元 744 年，突厥部落联合体中的回纥部族取代突厥建立回纥汗国。回纥汗国建立之初，政治制度、文化、语言文字仍袭突厥传统之旧。788 年（唐贞元四年）回纥上表唐朝，请改回鹘。840 年（唐开成五年），回鹘汗国灭亡，回鹘人分三支西迁，其中重要的一支迁到西域别失八里（今吉木萨尔县境内），后越过天山占领吐鲁番、焉耆、库车等地，建立高昌回鹘王国。回鹘西迁前已开始使用回鹘文，高昌回鹘王国时期，回鹘文逐渐取代突厥文成为通行文字。14—15 世纪，由于伊斯兰教的影响，阿拉伯字母拼写的察合台文逐渐取代回鹘文成为当地通行的文字。

回鹘文是一种音素文字，由 18—22 个字母组成（各个时期字母数不尽相同）。其文字来源于古代草体粟特文，因回鹘人广泛使用而名回鹘文。其与草体粟特文也有一些不同之处，主要表现在，不使用粟特文中的四个表意符号，在某些字母之上或之后加某些符号等方面。回鹘文通常使用一点或两点作为标点符号，有时用四点表示段落。早期从右到左横写，晚期从左往右竖写。其字体大致可分为写经体、楷书体、草书体和木版印刷体多种。

回鹘文对周围和后世的民族文字发生过重大影响。13—15 世纪，回鹘文曾用作蒙古族建立的金帐汗国（又称钦察汗国）、帖木儿帝国、察合台汗国的官方文字。13 世纪初，蒙古族采用回鹘文，创制成回鹘式蒙古文，后来变化成托忒蒙文和现在的胡都木蒙文。

回鹘文是维吾尔族历史上（采用阿拉伯字母文字之前）使用最广、保存文献较多的一种文字。其中回鹘佛教文献最多，大乘教文献尤甚，也有小乘教和密教文献。其他宗教如摩尼教、景教、伊斯兰教文献亦有留存，如《摩尼教徒忏悔词》是摩尼教回鹘文文献，《福音书》《圣乔治殉难记》是景教回鹘文文献，《圣徒传》《升天记》《心之烛》是早期伊斯兰教回鹘文文献。回鹘文还有其他作品留存，如文学作品有《福乐智慧》《真理的入门》；医学作品有《细达撒拉》；社会生活文献有《善斌卖身契》《黑汗王朝买卖土地文书》等等。回鹘文文献很多是双语文献，如明代《高昌馆来文》是回鹘文、汉文合璧，《高昌土都木萨里修寺碑》《亦都护高昌王世勋碑》《大元肃州路也可达鲁花赤世袭之碑》《重修文殊寺碑》《乌兰浩木碑》等也都是回鹘文、汉文合璧。

契丹语文。契丹语属于阿尔泰语系蒙古语族，契丹文是记录契丹语言的文字。契丹文分契丹大字和小字。大字参照汉字而成，因不适合契丹语多音节词比较多和语法中有粘着词尾等特点，又参照汉字和契丹大字制成契丹小字。契丹小字为拼音文字。

公元1124年，契丹贵族耶律大石从辽国分裂出来，向西发展，建立西辽帝国，并统治西域。西辽王朝在西域主要使用汉语文和契丹语文。新疆伊犁发现了契丹文铜印，印文为契丹篆字，印背四周亦有契丹字，这是西辽官府行用契丹文的证据。西辽官府中，契丹人和汉人大约都会契丹文。耶律楚材在《湛然居士文集》卷8中称，受封为西辽郡王的汉人李世昌即会契丹文。13世纪初，蒙古灭西辽帝国，契丹文成为"死文字"。

2. 现在使用的语言文字

新疆世居民族中，汉、回等民族使用汉语言文字，维吾尔、蒙古、哈萨克、柯尔克孜、锡伯和俄罗斯等民族有自己的语言文字，塔吉克、乌孜别克、塔塔尔、达斡尔等民族有自己的语言。其他迁入新疆的民族也有自己的语言。

汉语文。汉语言属汉藏语系汉语族，汉文是西域发现的最早的文字。西域语言文字变化很大，各个时期都有不同的语文，但唯有汉语言文字几乎伴随西域历史的每个时期。

公元前 2 世纪，汉朝张骞出使西域，汉语言文字随之传到西域。公元前 60 年（神爵二年），汉朝在西域设立西域都护府，"汉之号令颁西域"，汉语言文字成为当地各国官方使用的语言文字。《汉书·西域传》所谓"最凡国五十。自译长、城长、君、监、吏、大禄、百长……王侯、王，皆佩汉印绶"，是西域各国接受汉朝统治，置译长行用汉语文的正史记载，众多出土材料更从各个方面证实了汉语文的行用。如沙雅县于什格提故城出土"汉归义羌长印"，罗布泊北岸土垠遗址出土 70 余枚屯田汉简，尼雅东汉墓出土"延年益寿大宜子孙"汉字锦，等等，都证实当地官府、军事据点、商业用品中汉文的使用。尼雅还出有一件汉简，大约为礼品木牌，上有"休乌宋耶谨以琅玗一致问"（面）、"小大子九健持一"（背）及"且末夫人"等汉字，则是汉语文深入到一般土著居民生活中的明证。

两汉以后，汉语文仍在西域通行。如高昌地区（今吐鲁番），汉族是当地的一个主要民族，汉语文始终是这里的主要语文。9 世纪回鹘人统治此地之后，汉语文依然发挥着重要作用。这一时期篆刻的《高昌土都木萨里修寺碑》《亦都护高昌王世勋碑》《大元肃州路也可达鲁花赤世袭之碑》《乌兰浩木碑》，等等都是汉文—

回鹘文合璧的碑铭，13 或 14 世纪的《善斌卖身契》、柏孜克里克石窟第 9 号洞窟供养人题记等等，也都是汉文和回鹘文合璧的文献。

鄯善地区（今若羌），汉至魏晋时期一直为西域长史的驻节之地。境内的楼兰城汉语文为主要语文。这里出土了大量汉简，反映当地军政、经济、文化、刑法、社会生活各个方面的情况，这里还出土了著名的前凉西域长史李柏文书。鄯善其他地方也出土了许多汉简及"长乐光明""延年益寿"等汉字织物。1987 年，这里还发现元代汉文文书，说明汉文在此地长期使用。

于阗地区（今和田），2 世纪后半叶至 4 世纪行用犍陀罗语佉卢文，5—10 世纪改行于阗塞语文，9 世纪后半叶至 10 世纪流行吐蕃语文，但无论怎样转换变化，汉语文都一直通行使用。大量的出土汉文书、汉佉二体钱、汉文—于阗文双语文书，及同时期的吐蕃文书充分说明了这一点。

魏晋以来，龟兹地区（今库车）涌现了一批佛经汉文翻译家，他们对汉文精深的理解和掌握，代表了当地汉语文的最高水平。龟兹石窟留下了许多唐代汉文题记及干支纪年，包括唐朝势力退出西域约百年后的丁未（光启三年，公元 887 年）纪年干支等等。库木吐拉石窟还有汉文、龟兹文、回鹘文三体题记，说明汉文一直沿用到回鹘人统治时代。

汉语文在西域的使用发展，与两汉以后统一国家或集权王朝的推广分不开。唐朝统一西域，有力地推动了汉语文的使用，不仅使之成为各级地方政府的官方语文，而且成为民间交流的工具。西辽虽然是契丹族建立的王朝，但是汉化程度极深，在西域大力推行汉文化，汉语文得到广泛传播。元朝时期，西域涌现了许多精通汉语文的著名学者，别失八里人全谱庵撒里"旁达诸国及汉语"，曲先（库车）人盛熙明著《法书考》，研究汉字书法及八思巴文和梵文，皆是其例。明朝与西域的联系相对少一些，但仍一度控制哈密，并颁给瓦剌部汉文之印。清朝统一西域后，汉语文不仅与满语文成为官方语文，而且在民间广泛运用。近现代以来，新疆各族人民无论有无本民族的语文，汉语文都是重要的通行语文。新中国成立以后，政府重视各民族语文的同时，大力提高汉语文教育，新疆汉语文得到长足的发展。

总之，汉语文自公元前 2 世纪传入新疆以来，历经 2000 多年，虽然各个时期行用范围和程度不同，但一直沿用不废，是有文字记载以来，唯一与西域历史相始终的语言文字。

维吾尔语文。维吾尔语属阿尔泰语系突厥语族。维吾尔文是以阿拉伯文字母为基础的拼音文字。维吾尔文在长达八九百年的历史中，经历了哈卡尼亚文、察合台文、维吾尔老文字、维吾尔新文字和现行维吾尔文几个发展阶段。

哈卡尼亚文阶段。公元 9—13 世纪初，南疆存在两个王朝，一个是以喀什噶尔为中心的喀喇汗朝，一个是以吐鲁番、库车为中心的高昌回鹘王朝。这两个王朝虽然都说基本相同的突厥语言，但由于宗教信仰不同，官方文字也不相同。高昌回鹘王国信奉佛教，使用回鹘文作为官方文字，并一直使用到明代（高昌、哈密等地）。喀喇汗朝公元 10 世纪下半叶皈依伊斯兰教，阿拉伯字母文字逐渐取代回鹘文成为官方文字。人们称喀喇汗朝所用阿拉伯字母文字为哈卡尼亚文。成书于 11 世纪的《突厥语大词典》和《福乐智慧》是哈卡尼亚文的代表作。

察合台文阶段。公元 14—15 世纪，伊斯兰教成为整个天山南部占统治地位的宗教，察合台文作为维吾尔族普遍使用的文字也应运而生。察合台文在哈卡尼亚文的基础上演变而成，共有 32 个字母，其中采用阿拉伯文字母 28 个（哈卡尼亚文采用 24 个），借用波斯文字母 4 个，字母又分单写、词首、词中、词末四种形式。察合台文以单词为单位，但字母互相连接，从右往左横写，一般不用标点符号。现存察合台文文献很多，14—19 世纪的文献皆有，如 14 世纪有长篇散文《先知的故事》，15—16 世纪有《四部抒情诗集》，等等。

老、新维吾尔文阶段。察合台文与突厥语有不相适应的地方，如有些语音没有相应的字母，有些不同的字母表达相同的辅音，以及相同的字母表达不同的元音，等等。因此，20 世纪 30 年代，维吾尔族中开始进行文字改革。1954 年经过进一步修订，公布了维吾尔文的正字法，形成了维吾尔老文字。20 世纪 50 年代，新疆维吾尔自治区曾尝试以斯拉夫字母取代阿拉伯字母，未果。20 世纪 60 年代，又以拉丁字母为基础制定了维吾尔新文字，逐步推广和取代维吾尔老文字。

现行维吾尔文阶段。1982 年，新疆维吾尔自治区决定恢复使用维吾尔老文字。此后，又对老文字及正字法中存在的缺点进行修改，公布现行维吾尔文字母表，并规定从 1984 年起全面使用，这就是现行维吾尔文字。

蒙古语文。蒙古语属阿尔泰语系蒙古语族。蒙古民族使用过几种文字：回鹘式蒙古文、八思巴文、托忒蒙文和胡都木蒙文。

蒙古语与回鹘语关系密切，二者不但在类型上同属粘着语，而且有大量的共同成分，语音系统也相似，因此，适合回鹘语的字母也适合蒙古语。13 世纪初，蒙古帝国以回鹘字母为基础创制了回鹘式蒙古文。回鹘式蒙古文是拼音文字，有表元音和表辅音的两类字母，并将回鹘文由 14 个字母增至 31 个。回鹘式蒙古文有两个发展阶段。第一阶段为 13—17 世纪。这一阶段，字母的笔画结构、基本拼写规则和书写体式都与回鹘文基本相似。17 世纪进入第二阶段。这一阶段，回鹘式蒙古文在不同的地区向着不同的方向发展。在蒙古草原和其他广大地区，传统回鹘式蒙文在字母笔画、拼写规则等方面发生变化，形成了区别于古代蒙古文的近代蒙古文。新疆蒙古族称之为胡都木蒙文。在西域，形成了适合西蒙古卫拉特方言特点的托忒蒙文。卫拉特部由于长期远离蒙古本部，语言文化形成了鲜明的地域特色，因此，1648 年，著名高僧咱雅班第达根据卫拉特的语言特点，在回鹘式蒙古文基础上创制了托忒文，托忒文仅在新疆蒙古族中使用。

13 世纪中期，蒙古帝国征服了众多民族国家，为了巩固统治，元世祖忽必烈登基后命国师八思巴创制一种可以"译写一切文字"（拼写境内各民族语言）的文字，1269 年颁行，这就是八思巴文（初名"蒙古新字"，不久改名"蒙古字"，又称"国字""国书"等）。八思巴文是一种拼音文字，由 41 个字母组成，后陆续增加到 57 个。绝大多数字母仿照吐蕃文体式，少数字母采用梵文，亦有个别新造字母。其文行用了大约 100 年，元朝灭亡后成为"死文字"。

蒙古族早期使用的回鹘式蒙古文、八思巴文，以及西蒙古使用的托忒文在新疆都有遗存，如吐鲁番所出《亚历山大传奇》蒙文译本，是回鹘式蒙古文文献，吐鲁番所出《萨迦格言》是八思巴文文献，而托忒蒙文则是明清以来直至 20 世纪 70 年代新疆蒙古族主要使用的文字。1981 年，为了统一中国蒙古族的文字，新疆维吾尔自治区蒙古语文工作会议决定，从 1982 年起，全区正式推广使用胡都木蒙文。胡都木蒙文是一种超方言的文字，对于有方言差异的蒙古语来说比较合适。

柯尔克孜语文。柯尔克孜族史称坚昆、黠戛斯、乞儿吉斯、布鲁特等。柯尔克孜语也称"吉尔吉斯语"，属于阿尔泰语系突厥语族。其语言吸收了许多蒙古语、维吾尔语、哈萨克语、汉语的借词，也吸收了阿拉伯语、波斯语、俄语和英语的部分词语。柯尔克孜语言的特点是牧业方面的词语比较丰富。柯尔克孜语有22个辅音、14个元音，有6种语音结构。柯尔克孜语的重要特征是保持严格的元音和谐律。

柯尔克孜族祖先最早使用岩画文字，6世纪后开始使用鄂尔浑—叶尼塞、塔拉斯文字。这种文字与突厥、回鹘使用的古突厥文略同，《新唐书·黠戛斯传》谓"其文字语言与回鹘正同"，但在字母的变体书写形式和变体数目方面与突厥文有所不同。13世纪蒙古征服中亚后，这种文字大约不再行用。《苏吉碑》是这种文字的代表作。

14世纪，柯尔克孜人开始使用察合台文。由于察合台文与柯尔克孜口语距离较大，因此使用不广泛。19世纪，经过柯尔克孜化的察合台文记录了一些民间文学作品，如史诗《玛纳斯》等等。1912年（民国初年），吉尔吉斯学者在简化察合台文的基础上编写了《识字课本》，柯尔克孜人接受了它，并以此为基础，在20世纪30年代编写了《柯尔克孜文识字课本》。这是中国柯尔克孜族第一次编写的本民族语言文字课本，其文字在学校、政府公文中广泛运用。1955年，克孜勒苏柯尔克孜自治州语言文字委员会编写了《柯尔克孜文正字法》。1989年，新疆出版了经过修改的《柯尔克孜语正字法》，这是柯尔克孜文字史上规则最全面、最完整的正字法。

哈萨克语文。哈萨克语属阿尔泰语系突厥语族西匈语支。哈萨克族先民曾使用图画文字和表意文字，其后又长期使用突厥、回鹘语言文字。以后又有采用察合台文拼写的克普恰克语言。15

世纪末至 16 世纪初，哈萨克民族形成，开始以阿拉伯字母拼写哈萨克文字，表达哈萨克语言。1912 年，哈萨克斯坦学者阿合买提·巴依吐尔逊提出以阿拉伯字母为基础的哈萨克文字新方案，新疆哈萨克族人民接受了新方案，并逐步完善，使用了近 40 年。此后曾进行过以斯拉夫字母为基础的新文字改革和以拉丁字母为基础的新文字改革。1982 年，新疆维吾尔自治区人民政府决定恢复原文字，而将新文字作为音标保留。

锡伯语文。锡伯族原世居东北，清乾隆年间，部分锡伯族西迁新疆伊犁驻防，其后裔遂定居新疆。古代锡伯族先操鲜卑语，后学女真语言文字。在科尔沁蒙古管辖期间，大部分锡伯族人又学蒙语蒙文。17 世纪末，锡伯族纳入满洲八旗，在保留自己口头语言的同时，开始全面学习满语满文。1764 年（乾隆二十九年），西迁伊犁的锡伯族将满语满文及自己的口头语言带到新疆，经过 200 多年的历史变迁，其语文有了新的发展，增进了一部分词语，语音和语法也发生了变化，形成了新的特点。1947 年，锡伯族语文工作者根据这些特点，在满文基础上加以改进，如废除了第六个元音字母和以此为音节的 13 个音节，增加了 3 个新的音节拼写形式，等等，创立了锡伯文，并出版了《锡伯语文法》，创制、规范了一大批新词术语。

3. 宗教圣语文字

世界五大宗教佛教、基督教、摩尼教、犹太教和伊斯兰教都在历史上相继传入中国。随着这些宗教传入新疆，带来了各自的宗教圣语：梵语、叙利亚语、婆罗钵语、希伯来语、阿拉伯语和相应的文字。这些语言文字除希伯来语文留存甚少外，其他均在新疆留下了痕迹。

梵语文。印度是佛教的发源地，梵语是印度贵族的语言（人造标准语）。4 世纪末，印度笈多王朝重新统一印度，佛教上升为统治阶级的宗教，佛教徒纷纷摒弃俗语，采用梵语作为佛教圣语。梵语文化影响到塔里木盆地诸国。20 世纪，新疆喀什佛寺遗址、巴楚托古孜沙来故城和图木舒克佛教遗址、和田的约特干和丹丹乌里克遗址、若羌且尔乞都克故城、米兰寺院遗址、库车苏巴什故城、克孜尔千佛洞、库木吐拉千佛洞和都勒都、阿护尔故城、吐鲁番高昌故城和柏孜克里克千佛洞发现了数千件梵文佛经，说明梵文作为宗教圣语文曾在西域各地一定范围内流传。

叙利亚语文。景教是基督教的异端分支，6 世纪传入西域。叙利亚语文作为景教的圣语文字亦随之传入西域。20 世纪，吐鲁番、阿力麻里故城（在今霍城县）、喀什、库车等地发现不少用叙利亚文写成的景教碑铭文献。其中有叙利亚文突厥语文献、叙利亚文回鹘语文献、叙利亚文粟特语文献，还有叙利亚语景教祈祷文。吐鲁番地区发现的叙利亚语景教祈祷文属于 9 世纪末文献，叙利亚文粟特语景教经典残片属于 10 世纪左右文献，伊犁、库车发现的叙利亚文文献属于元朝时期。叙利亚文在本土广泛使用于公元 4—6 世纪，7 世纪受阿拉伯文的限制开始走向衰亡，其在西域行用时间似乎更长。

婆罗钵语、帕提亚语及摩尼文。摩尼教是波斯人摩尼公元 3 世纪中叶创立的宗教。婆罗钵语、帕提亚语是中古时期波斯语的南北方言（婆罗钵语或称巴列维语、中古波斯语）。漠北回鹘汗国和高昌回鹘汗国曾以摩尼教为国教。7—9 世纪，随着摩尼教的传入，婆罗钵语、帕提亚语及摩尼文作为摩尼教的两大圣语和文字传入西域。吐鲁番古代遗址发现大批帕提亚语和中古波斯语书写的摩尼教文献，数量达数千件之多。一个地下摩尼教书库也在此发现，但因水泡文献无法复原。吐鲁番吐峪沟还出土过一张突厥文和摩尼文字母对照表残片，亦都护遗址也出土过一本摩尼文《忏悔词》残卷（共 118 行）。摩尼文只有一种写经体，字体工整，结构简单，清晰易读。其外形优美典雅，书写亦讲究纸张质地和装饰美观。婆罗钵语、帕提亚语及摩尼文在新疆大量发现，说明波斯文明对此地有相当的影响。

阿拉伯语文。伊斯兰教产生于阿拉伯半岛。公元 10 世纪，伊斯兰教传入西域，并逐渐成为西域占统治地位的宗教。由于伊斯兰教认为《古兰经》是安拉用阿拉伯语颁降的"天启"经典，只能用阿拉伯语文诵读书写《古兰经》，因此，阿拉伯语文成为伊斯兰教统一使用的语文，并传播到西域。和田地区曾发现 4 件阿拉伯文契约，其中一件阿拉伯文波斯语文书有回历 501 年（公元 1107 年）纪年。和田出土的喀喇汗朝窖藏铜器，其中一方盘上装饰着精美的科菲体阿拉伯文图案。莎车地区也出土过 3 件公元 1096—1114 年间的阿拉伯文契约。巴楚托古孜沙来故城也发现过不少喀喇汗朝时期的阿拉伯文书。这些都是喀喇汗朝以伊斯兰教圣语阿拉伯文作为官方、民间文字的证明。阿拉伯语言文字对西域的影响巨大，以阿拉伯字母为基础的哈卡尼亚文、察合台文是现行维吾尔文的前身。

4. 新疆语言文字的特点

新疆语言文字以 8—9 世纪葛逻禄、回鹘两个部族入居为界限，可以分为两大时期。前期是印欧语、婆罗迷文字及汉语文占主导地位时期；后期是阿尔泰突厥语、阿拉美字母和阿拉伯字母文字占主导地位时期。前期按地域可以划为两个部分：塔里木盆地北部（包括东部），主要是印欧语系吐火罗语和婆罗迷文的斜体文字焉耆-龟兹文及汉语文流行；塔里木盆地南部，其先（约 2—4 世纪）主要是印欧语系犍陀罗语佉卢文及汉语文流行，其后（约 5—

10世纪）主要是印欧语系塞语和婆罗迷文的直体文字于阗塞语文及汉语文流行。后期按时间可以分作两个阶段：第一阶段，公元9—14世纪。此时虽然都是操突厥语的回鹘族为统治阶级，但由于宗教不同，政权对立，语言文字亦不统一。东北部高昌回鹘王国奉行佛教，以突厥语回鹘文为官方语言文字，西南部喀喇汗王国奉行伊斯兰教，以突厥语阿拉伯字母为基础的哈卡尼亚文为官方语言文字。第二阶段为15世纪至今。此时伊斯兰教成为整个天山南部占统治地位的宗教，前一时期两种书面语并存的局面让位于统一的书面语——察合台语。其后，察合台语又历经老、新维吾尔语文的变化，最终形成现行维吾尔语文。在这2000多年发展过程中，新疆作为世界四大文明的荟萃之地，其他语言文字也在此流传行用。粟特语文作为最古老的国际通商语文，公元以后在此行用，并影响了突厥文、回鹘文，甚至蒙文、藏文、满文的形成和使用。突厥文作为操突厥语民族的原始语文亦曾一度通行无阻。此外，吐蕃古藏文、西辽契丹文、蒙古文3种文字（回鹘式蒙文、八思巴文、托忒文）、清朝满文都在一定的时期和范围内通用。四大宗教圣语文字梵文、摩尼文、叙利亚文、阿拉伯文也在此留下了痕迹。近现代，由于民族迁徙、文化发展，新疆则主要流行多种语言和汉文、维吾尔文、蒙古文、哈萨克文、柯尔克孜文、锡伯文和俄罗斯文7种文字。上述所有这些语言文字都或前或后或同时存在一个时期，唯有汉文在此最早出现，并一直使用到今天。

新疆语言文字的最大特点是丰富多彩，它体现在以下几个方面：

其一，各种语言文字数量多。新疆历史上使用过30多种语言、20多种文字，其数量是任何其他地区所远远不能比拟的。

其二，语言系统多。世界上四大语言系统阿尔泰语系、印欧语系、汉藏语系、闪含语系在新疆都有代表。突厥语、回鹘语、维吾尔语、蒙古语、满语等属于阿尔泰语系，并分属于阿尔泰语系之下的 3 个语族，即突厥语族（突厥语、回鹘语、维吾尔语等）、蒙古语族（蒙古语）和满—通古斯语族（满语）。犍陀罗语、吐火罗语、于阗塞语、粟特语等属于印欧语系，并分属于印欧语系之下的印度语族（犍陀罗语、吐火罗语）和伊朗语族（于阗塞语、粟特语）。汉语、吐蕃语属于汉藏语系，并分属于汉藏语系之下的汉语族（汉语）和藏缅语族（吐蕃语）。阿拉伯语、叙利亚语属于闪含语系，并同属于此语系之下的闪语族。

其三，文字来源多。新疆各种文字大约有 5 种来源：焉耆–龟兹文、于阗文、吐蕃文、八思巴文来源于印度婆罗迷文，佉卢文、粟特文、突厥文来源于波斯阿拉美字母（回鹘文、回鹘式蒙古文、托忒文、满文、锡伯文受粟特文影响已如前述），哈卡尼亚文、察合台文、维吾尔文、哈萨克、柯尔克孜文来源于阿拉伯字母，契丹字来源于汉字，俄罗斯字来源于斯拉夫文。

新疆语言文字充分体现了世界文化交融荟萃的特点，也充分体现了该地接受外来文化的能力和包容性。

新疆语言文字还有一个特点，就是其发展变化与政治、经济、文化紧密相关。宗教文化对新疆语言文字的影响最大。梵文、摩尼文、叙利亚文、阿拉伯文作为四大宗教的圣语文字传入西域是这种影响的一种表现形式，伴随伊斯兰教传入的阿拉伯字母最终取代了婆罗迷文主导的格局，则是这种影响的更深刻的表现形式。经济影响为其次。粟特语文的传入，是经济影响西域语言文字的一个典型。粟特语文的传入，不仅增加了一个语种文种的数量，而且影响了一整串文字链条的诞生，其作用无论如何也不能低估。汉文、摩尼文的传播也或多或少与经济的需求直接相关。政治的影响则每个时期都存在。汉语文、古藏文、契丹文、蒙古文、满文作为各个时期统治王朝的语文加入了西域语文的洪流，并且它们在各种语言文字上或多或少打下了烙印。各个时期各种文种的文献上，汉文几乎都以双语或夹语的面貌出现，是这种影响的典型表现。

二、多种宗教并存

新疆地区与其他地区相同，在人类社会发展的早期阶段，最先流行的是原始宗教。由于新疆地处古代世界文明的交会之处，在以后历史发展的过程中，形成了多种宗教并存的局面。这种多种宗教并存的状况可以分为三个阶段：（1）以佛教为主的多种宗教并存阶段；（2）以佛教、伊斯兰教为主的多种宗教并存阶段；（3）以伊斯兰教为主的多种宗教并存阶段。公元10世纪以前，祆教、佛教、摩尼教、景教、道教沿"丝绸之路"从东西方传到新疆，与当地原始宗教共同形成多种宗教并存的局面，佛教占据了统治地位。10世纪，伊斯兰教传入新疆，其后600年时间中，佛教与伊斯兰教互为消长，成为这一时期的主要宗教，其他宗教则或存或亡，但多种宗教并存的格局没有改变。16世纪以后，伊斯兰教凭借武力传教和和平传教成为新疆的主要宗教，祆教、摩尼教、景教已经消亡，佛教注入喇嘛教新的力量，道教时兴时衰，基督教、天主教、东正教陆续登场，多种宗教并存的格局依然存在，并一直延续到今天。

1. 原始宗教、佛教、道教

原始宗教。原始宗教产生于原始社会后期，其特征是崇拜日月山水等自然现象，并逐渐发展到动植物崇拜、图腾崇拜和祖先崇拜。原始宗教进入晚期，出现萨满教。萨满教因通古斯语称巫师为萨满而得名。萨满教没有成文的经典，没有宗教组织，没有特定的创始人，没有寺庙，没有统一规范的宗教仪式。其崇拜对象与原始宗教略同，但笃信萨满能够沟通人与鬼神和各种精灵。生活在新疆的古代居民及匈奴、柔然、突厥、回鹘、蒙古、哈萨克、柯尔克孜等族都曾信仰过原始宗教或萨满教。如《史记》载匈奴"举事而候星月"；《隋书》载突厥"多杀羊马以祭天"；《乌古斯可汗的传说》载乌古斯可汗召集部落大会，在大帐两侧各立一木杆，杆顶挂金鸡和银鸡，杆下分别拴黑羊和白羊，等等。这些都是信仰萨满教的表现。直到现在，维吾尔族仍保留了萨满教的一些习俗，如维吾尔族穆斯林群众朝拜麻扎时，仍在麻扎周围插拴有羊头等物的木杆和跳"萨玛舞"。

佛教。佛教由释迦牟尼于公元前 6 世纪至前 5 世纪创立于印度。佛教认为世界苦海无边，人生八苦皆由无明等彼此互为条件或因果的十二因缘引起，说明和解决的办法是苦、集、灭、道四谛，等等。佛教经过三次大结集，于阿育王时代（前 268—前 232年）确立了佛教经、律、论所谓《三藏》，并开始向外传播。佛教传入中国内地的时间在东汉明帝永平年间（58—75 年），传入西域的时间应早于内地，约在公元前 1 世纪。佛教是典型的遁世哲学，西域各地统治阶级希望借助它消除人民的不满和反抗，饱受压迫奴役之苦的人民希冀从中获得精神慰藉，因此佛教在西域迅速传播开来，并逐渐成为占统治地位的宗教。

塔里木盆地周围龟兹、于阗、高昌、疏勒等地都是佛教的中心。

龟兹是小乘佛教的中心。《大唐西域记》卷 1 记载，初唐时，龟兹有"伽蓝百余所，僧徒五千人，习学小乘教说一切有部"。说明龟兹佛寺僧徒众多，而且小乘占绝对优势。小乘追求个人的解脱，与产生较晚讲求拯救众生的大乘成为佛教不同的宗派。小乘注重四谛、八正道，以禅定作为达到八正道的重要途径。龟兹是西域禅修的重要基地，闻名于世的龟兹石窟就是禅法流行的产物。20 世纪出土了许多龟兹－焉耆语婆罗迷文佛经，基本上都属于小乘经典，也说明此地小乘佛教的盛行。龟兹国也有大乘教，龟兹著名高僧鸠摩罗什曾在龟兹弘扬大乘。鸠摩罗什还在长安主持翻译了 32 部佛典，共 300 余卷。龟兹有一批像鸠摩罗什这样的佛教翻译家，他们为中国佛教事业作出了巨大贡献。

于阗是大乘佛教的中心。中国大乘佛典，如华严、方等、般若、法华、涅槃诸经原本大多来自于阗；中国早期西行求法高僧，从曹魏朱士行起，也大多以于阗为目的地。于阗不仅是大乘佛典的传播中心，而且自身也孕育发展出若干佛教经典，如于阗语《赞巴斯塔书》《跋陀罗缘起》等均是于阗地区独创性佛教撰述 [1]。于阗的佛寺很多，法显《佛国记》称，5 世纪初于阗有大伽蓝十四，小者无数，家家门前起小塔。《于阗国授记》载，9 世纪末当地具有一定规模的寺院达 400 余所，兰若小塔逾 5000。可见此地佛教之盛。

高昌佛教至迟可以追溯到西晋，吐鲁番出土最早的佛教写经是公元 296 年（西晋元康六年）竺法护译写的《诸佛要集经》。史书记载，382 年（前秦十八年），车师王入朝，国师鸠摩罗跋提曾随行并献《大般若品》等佛经。443 年，笃信佛教的北凉流亡政权入居高昌，高昌佛教达到第一个高峰。这一时期出现了不少高僧（如法绪、法众、道普），传译了不少佛经（如《大方等檀特陀罗尼经》等）。501 年，麴氏建立高昌国，高昌佛教达到第二个高

1　张广达、荣新江：《于阗史丛考》，上海书店，1993 年，第 280 页。

峰。这一时期传译佛经更多，出土佛典多为此时文献；建立寺院
更广，据载，都城附近寺院就有 140 多所，僧尼数千，几占总人
口的 1/4。这一阶段佛教还深入到庶民阶层，并向完全世俗化方向
发展。高昌佛教与龟兹、焉耆佛教有所不同，龟兹、焉耆佛教主
要传自印度，高昌佛教主要由内地回传。高昌佛典大多译自北
朝大乘经典，僧官制度略同内地寺院三纲制度，内地流行禅法，
高昌禅法流行，中原兴盛净土信仰，高昌净土信仰兴盛，都反
映了高昌汉传佛教的特色。当然，高昌地处西域，也受西来佛
教的影响。

唐代西域汉传佛教大发展，中央政府力图将各地佛教纳入共
同轨道。唐在西域设僧官"四镇都统"，总辖龟兹、疏勒、于阗、
焉耆（或碎叶，今哈萨克斯坦托克玛克）四镇的佛教事务。690 年
（天授元年），武则天下令两京诸州各建一所大云寺，龟兹、疏勒、
碎叶等地皆建大云寺；705 年（神龙元年），中宗下令天下诸州各
置一所中兴寺，旋改名龙兴寺，龟兹、于阗、西州、庭州等地都
有龙兴寺。汉僧主持的寺院今可考者，还有于阗的护国寺，龟兹
的金砂寺、大宝寺、□严寺、□圣寺、梵□□寺等等。龟兹还开
凿了大量汉风洞窟，汉传佛教在此盛行。

高昌回鹘王国时期，统治者初信摩尼教，佛教逐渐占上风。
965 年（乾德三年），高昌回鹘可汗遣僧人法渊向北宋贡献佛牙。
982 年，宋朝王延德出使高昌回鹘王国时，还见此地有"佛寺五十
余区，皆唐朝所赐额"。目前发现的回鹘文文献，佛教文献最多，
摩尼教文献其次，另有一些景教文献，可以说明三大教的地位。
回鹘文佛经三个阶段有三个来源：早期主要译自龟兹 – 焉耆语婆
罗迷文佛典，现已发现至少 80 件这类佛教文献和残篇。11—13 世
纪，几乎所有文献都译自汉文，现已发现 81 部 41 种这类佛典。

汉地佛教对回鹘影响最大。蒙元时期，由于藏传佛教成为蒙古的正式国教，西域藏传佛教大发展，藏传佛教成为回鹘佛教的重要来源，至少16部佛经从藏语译为回鹘语[1]。这一时期西域通晓藏传佛教的人才辈出，畏兀尔僧徒在元朝朝廷宗教活动中发挥着重要作用。高昌回鹘王国安藏曾将藏传佛教的重要典籍《宝藏论》进献元世祖，并在中央朝廷任翰林学士。乞台萨里奉诏译语义，担任释教都总统。而元朝不但向畏兀儿颁赐蒙古文、畏兀儿佛经，并向高昌等地寺院提供"燃灯续明"之费。

10—16世纪前半期，伊斯兰教依靠"圣战"及和平传教逐步占领了南疆佛教的所有阵地，佛教遭到彻底的打击，但是，随着明代瓦剌人（西蒙古）入居西域，北疆喇嘛教（藏传佛教）又兴盛起来。17世纪末，南疆伊斯兰教白山派和卓还借助准噶尔喇嘛教的力量消灭了政敌黑山派和卓势力，灭亡了叶尔羌汗国，可见藏传佛教势力的强大。18世纪以后，清朝陆续征调信奉佛教的蒙古、锡伯、达斡尔族驻防新疆，汉人信奉佛教者也入居该地，新疆佛教得以存续2000多年而不灭。

道教。道教是中国的传统宗教，产生于2世纪上半叶东汉顺帝年间。道教是在中国古代民间信仰和巫术、神仙方术的基础上，吸收谶纬之学和黄老思想逐渐形成的。以"道"为最高信仰，以元始天尊、灵宝天尊、道德天尊等"三清尊神"（皆由"道"所化生）为最高尊神，又有一套神仙体系。宗教仪式有斋醮、祈祷、诵经、礼忏等，举行宗教仪式的场所为宫、观、宫观、道观或庙。道教经书总集称《道藏》。

---

1 耿世民：《维吾尔族古代文化和文献概论》，乌鲁木齐：新疆人民出版社，1983年，第35—36页。牛汝极：《回鹘佛教文献》，乌鲁木齐：新疆大学出版社，2000年，第1—11页。

道教传入新疆的时间大约不晚于 5 世纪初（东晋时期），主要集中在新疆东部汉人较多的地区。吐鲁番地区曾出土北凉时期带有明显道教色彩的随葬品，如《建初十四年（416）韩渠妻随葬衣物疏》记有"左清（青）龙，右白虎……前朱雀，后玄武……急急如律令"。所谓青龙、白虎、朱雀、玄武，原为中国古代神话中的四方之神，道教改造成太上老君的护卫仪仗（见东晋《抱朴子》）。"急急如律令"也是道教符箓的常用之语。韩渠妻纸鞋还用青色涂染，上书"甓"字，青色为道教之色，"甓"者升也，与道教升玄飞天、羽化成仙的意思吻合[1]。可见道教 5 世纪初已传入此地。5 世纪以后，道教仍然流传，吐鲁番地区曾发现一件 551 年的道教符箓。不过，道教势力一直不强，后来还与当地占统治地位的佛教相融合。此地出土的 6 世纪中叶至 7 世纪 30 年代衣物疏中，道教用语与佛教用语同存互见，既有道教所谓"五道大神""急急如律令"，又有佛教"持佛五戒""专修十善"，说明道佛混合，界线不明。

唐代是新疆道教大发展的时期。此时出现道教的典型标志——道观。西州（吐鲁番）最早有纪年的道观是 691 年（天授二年）的□阳观，此后还有总玄观、龙兴观、安昌观、紫极宫、唐昌观、周楼观等等。唐皇室以老子为远祖，尊崇道教，道教的发展与唐政府的推行直接相关。玄宗崇道最为积极。从出土文书中可见，731 年（玄宗开元十九年），西州功曹府曾以政府的名义下令天山县修缮安昌观。741 年（开元二十九年），玄宗诏令诸州置玄元皇帝庙一所，后改名紫极宫，出土文书中不仅有紫极宫，而且紫极宫名前还有"阙格"（按平阙式规定致敬）两字，表现了紫极宫的优崇地位。玄宗曾令官写道经，颁发各地，吐鲁番出土了

---

1 黄烈：《中国古代民族史研究》，北京：人民出版社，1987 年，第 459—469 页。

河西道采访使驻地凉州都督府颁发的道经。749 年（玄宗天宝八年），唐中央政府还派修功使监督各地道观的斋醮活动，西州、伊州、北庭都在监督之列。西州道观数量虽不及寺院众多，但地位却在寺院之上。出土文书中，西州龙兴观位于大宝寺、崇宝寺等寺院之首，就体现了唐令道士冠在僧尼之前的精神。在唐政府的推动下，西州道教迅速发展，道观组织完善，观主、威仪、炼师、道士俱全，过去崇奉佛教的麴氏王室后裔变成道门领袖，一大批民众也依附道观，以至于 762 年（宝应元年）面临吐蕃入侵时，伊西北庭节度使不得不要求寺观放良，以扩大税收人口和兵员来源[1]。中央政府派修功德使监督伊州、北庭的斋醮，说明这些地方也有道教的活动。《沙州伊州地志》载伊州伊吾县有详爽观和大罗观，纳职县有详爽观，柔远县有天上观；伊西北庭节度使要求北庭西海县寺观也行放良，都进一步证实了伊州、北庭道教的存在。

唐代以后，道教在西域时兴时衰。13 世纪 20 年代，长春真人丘处机赴西域朝见成吉思汗时，路经畏兀儿首府别失八里（吉木萨尔），出迎的数百人中有道士，举行的宴会上也有道士，说明道士人数不少，地位不低。丘处机在阿力麻里（今霍城县东北）也见到不少道士。据载，汉人工匠张氏在城东"营三坛，四百余人，晨参暮礼，未尝懈怠"。阿力麻里作为察合台汗国的首府，迁入不少汉族工匠，道教因此而兴盛。明代西域道教可能一度中衰，但清代随着大批汉人入居，道教又复兴盛。直到现在，新疆仍有道教存在。

2. 祆教、摩尼教、景教及其他教派

祆教。祆教由琐罗亚斯德于公元前 6 世纪创立于波斯，本名

1　荣新江：《唐代西州的道教》，《敦煌吐鲁番研究》第 4 卷，1999 年，第 127–144 页。

琐罗亚斯德教，因崇奉祆神阿胡拉·马兹达，又称马兹达教。其教认为世界上光明与黑暗是善恶之源，人类应该弃恶从善，崇拜光明。中国因其拜火和日月星辰（天），称之为祆教或火祆教，俗称拜火教。"祆"字从"示"从"天"，乃"祀天"二字之拼合。祆教在波斯阿契美尼王朝（约前550—前330年）时传到中亚粟特地区。中国传入祆教的时间可能很早，但目前所知最早有确切证据者在公元312年之前[1]。中国祆教有从波斯直接传入者，但更主要的则是传自粟特商人和粟特移民。

新疆是古代中西交通的必经之地，祆教初传年代必早于内地，论者或谓在公元之前[2]。新疆祆教也主要传自粟特地区。《通典》卷193《边防典》引杜环《经行记》谓，康国"有神祠名祓（祆），诣（诸）国事者，本出于此"，明言新疆当时诸国祆教皆出于粟特康国。史书最早明确记载高昌（吐鲁番地区）、焉耆流传祆教。《魏书》卷101载："高昌国俗事天神，兼信佛法。"卷102载："焉耆国俗事天神。"此处所谓天神就是祆神[3]，此处所谓俗事应指民间传统习俗，说明祆教曾一度较佛教更为流行。

高昌祆教考古遗存较多。高昌故城曾发现三批共32枚萨珊波斯银币，年代约在公元4世纪前期。银币背面有祆教标志拜火祭坛和两位祭司，火坛火焰上还有祆教最高神阿胡拉·马兹达侧面像。

---

1 敦煌西北长城烽燧遗址发现的西晋末年粟特文信札中有祆教萨宝、祆祝称号及祆教"娜娜女神之仆"人名。荣新江：《中古中国与外来文明》，北京：三联书店，2001年，第275—276页。

2 李斯特文斯基认为塞人接受了祆教的影响。见《帕米尔塞人墓葬中的宗教信仰》，马苏坤译，载《新疆文物》1989年第3期。周菁葆、邱陵认为，"祆教在公元前6世纪产生时，其宗教思想已在西域塞人中有影响……迟则可以说，西域在汉武帝通西域时，西域已流行祆教。"见其著《丝绸之路宗教文化》，乌鲁木齐：新疆人民出版社，1998年。

3 中国称波斯、粟特祆神即为天神，如《北史》卷97称"波斯国俗事天神"，《通典》卷193引韦节《西蕃记》载"康国俗事天神"。

吐鲁番出土文书还有"胡天"（490年）、"丁谷天"（535年）、"萨簿"（550年）、"阿摩"（622年）等记载。所谓"胡天"，指祆神或祆祠。"丁谷天"指当地祆祠。"阿摩"是粟特文"大神"的对音，指祆神阿胡拉·马兹达。"萨簿"则是高昌国专门管理祆教的职官[1]。萨簿之名大约源于康国萨宝水。北齐称萨甫，隋称萨保，唐称萨宝，皆同名异译。萨簿本是粟特聚落中的政教大首领，北齐为便于控制，把萨簿纳入职官编制中。北齐"多循后魏"，隋唐多承北齐，高昌则效法中原。萨宝成为三夷教中唯一纳入职官编制的神职[2]。高昌萨簿既领教务（如参与高昌祀部祭礼），又管民事（如传令给胡户支付粮食），是政府任命管理胡户的职官。高昌地区粟特移民甚多，这是此地祆教流行的原因，也是高昌国置萨簿的原因。不过，高昌国统治者主要支持的仍是佛教。

唐代粟特商人和移民不断增多，祆教在西域也不断发展。《旧唐书》卷198载，"疏勒国俗事天神""于阗国好事祆神，崇佛教"。《沙州伊州地志》残卷载，伊州伊吾县"火祆庙中有素书形象无数"。《沙州图经》卷5载石城镇有"一所祆舍"。《新唐书》卷43载播仙镇往西去于阗沿途有一"祆井"。另外，大谷文书《唐开元四年李慈艺勋告》中还有"东胡祆"，学者考证此为地名，在庭州（吉木萨尔）西370里凭落镇附近，当因"东胡祆祠"而得名。唐代除西州（吐鲁番）、焉耆之外，其他重镇如疏勒（喀什）、于阗（和田）、伊州（哈密）、石城镇（若羌）、播仙镇（且末）、凭落镇

1　吐鲁番文书本作"萨薄"，但"薄"乃"簿"之通假，古无轻唇音，读作"簿"。见王素《高昌火祆教论稿》，《历史研究》1986年第3期。又，佛经所见"萨薄"乃商队首领，与此无关。见荣新江《萨保与萨薄：北朝隋唐胡人聚落首领问题的争论与辨析》，第三届伊朗学在中国学术研讨会论文，2002年11月13–14日。

2　唐代将祆教、摩尼教、景教称作三夷教。

也都流行祆教，而且有些地方祆教地位不低于佛教。

五代迄宋，西域祆教仍然盛行。《旧五代史》《宋史》载于阗仍俗事祆神。敦煌祆教其时亦颇盛行，赛祆等祭祀活动时有所见。沙州归义军与于阗王室有姻亲关系，影响所致，"大抵沙州往西至于阗，沿途多有祆寺"[1]。10世纪中叶阿拉伯旅行家米撒尔称，拔希国（媲摩，今策勒县）都城也有火祆教徒[2]。

火祆教三大特征是拜火、拜天和天葬，中国礼教最欣赏的是拜天，"祆"字概括其教可以为证。最不容忍的是天葬，唐令"两京及碛西诸州火祆，岁再祀而禁民祈祭"[3]，明确禁止汉民信奉。最为民间接纳的是拜火。新疆民间至今仍保留拜火的习俗。或云：祆教"与原始宗教的自然崇拜相互渗透、融合，最后成为民间宗教的一部分"[4]。祆教的一个重要节日——诺鲁孜节也保留下来，成为维吾尔族重要的传统节日。宋以后不见有关祆教的记载，大约已经逐渐消亡。

摩尼教。摩尼教是3世纪中叶摩尼在波斯创立的宗教。其教义吸收了祆教、基督教和佛教的内容，提出光明与黑暗二宗三际的学说，很注重译经和传教。初颇受波斯国王的重视，后遭祆教的排挤，被定为异端，摩尼处死，信徒逃亡，中亚粟特地区成为摩尼教的根据地。中国摩尼教主要由粟特人传来。内地传入的时间较早，得到官方承认并公开传播则在公元694年（武则天延载元年）。新疆传入的时间约在6—7世纪。

---

1 姜伯勤：《敦煌艺术宗教与礼乐文明》，北京：中国社会科学出版社，1996年，第475-500页。
2 张星烺：《中西交通史料汇编》第2册，北京：中华书局，1978年。
3 《新唐书·百官一》祠部条。
4 《中国新疆地区伊斯兰教史》，乌鲁木齐：新疆人民出版社，2000年，第43页。

有关西域摩尼教的情况，史书记载非常有限。《隋书》卷15《音乐志下》载：610 年（炀帝大业六年），高昌献《圣明乐》曲，"其歌曲有《善善摩尼》"。善善是地名，"摩尼"当是摩尼教的缩写，应与摩尼教流传高昌有关。焉耆发现一件粟特文《焉耆可敦致一位摩尼教法师的信》，可敦当指下嫁焉耆国王的西突厥可汗女，文书年代可能在 7 世纪初。唐代有关摩尼教的材料多起来，于阗曾出土 8 世纪粟特语摩尼教文献，据史德（龟兹都督府治下）出土了唐代与摩尼教有关的法律文书。焉耆还发现一件中古波斯文《摩尼教赞美诗集》，诗集称始抄于 761 年或 762 年，未抄完而一直保存在焉耆的摩尼寺中，诗集题记列举了 9 世纪初漠北回鹘汗国控制下天山地区各级官吏的名单，从中可以推知，疏勒、温宿、拨换、龟兹、焉耆以及高昌、北庭均有摩尼教团的存在[1]。

西域摩尼教真正的兴盛是在高昌回鹘汗国时代。回鹘人还在漠北时，即于 763 年从中原带回 4 个摩尼法师，并接受了摩尼教，回鹘汗国将摩尼教定为国教。840 年西迁后，高昌回鹘汗国时期仍以摩尼教为国教，并与佛教并行流传了几百年。吐鲁番地区发现了大批这个时期的摩尼教文献。这些文献残片约有数千片，主要用摩尼文、中古波斯文、帕提亚文、回鹘文和粟特文写成[2]。摩尼文是摩尼教的教会文字，中古波斯文、帕提亚文是中亚摩尼教会的用语，回鹘文和粟特文是本地摩尼教徒所用文字，说明此地摩尼教主要由中亚传来，信徒主要是粟特人和回鹘人。

这些文献绝大部分是波斯教会和中亚教会的经典作品，其中有教义、经文注疏、寓言故事和教会史著作，还有宗教仪式方面

1　荣新江：《摩尼教在高昌的初传》，《吐鲁番新出摩尼教文献研究》，北京：文物出版社，2000 年，第 221 页。
2　此地还曾发现一个地下摩尼教书库，可惜所藏书籍被水浸泡过，无从复原。

的文章即大量的圣歌和祈祷文，另外，还有为教徒和俗人撰写的忏悔书。吐鲁番高昌故城、柏孜克里克等地还发现了许多摩尼教寺院洞窟遗址，这些遗址存有壁画和绢画。这些图画及摩尼教文献插图为：摩尼说法图、三干树图（摩尼教的光明树、生命树，象征光明王国）、庇麻节图、旗幡图、乐师图、忏悔图、女选民图、女神和供养人图等等。这些画轮廓清晰，线条细致，色彩明亮纯正，表现了摩尼教追求纯洁无瑕的理想和光明世界的特色。摩尼教文献书法优美、装饰典雅，也是摩尼教追求光明美好的表现。

从残存的文献中可以得知，高昌回鹘汗国的摩尼教已经蜕化成地道的封建统治阶级的宗教，背离了原始摩尼教的一些基本教义。原始摩尼教对于现实采取否定、消极的态度，把世界当作罪恶、黑暗物质的生成物，把人类当作囚禁光明分子的肉身，越快毁灭越好，但高昌回鹘摩尼教团却是高昌回鹘汗国统治者的驯服工具，劝说人们为统治者服务。如 M135 粟特文摩尼教文献残片教导人们，应为国王和贵族服务，使之满意，使其尊严不受损害，等等。回鹘汗国摩尼教团本身也封建化了。《摩尼光佛教法仪略》规定，法众"每日斋食，俨然待施；若无施者，乞丐以充，唯使听人，勿畜奴婢及六畜等非法之具"，但是，高昌回鹘教团却拥有大量田产。在回鹘文摩尼教寺院文书中可以看到，回鹘官府赐给摩尼教寺院大块地产和农户，寺院通过封建经营方式维持固定的经济收入，变成了封建大庄园的占有者。高昌回鹘教团还把原来朴素的"五级仪"变成封建的教阶制。摩尼教的五级教徒本来只按修行造诣的深浅来区分，内部仍维持较平等的关系，但高昌回鹘摩尼教团却等级森严，上层僧侣享受种种特权，下层僧侣地位卑微，寺院甚至还实行肉刑以维护高级僧侣的特权地位[1]。回鹘信奉的摩尼教还有浓厚的佛教色彩。摩尼教寺院就是佛教寺院制度影响的产物。回鹘摩尼教在宣传中还借用了很多佛教的语言，如一件摩尼教残片径直将摩尼称为弥勒佛。西域佛教势力很强大，或许正因为如此，10世纪以后，摩尼教在西域逐渐衰落。有学者认为，14世纪摩尼教才在西域绝迹[2]。

景教及其他教派。景教是基督教的一个派别——聂斯脱利派。聂斯脱利原为东罗马君士坦丁堡主教，叙利亚人，主张基督有神、人"二性二位"，被视为异端，受到迫害，逃往波斯。由于得到波斯国王的保护，因此在公元498年成立独立教会，并开始向邻近地区传播。景教是汉地基督教徒的自称，大约取"基督"的谐音及光明辉煌的含义。因产生于波斯，又称波斯教。元代与传入中国的天主教统称为也里可温教。景教传入中国内地的时间，有明确记载者，在公元635年（唐贞观九年）。西域传入的时间应早于内地，或谓在6世纪中后期。

景教初期在西域流传不广，9—10世纪主要在高昌回鹘汗国地区。吐鲁番高昌城外曾发现两处9—10世纪高昌回鹘王国的景教遗址，一为教堂遗址，在城东门之外，这里出有两件景教残壁画，一件《棕枝主日》，表现人们欢迎基督进入耶路撒冷城的情景，一件绘有手执十字架的骑士。另一遗址为修道院，在吐鲁番北部布拉依克水盘附近，这里出土了大量景教写本，有圣经选文集、礼拜书、布道书、教规、宗主教言论集、药方等等，分别用叙利亚语、粟特语、中古波斯语、婆罗钵语、新波斯语、回鹘突厥语6

1　林悟殊:《摩尼教及其东渐》，北京：中华书局，1987年，第109页。
2　李符桐:《回鹘宗教演变考》，台湾《国立政治大学三十周年纪念论文集》，1957年。又见上引书第100页。

种语言写成[1]。其中叙利亚语文献最多，应与其为景教圣语有关；中古波斯语、婆罗钵语最少，这是古波斯的两种南北方言，主要为礼拜仪式所用；粟特语文献较多，加上新波斯语、回鹘突厥语文献，说明此地的景教主要从粟特地区传来，此地的景教教团主要由粟特人、回鹘人、波斯人组成。9—11世纪，高昌回鹘王国对景教最为宽容，因此，粟特、波斯地区的景教徒在穆斯林强大势力的压迫下来到高昌。景教当时已深入到部分回鹘人的世俗领域中，回鹘文"赞美诗"专供婚礼用说明了这个问题。此地作为"丝绸之路"的要道，景教教堂也有为过往粟特、波斯等国商旅提供宗教服务的功能。不过，从残存的文献可以得知，此地景教与佛教和祆教有一定程度的对立和斗争。

西域其他地区也有景教流行。碎叶（今哈萨克斯坦托克玛克）曾发现8世纪的景教教堂遗址。库车附近拜城也有景教徒（见亨利玉耳《契丹行程录》）。10世纪萨曼王朝米撒尔称在拔希（今策勒县）都城也看到过基督教徒。

西辽统治西域时期（1130—1221年）实行宗教自由的政策，西域景教有较大发展。总主教伊尔亚三世在喀什噶尔建立了总教区，一些信奉景教的游牧部落如乃蛮部落等也进入天山北部。阿力麻里城景教遗址中有数枚刻十字架及叙利亚文的石刻，大约就是12—13世纪乃蛮部落景教徒的墓石。

蒙元时期是景教发展时期。世界著名旅行家马可·波罗记载，他在喀什噶尔、叶尔羌、和阗、伊犁、轮台、吐鲁番、哈密等地曾见到或听说过景教教堂或景教徒。说明景教已经遍及天山南北。元代还出现一些著名的维吾尔人景教徒。如马可斯1280年曾任契

---

1 陈怀宇：《高昌回鹘景教研究》，《敦煌吐鲁番研究》第4卷，1999年，第165—214页。

丹（中国）景教总主教，次年任"东方教会大总管"。拉班·扫马1280 年曾任巡察总监，后任驻波斯的蒙古宗王阿鲁浑出使欧洲诸国的大使。14 世纪后景教在新疆逐渐衰落以至绝迹。

蒙元时期天主教也传到西域。最早进入西域的是多明我会修士安德·隆如美，1249 年由法国国王路易九世派遣到叶密立（额敏东南）向蒙古皇后递交国书。此行以政治目的为主。此后活动以传教为主，主要集中在察合台汗国都城阿力麻里。察合台也孙帖木儿汗优待传教士，不仅允许他们自由传教，而且邀请入宫治病，为子洗礼取名。但 1340 年也孙帖木儿汗死后，其继任者推行伊斯兰教，强令天主教徒放弃信仰，不服从命令者处死，天主教至此销声匿迹。

近代，基督教、天主教在新疆又有发展，随着俄罗斯人入居新疆，东正教也出现在新疆。

3. 伊斯兰教

伊斯兰教由穆罕默德于 7 世纪初创立于阿拉伯半岛，中国旧称回教、清真教。伊斯兰一词原意为"顺从"，指顺从安拉（真主）的意志。伊斯兰教宣称安拉是宇宙万物的创造者和独一无二的主宰，劝导人们归顺、敬畏安拉，止恶行善，反对崇拜多神偶像。8 世纪，伊斯兰教传播到中亚。

新疆伊斯兰教是从中亚传入的。公元 893 年，中亚萨曼王朝在伊斯兰"圣战"的名义下，发动对喀喇汗朝的战争，侵占了喀喇汗朝大片土地。喀喇汗朝在辖区内严禁伊斯兰教的传播，但为了政治需要，接纳了因内讧而避难的萨曼王朝王子，并允许他在阿图什修建清真寺，新疆历史上有了第一所清真寺。萨曼王子暗中传播伊斯兰教，萨图克·布格拉汗接受了他的宣传，并于 910 年借助伊斯兰教发动宫廷政变，夺取了政权。萨图克·布格拉汗此后大力推行伊斯兰教。960 年，20 万帐约 60 万—80 万突厥人接受了伊斯兰教，伊斯兰教成为喀喇汗朝的国教。

喀喇汗朝统治者接受伊斯兰教，主要是为了利用它所宣扬的绝对服从精神和"圣战"理论，对内压迫人民，对外扩张领土，因此，以伊斯兰为国教后，喀喇汗朝马上开始对西域两个佛教王国于阗和高昌回鹘发动"圣战"。962 年，喀喇汗朝与于阗的宗教战争首先爆发。这是一场新疆历史上规模最大、历时最长、影响最深远的宗教战争。民间有百年战争之说。战争进行得非常残酷，1006 年，于阗王国灭亡，佛教徒的反抗大约持续到 1062 年。从此，佛教势力结束在于阗千余年的统治，退出塔里木盆地的南部。

公元 1017 年，当征服于阗的战争还在进行之际，喀喇汗朝又发动对高昌回鹘王国的"圣战"。但因高昌回鹘顽强抵抗，加上喀喇汗朝内部矛盾，1041 年分裂成东、西二部，"圣战"半途而废。伊斯兰武力传教活动也告一段落。

西辽统治时期（1130—1221 年），统治者信奉佛教，但对各种宗教采取宽容政策，在这种情况下，伊斯兰教开始和平传教。它以喀什噶尔为中心，沿塔里木盆地两缘，东南路传播到英吉沙尔、叶城、莎车、和阗、且末一带，东北路传播到阿图什、巴楚、阿克苏一带。不过，库车、高昌仍是伊斯兰教继续东传的障碍。西辽末期，屈出律改变宽容政策，对伊斯兰教采取高压政策，伊斯兰教遭到传入新疆后的第一次打击。其后，穆斯林配合蒙古军队推翻了西辽的统治。蒙古统治者接受屈出律的教训，对宗教采取兼容并包的政策，伊斯兰教继续以和平方式传教。13 世纪，开始传播到天山以北游牧地区。

14 世纪，东察合台汗国秃黑鲁·帖木儿汗接受伊斯兰教，成为新疆最早接受伊斯兰教的蒙古可汗。他利用可汗权威强迫部下改宗伊斯兰教，采取各种扶植伊斯兰教的措施，在新疆掀起了第二次武力传教的高潮。1353—1354 年，阿力麻里有 16 万部众集体皈依了伊斯兰教。约 1 年后，额什丁和卓在秃黑鲁·帖木儿汗支持下，率领"库车伊斯兰教社团"进军库车。库车、沙雅等地佛教徒在阿力麻里反伊斯兰教运动影响下开始暴动。秃黑鲁·帖木儿汗派军进行镇压，将参加暴动的佛教徒全部逐出本地，库车的佛教势力基本被消灭，当地居民全部改奉伊斯兰教，具有 1000 多年历史的龟兹佛教文化遭到毁灭。

1392 年，东察合台汗国又对高昌回鹘发动"圣战"，经过激烈的战斗，终于占领吐鲁番。但经过六七十年后伊斯兰教才完全代替佛教势力。此后，吐鲁番伊斯兰教统治者与明朝反复争夺哈密，1529 年，明朝势力退出哈密，哈密成为伊斯兰教又一个占领地。伊斯兰教成为新疆地区占统治地位的宗教，唯有准噶尔盆地的卫拉特人仍信奉喇嘛教。

伊斯兰教从 10 世纪传入新疆，到 16 世纪占据统治地位，经历了大约 600 年左右时间。伊斯兰教之所以取代佛教而居统治地位，在很大程度上是不同时期的世俗政权利用伊斯兰教的"圣战"争夺割据权力的结果，另一方面也与当时新疆落后的社会经济制度分不开。长期饱受压迫和战争之苦的各族人民在现实生活中找不到出路，佛教又不能使他们脱离苦海，因此只好到新的宗教中寻求新的精神安慰；而新疆地处"丝绸之路"要道，为伊斯兰教的传播提供了方便条件；伊斯兰教"穆斯林皆兄弟"的口号及平分战利品等原则，对民众有吸引力；加上统治者极力推行，所以伊斯兰教发展起来。

伊斯兰教分逊尼派、什叶派、苏非派，这些教派都随伊斯兰教传到新疆。逊尼派是官方教派或正统教派，在新疆占多数，但苏非派十分活跃。苏非派最早出现在喀喇汗朝，元末明初，由分散活动发展到有组织的活动。明清之际，分化成若干教团，其中玛合图木·阿杂木和卓的纳合西班底耶教团对新疆历史影响最大。其影响主要表现在两个方面：一是使 17 世纪和卓势力分成白山派和黑山派，两者之间的斗争导致叶尔羌汗国（1514—1680 年）灭亡、准噶尔统治势力控制南疆；二是进入 19 世纪后，境外浩罕国借助和卓后裔多次入犯南疆，对当地的社会经济造成严重的破坏。

新疆多种宗教并存的现象有两个显著的特点，一是多种宗教来自东西方不同的文明世界。佛教来自印度，祆教、摩尼教、景教出自波斯，道教来自中原，伊斯兰教出自阿拉伯，基督教、天主教、东正教来自欧洲，充分显示了新疆宗教来自不同文明的多元文化特色。而这种多元文化的形成，中亚地区发挥了重要的中介作用。祆教、摩尼教、景教主要通过粟特地区而来，佛教、伊斯兰教也与中亚的传媒密切相关。这种现象与新疆、中亚地缘接近有关，与"丝绸之路"分段贸易的经济作用也有关。二是多种宗教与中原各地有着千丝万缕的联系。道教是中原的传统宗教，汉传佛教具有鲜明的汉文化特色，藏传佛教是西藏文化的代表。新疆道教的存在、汉传佛教的流传、藏传佛教的发展，以及新疆祆教萨簿制度与中原相同，"胡天"称谓与内地一致，摩尼教的传播承袭漠北和中原，凡此种种都体现了新疆与祖国各地的密切联系。

三、文学艺术的成就

新疆地区的文学艺术非常繁盛，音乐、绘画尤其辉煌。这些文学艺术成就是新疆各族人民在长期生活实践中创造的，有鲜明的地区特色，又有东西方文化交流的影响，是中华民族宝贵的精神财富。

1. 文学作品

新疆历史上有很多优秀文学作品，《福乐智慧》《突厥语大词典》《玛纳斯》《江格尔》是其中比较典型的代表。

《福乐智慧》是喀喇汗朝的著名长诗，由玉素甫·哈斯·哈吉甫于伊斯兰历462年（1069年）撰成，曾献给喀什噶尔的统治者桃花石·布格拉汗。全书共85正章3附篇，13290行，采用阿鲁孜格律写成。内容涉及社会、政治、经济、哲学、文学等各个领域。《福乐智慧》以日出王、大臣月圆、贤明、隐士觉醒四个艺术形象分别代表公正、幸福、智慧和知足四种概念，通过他们的对话和故事情节的展开，阐述作者的哲学伦理思想。作者认为，作为人尤其是统治者，最重要的品德是公正、诚实、行善。作为大臣，最重要的是廉洁奉公、不贪不欲。国王应用法制治国，大臣应用知识辅佐国王。人类的价值在于知识和智慧。书中分几章专门论述如何做好国王、宰相、将领、近侍、秘书官、财务大臣和使臣，论述统治者应如何对待圣裔、学者、医生、诗人、农民、商人、牧民、工匠、穷人，以及人们应该如何为国君服务，等等。书中还对祸福、苦乐、贵贱、贫富、胜败、善恶等矛盾统一体对立转化的辩证关系作了大量论述，体现了作者朴素的辩证法思想。作者的道德伦理思想渊源于回鹘古老的文化传统，又吸收了伊斯兰文化、佛教文化和儒家文化的有关思想，但自成体系，独具一格。

《福乐智慧》用清新、形象、生动的语言表述难懂、抽象、枯燥的哲学概念和伦理思想，产生了非常好的社会效果。该书散文体序言作者说："秦国和马秦国的学者和智者都同意这一点：在东方，在整个突厥斯坦（以前）未曾有人用布格拉汗的语言，用突厥人的语言创作出比此书更好的作品。此书在各国因其十分有用而有不同名称。秦人称其为《王君之宝鉴》，马秦人称其为《国家之眼睛》，东方人称其为《统治者的装饰》，伊朗人称其为《突厥王书》，一些人称其为《劝王书》，土兰人称其为《福乐智慧》"，充分说明了《福乐智慧》的影响力。

《福乐智慧》原本已佚，现存3个抄本：（1）回鹘文抄本，一作赫拉特本或维也纳本；（2）苏鲁斯体阿拉伯抄本，又作开罗本；（3）纳斯赫体阿拉伯字母抄本，又作纳曼干本或费尔干那本。

《突厥语大词典》是喀喇汗朝又一部优秀的文化成果。作者穆罕默德·喀什噶里是一位有着强烈民族意识的学者。在他生活的年代，阿拉伯语言文字在喀喇汗朝得到广泛推广，突厥文化有被阿拉伯伊斯兰文化同化的危险。但突厥人在阿拉伯伊斯兰帝国政治生活中的作用却越来越重要，阿拉伯人迫于政治、经济的需要，不得不学习突厥语。穆罕默德·喀什噶里及时抓住了这个有利时机，编纂了这部适应阿拉伯人学习突厥语需要的词典，以发扬光大突厥文化。

穆罕默德·喀什噶里作为喀喇汗朝的汗室后裔，在喀什噶尔受过很好的教育，后来遭政变逃到西部流浪时，又在当地进行了深入考察，这些都为他日后编写词典创造了条件。这部词典大约于1074年完成，并于次年献给阿拔斯王朝的哈里发。

《突厥语大词典》不仅是一部优秀的语言学著作，而且是一部关于中世纪中亚社会的百科全书。全书用阿拉伯语写成，共收词语（包括词和句子）7500个，各种题材四行诗242首，格言、谚语200余条，共8卷。词典所收词条内容极为广泛，包括天文、历法、地理、部族、官爵、军事、政治、历史人物、神话人物、宗教、体育、卫生、医药、身体、饮食、衣服、器用、鸟兽、家畜、虫豸、金石、娱乐、游戏等等。它不仅保存了维吾尔族及其他突厥各族人民相传数千年的基本词语和语法，而且也为后人研究中世纪西域的政治制度、经济关系、社会风俗、宗教信仰、民族情况、地理地名以及文学艺术、体育活动提供了丰富的资料。《突厥语大词典》还附有一张彩色圆形地图。这幅地图描绘出作者当时所了解的世界，也是流传到今天最早而又最完整的中亚舆图[1]。

　　《玛纳斯》是柯尔克孜族的一部英雄史诗，也是中国三大史诗之一（另两部为藏族的《格萨尔王传》、蒙古族的《江格尔》）。史诗的内容一般说来主要是战争，英雄史诗的主人公一般都具有超人的力量、坚强的意志、卓绝的行为、伟大的功业，大敌当前，敢于领导人民英勇斗争，为人民的利益不惜牺牲自己的生命，因而代表民族的精神，受到人民的普遍崇拜和热爱。《玛纳斯》也是这样一部英雄史诗。《玛纳斯》长期以来在国内外广泛传唱，境内外都有唱本，但传唱水平最高、最有权威的是中国新疆维吾尔自治区克孜勒苏柯尔克孜自治州阿合奇县老艺人居素甫·玛玛依的8部唱本。这8部唱本是《玛纳斯》《赛麦台依》《赛依铁克》《凯涅尼木》《赛依特》《阿勒巴恰与别克巴恰》《索木碧莱克》《奇格台依》。8部唱本反映玛纳斯英雄家族八代人为保卫民族生存权利而前仆后继的战斗历程，一共20万行，堪称鸿篇巨制。第一部《玛纳斯》5万余行，叙述玛纳斯率领本部落人民建设家园，抵抗外敌入侵，远征胜利的事迹，艺术成就最高。玛纳斯是古代柯尔克孜人理想中的英雄，他深谋远虑，慷慨大度，嫉恶如仇，热爱人民，为自由和幸福而战斗，机智勇敢保卫民族的利益，集中体现了西域民族的英雄观，折射出西域民族精神的共性。这8部唱本还塑造了其他上百个栩栩如生、个性鲜明的人物。通过这些艺术形象，展

1　余太山：《西域文化史》，北京：中国友谊出版公司，1995年，第250-251页。

示了西域民族性格的多样性和丰富性。唱本还描述了大大小小数以十计的战争场面。这些战争场面规模宏伟，故事情节曲折，引人入胜，总体艺术水平达到了一个高峰。

《江格尔》是蒙古族的英雄史诗，最初以口头语言流传于民间，明代时以托忒文书写成文。史诗讲述主人公江格尔率领6000多名勇士，征战讨伐，征服了70个可汗，战胜了各种各样的邪恶，建立了天堂般的"宝木巴"。"宝木巴"和英雄人物江格尔是史诗颂扬的两大主题。"宝木巴"是史诗描绘的一种理想社会，在那里，人人平等，个个幸福。实际上这种社会在古代根本不存在，它是古代人们渴望安定幸福，反对部落频繁战争的一种表现。追求美好的理想社会成为这部史诗的突出特点。江格尔是一位英雄人物，他具有英雄时代部落首领的一切优秀品质。他有崇高的理想、坚强的意志、超人的胆识、高强的武艺，他深谋远虑，讲信义，既坚决果敢，又不独断专行。为了抵抗外敌侵略，保卫家乡，随时准备率领部族战斗，甚至献出生命。这种精神实际上也是蒙古族人民强悍的民族精神。《江格尔》的语言非常优美丰富，它使用的是卫拉特民间口语，其中穿插了古代民歌、祝词、赞词、格言、谚语等民间文学形式，具有英雄史诗特有的雄浑气势和强烈的音乐格调。这部史诗还反映了卫拉特蒙古人的生活、武器、服饰、建筑等内容。它不仅是一部优秀的文学作品，而且也是研究卫拉特蒙古族社会、经济、历史、文化、语言、民俗等方面的宝贵资料。目前中国已出版两种版本的汉文译本，并有日、德、俄等多种外文版本。

2. 音乐舞蹈

新疆自古以来就是一个音乐舞蹈极盛的地方。《北史》卷97载："焉耆国，爱音乐，喜歌舞。"《新唐书》卷221载：于阗人"善歌舞"。而龟兹乐舞是西域水平最高的乐舞。玄奘《大唐西域记》称，龟兹"管弦伎乐，特善诸国"，就是对当时情况真实的记录。

西汉时，龟兹王绛宾娶汉解忧公主之女第史为妻，第史热爱汉族文化，曾在长安学习音乐。成为龟兹王后之后，又于公元前65年与绛宾一起到长安朝贺，汉宣帝"赐以车骑旗鼓，歌吹数十人，绮绣杂缯琦珍凡数十万。留居一年，厚赠送之。后数来朝贺，乐汉衣服制度"。龟兹王室在与汉文化音乐的接触和交流中，把中原民族的乐舞、乐器和音乐家带到龟兹。在中原乐舞的影响下，龟兹音乐艺术得到长足发展，并成为举世闻名的歌舞之乡。龟兹乐舞广泛吸取东西方的文明精华，发扬本地乐舞而成。据研究，"在乐器上，龟兹乐吸收了中原的笙、箫，埃及、西亚的竖箜篌、琵琶，印度、西亚的铜钹等，但从总体上看，仍是以本民族乐器为主，羯鼓被列为八音之领袖。在乐曲上，有反映摩尼教内容的，也有反映佛教内容的，但主要强调了本民族乐曲，把'疏勒盐'放在压大轴的地位。在乐律上，基本上是接受了先秦的乐学体系，采用五度相生律和纯律。龟兹音乐将中原、印度、西亚三方面的音乐汇聚一体，创造了光辉灿烂的西域文明"[1]。

龟兹乐的发展对中原乐舞产生了深刻的影响。十六国时期，前秦苻坚派大将吕光率兵7万远征龟兹，吕光为龟兹瑰丽的文化艺术所倾倒，384年灭龟兹后，以2万峰骆驼驮着龟兹乐舞艺人和珍宝东归。闻知前秦亡后，在武威建立后凉，并建立了一支庞大的歌舞队，为龟兹乐的东传和后来西凉乐的形成作出了贡献。北魏439年灭北凉统一中原后，龟兹乐第二次大规模东传，北魏统治者非常喜爱龟兹乐，据《通典》卷142载："宣武帝已后始爱胡

---

[1] 周菁葆：《丝绸之路的音乐文化》，乌鲁木齐：新疆人民出版社，1987年，第122页。

声。泊于迁都，屈茨（龟兹）琵琶、五弦、箜篌、胡筚、胡鼓、铜钹、打沙罗、胡舞铿锵镗锘，洪心骇耳。"此后的北齐帝王也对龟兹乐"皆所爱好"，以至"耽爱无已"。北周时，568 年武帝宇文邕向突厥可汗求婚，作为陪嫁，突厥阿史那公主带来一支由龟兹、疏勒、安国、康国等地 300 人组成的庞大西域乐舞队，再一次把西域优秀的乐舞艺术输入到中原。突厥公主带来的不少艺术家后来成为中国音乐史上的重要人物，其中贡献最大的是来自龟兹的音乐理论家苏祇婆。他把龟兹乐律"五旦七声"的理论传授给汉族音乐家。"五旦七声"理论的确立和运用，促进了中华民族乐律体系的完善，不仅为音乐确立了规范，而且对隋唐燕乐的发展产生了深远的影响[1]。隋唐时期，中原民间"家家学胡乐"，宫廷音乐也以少数民族音乐为主。隋文帝定"七部乐"，其中三部为西域乐。炀帝增为"九部乐"，西域音乐发展到五部。唐太宗定"十部乐"："龟兹、疏勒、安国、康国、高丽、西凉、高昌、宴乐、清乐、天竺凡十部"，西域乐占了六部，如果把"变龟兹声为之"的西凉乐也包括在内，则有七部[2]。而龟兹乐被称为"胡部之首"，占有重要地位。如果加上西域东渐的于阗乐、焉耆乐、突厥乐、悦般乐、黠戛斯乐、米国乐、史国乐、伊州乐等等，西域音乐占有绝对的优势。

新疆乐舞最值得称道的还有《十二木卡姆》。《十二木卡姆》是集音乐、舞蹈、诗歌三位一体的古典文艺，是在龟兹乐、疏勒乐、于阗乐等新疆古代乐曲长期发展过程中，吸收融合了阿拉伯、波斯等伊斯兰教国家的乐器、乐曲，逐步演变成的一种大型民间

---

1 杜亚雄、周吉：《丝绸之路的音乐文化》，北京：民族出版社，1997 年，第 4 页。
2 此西域为广义，包括葱岭以西中亚、印度。

套曲。共有 12 套大曲，每套组曲均由"琼拉克曼""达斯坦""麦西来甫"三部分组成，歌词多为名诗、歌谣或民间故事诗。在漫长的历史时期，木卡姆曾有两次大的系统整理。一次是在叶尔羌汗国时期，拉失德汗（1533—1560 年在位）与王妃阿曼尼莎罕亲自组织国内乐师、歌手和诗人，对唐宋就流传在民间的木卡姆进行收集和整理。但他们整理的《十二木卡姆》只有"琼拉克曼"一部。一次是在 1879 年，由喀什艺人艾里·赛里木和莎车艺人赛提瓦尔地所主持，增加了当地民间流行的"达斯坦""麦西来甫"两部，形成一种更大规模的音乐、诗歌、舞蹈套曲。《十二木卡姆》一直由艺人师徒口传心授，未曾著录。中华人民共和国成立后，政府两次派专家进行收集、录音，并于 1960 年正式出版，为《十二木卡姆》的广泛流传和传世创造了条件。2002 年又完成了《十二木卡姆》3 套音像资料。

3. 岩画壁画

新疆古代绘画、雕塑艺术非常辉煌，曾经对东西方文明产生过重要的影响。比如隋唐时期的于阗尉迟跋质那和尉迟乙僧父子曾在长安为质子，二人均善画，乙僧画佛像等"用笔紧尽，如屈铁盘丝""气正迹高"，被列于神品。他们的画法属凹凸派，立体感非常强，对中原的画法产生了极大影响。又如，新疆有大像窟，其中大型立佛比山西大同大型立佛约早一个世纪，比阿富汗巴米扬大佛或早一世纪，即使同时，数量也远多于它。学者认为："新疆大佛给予葱岭以西和新疆以东的影响，当比其他类型的石窟形制和壁画的影响更为重要。"[1]

由于篇幅关系，本节仅以岩画和石窟壁画作为游牧文化与农

---

1 宿白:《克孜尔部分洞窟阶段划分与年代等问题的初步探索》,《龟兹佛教文化论集》,乌鲁木齐:新疆美术摄影出版社,1993 年,第 91 页。

耕文化的代表，略作叙述。

新疆地区发现了数以万计的岩画。这些岩画大约自新石器时代（或说自旧石器时代晚期）至早期铁器时代，经历了漫长的历史岁月。这些岩画镌刻着古代猎牧民族上万年的生活，内容非常丰富，既有生殖崇拜、射猎、放牧、战争等等大型生产、生活场面的刻画，又有动物、植物、手足、日月等等具体形象的刻画。这些构图极其简单的岩画，往往具有丰富的文化内涵，它记录了西域原始人的成长，寄托着猎牧人的美好愿望，表现出他们的意识世界，展示出他们的民族精神、民族心理和民族性格。它们是早期草原民族文明的结晶，也是中华文明的宝贵遗存。

新疆生殖崇拜岩画有女性生殖崇拜岩画、男性生殖崇拜岩画、生命图腾崇拜岩画3个发展阶段，与人类社会发展的母系社会、父系社会、氏族社会3个阶段相一致。新疆呼图壁县康家石门子大型生殖崇拜岩画可视为生殖崇拜岩画的代表。在促使原始艺术发生的众多因素中，原始人的生命活动是最根本的动因。人类生命最重要的活动就是生存和繁衍，生殖崇拜岩画是这种生命活动的直接反映。

劳动创造了人，也创造了艺术。天山石壁上有大量的舞蹈岩画，生动逼真地表现了原始先民在劳动（主要为猎取猎物）过程中手舞足蹈的场景，体现了舞蹈起源于劳动的道理。

新石器时代父系制确立，男子作为艺术形象逐渐出现在岩画中。岩画中有男子射弓图，形体高度简化与抽象，射弓的形态与强有力的手臂、粗壮微曲的双腿，表现出生命的力量。新疆手掌岩画也非常特出。富蕴县唐巴勒洞窟岩壁、阿勒泰县夹西哈拉海洞窟内都有手掌形岩画。手创造了人类生存的物质条件，战胜了威胁人类生存的敌人，手是自身力量的符号，又是人与自然界作斗争的支柱，因此成为原始人崇拜和歌颂的对象。

动物与原始西域人的生产、生活密切相关，动物是西域岩画的主体形象。动物岩刻包含着古游牧民族对动物的敬仰、崇拜和依赖心理，又蕴涵着游牧民族对它们威胁人类生存的痛恨和诅咒心理。动物岩画中，羊岩画最多。羊是西域先民生活中不可或缺的一部分。在中蒙边界的北塔山库甫沟岩壁上刻有大量羊岩画，山羊、大盘角羊、小岩羊、羚羊千姿百态，栩栩如生，表现了游牧民族对羊的喜爱。马也是动物岩画中主要的形象之一。马在古代社会的作用非常大，交通、狩猎、战争都离不开马，而且马肉可食，因此是古西域人的第二生命。呼图壁康家石门子一块石头上凿刻着九匹奔驰的骏马，表现了游牧民族对马的深厚感情。

新疆日月岩画特别多。西域民族自塞种起，历匈奴、乌孙、车师、柔然、突厥等部落，莫不以太阳崇拜为其原始宗教观念的特征。新疆日月岩画的突出特点是把太阳放在至高无上的地位，如库鲁克山的兴地岩画在岩画顶端刻有一个太阳神，头形轮廓的头顶布满毫毛状物，既拟人化，又拟神化，高高在上，成为万物之神。

新疆岩画还有行猎的场面。这些岩画展示了古代西域人的生产、生活方式，也为我们断定岩画时代提供了线索。如温宿县以石球为武器行猎的岩画，使我们断定这是新石器晚期的岩画；而尼勒克县红十月乡岩画中狩猎工具是弓箭，其形状颇似现代的弓箭模样，则应是铁器时代的岩画。从岩画中可见，古代西域人狩猎的方式既有单人狩猎，又有双人狩猎，还有集体围猎。兴地峡谷中的围猎野牛图是原始行猎岩画中的上乘之作。

新疆巴里坤兰州湾子有四幅车辆岩画，巴里坤李家湾子有一处车辆岩画，这些车辆有两个车轮、四条车辐，车前有牛。专家认为，这种车辆形制很可能是匈奴形式，说明匈奴文化在新疆岩画中有遗存。而伊吾县及裕民县的车辆岩画中的车型则可能是丁零人的"高车"。这些都说明车在古西域民族的游牧生产中使用相当普遍。

新疆岩画还有反映争夺草场资源的战争岩刻。如哈密市东北沁城区的折腰沟岩石上，凿刻着一人骑马拿长矛，刺向一个徒步端弓射箭的人，反映的就是争夺草场的战斗。西域民族在血与火的战斗中成长壮大，各民族间的文化交流在战争中进行，西域民族精神中尚武崇勇的品质也在血与火的战争中锤炼形成。

新疆岩画中的形象具有原始、质朴、自然的风格特征。早期岩刻人物像逼真、精致，如康家石门子岩画，着意脸部细部雕刻，大眼高鼻、大嘴宽下巴，肩宽胯小，塞种人的基本特征表现得十分准确。动物岩刻均以侧身剪影为特征，尤重视头、角的刻画。兴地岩画中的鹿角线刻都是上乘作品。雕刻的技法纯熟，线条流畅，造型优美，意味深刻[1]。

新疆保留了许多石窟。这些石窟开凿于4—10世纪或11世纪，是1000多年来佛教艺术的遗存。这些石窟中龟兹石窟最负盛名。龟兹石窟包括克孜尔、库木吐拉、森木塞姆和克孜尔尕哈千佛洞，地点在今库车、拜城一带。佛教石窟一般包括建筑、雕塑和壁画三部分，龟兹石窟雕塑破坏严重几乎无存；建筑有多种形制的洞窟：有供礼佛的大像窟和中心柱窟，有供高僧讲经说法的精舍，有供僧尼起居的僧房，还有供禅僧坐禅的禅窟，等等；而艺术价值最高、保存相对完好的是壁画。

龟兹石窟壁画的题材主要有佛、菩萨、佛传故事、本生故事、

---

1 陈冬季、蔡宇知：《西域文化论稿》，乌鲁木齐：新疆美术摄影出版社，1999年版。

因缘故事、护法像、僧尼、供养人、伎乐人、禽兽动物、图案文饰等等。佛传故事记述的是释迦牟尼从降生到涅槃一生的事迹，本生故事说的是释迦牟尼成正觉之前的事迹。这两种故事在壁画中占有大量篇幅，有的佛传故事甚至形成长达 60 幅的连环画。这种强调积累业行寻求自我解脱（成佛）的内容，是早期佛教和小乘教的特点。克孜尔石窟是早期佛教和小乘教艺术的典型代表。小乘佛教注重禅修，克孜尔石窟壁画中有直接反映禅修的内容。如 47 窟绘有禅定佛，118 窟、92 窟、77 窟绘有僧人坐禅，背景为山峦、水池、树木、动物和伎乐等，画面上充斥着静与动的对比，衬托出坐禅的"心注一境"的境界。小乘教"云无十方佛，唯礼释迦而已"。克孜尔石窟壁画虽然题材内容、表现形式和绘画风格丰富多彩，但观念上比较单一，就是宣扬一佛一菩萨，着重塑造释迦牟尼的前世累行、现世业力和未来授记，也就是"唯礼释迦"。

龟兹石窟也有大乘佛教的题材，主要体现在库木吐拉的汉风洞窟中。库木吐拉石窟开凿年代晚于克孜尔石窟，但延续时间长于克孜尔石窟，大约到 10—11 世纪。专家们研究，库木吐拉石窟渭干河北部的窟群区 80 个洞窟中，汉风洞窟有 32 个，约占 2/5，壁画全毁无法判断的占 2/5，龟兹风洞窟占 1/5。所谓汉风洞窟，主要指壁画的题材内容、布局构图、人物造型、装饰纹样、绘画技法诸方面具有鲜明的中原地区的汉族佛教艺术风格，或受到中原佛教艺术强烈影响。比如经变画是唐代以来流行于中原地区的一种宗教绘画的表现形式，汉风洞窟不仅有经变画，经变画构图形式、人物形象、建筑、装饰等与中原同类壁画几乎完全一样，而且旁边多有汉文榜题。又如尊像图形象也完全是汉族式样，像旁也有汉文榜题。再如汉式千佛与龟兹风格千佛不同，装饰纹样

的运用，出现团花、卷草、茶花边饰及云朵等汉式图案，与龟兹
几何纹、各种变形忍冬纹迥然有别，另外还有汉式供养人像出现，
等等，这些都是典型的汉式风格。而经变画、千佛本身都是大乘
教的表现形式[1]。

汉风洞窟的出现，与唐朝在龟兹设立安西都护府、大量汉兵
屯戍、汉僧移居有着密切关系。唐前未有汉风洞窟。8 世纪末唐势
力退出西域，9 世纪上半叶吐蕃控制时期及其后回鹘统治时期，汉
风洞窟仍在继续开凿。79 窟是回鹘人开凿的，供养人像上方有汉、
回鹘、龟兹三种文字合璧书写的榜题，说明汉文化对后世的影响
是非常深远的。

龟兹石窟壁画不仅反映了新疆古代佛教思想及其发展变化，
而且也反映了当时的社会生产和生活。如克孜尔 175 窟中有两人
挥动坎土曼刨地，一人驱赶二牛抬杠犁地的画面；123 窟有烧陶的
画面。值得一提的是，石窟壁画还突出地反映了古龟兹乐舞的发
达。据不完全统计，在克孜尔、库木吐拉、森木塞姆等石窟壁画
中出现的乐器有 24 种之多，至于舞蹈形象，地下天上，俯仰即是。
龟兹石窟壁画既体现了宗教艺术，又富于世俗生活的气息。

克孜尔为代表的龟兹石窟壁画的形象的表现手法，主要是
"屈铁盘丝"般的线条与凹凸晕染法相结合，与中原画法有所不
同。另一方面，它的线条之紧劲而流动、笔墨之淋漓而豪放，又
与葱岭以西各国的画法大异其趣，形成了独立的艺术风格，成为
"所有中亚艺术中的一个顶峰"[2]。龟兹石窟壁画又是东西方文明的
荟萃。据专家研究，"从衣褶稠密重叠看出它对犍陀罗艺术的吸收，

---

1 马世长:《库木吐拉的汉风洞窟》，载《龟兹佛教文化论集》，第 287—330 页。
2 谭树桐:《丹青斑驳尚存金碧——龟兹石窟壁画欣赏》，载《龟兹佛教文化
论集》，第 124 页。

从柔润圆转的线条和凹晕染看出它对印度马土腊艺术和阿旃陀艺术的吸收，从人体健美、比例均衡看出它对希腊、罗马艺术的吸收，从构图严整、刻画腰骨的手法和宝冠绶带看出它对古代西亚和萨珊朝波斯艺术的吸收，而线条之紧劲连绵、明快流动，墨色和水分运用之活泼酣畅，形象之富于传神和动势，以及某些图案纹样，可以看出中原绘画艺术传统特征和气质。龟兹石窟壁画具有东西方艺术的某些特征，但绝不是模仿和揉和，而是经过创造性的熔铸，是真正的吸收，是东西方古文明和艺术的荟萃，创造出自己的艺术性格来"[1]。

新疆文化艺术的内容很丰富，如文学作品还有《真理的入门》，音乐艺术还有达斯坦，石窟还有柏孜克里克千佛洞，绘画还有出土的伏羲女娲图，等等。本节所举只是撮其要而已。但仅仅是撮其要，已能看出新疆文化艺术与中原文化的内在关系，已能反映新疆文化艺术是东西方文明的荟萃，已能说明新疆文化艺术是各族人民共同创造的精神财富。

---

1 谭树桐:《丹青斑驳尚存金碧——龟兹石窟壁画欣赏》，载《龟兹佛教文化论集》，第 121 页。

第三章

行省建制下的新疆

一、清朝统一新疆

1. 平定割据及内乱

1745年（乾隆十年），噶尔丹策零汗去世，准噶尔内部争权夺利，互相攻伐长达数年，严重削弱了汗国的实力。所属部众或厌战，或避乱，纷纷向东归于清王朝，为清统一西域、完成自康熙以来的未竟之业创造了条件。1755年（乾隆二十年）春，清军兵分两路，北路自乌里雅苏台西进，西路自巴里坤出击，约期会师于博罗塔拉（今博尔塔拉）。4月，两路会师；5月进占伊犁，清统一天山以北地区；8月，阿睦尔撒纳因未获准成为准噶尔四部大汗发动叛乱，伊犁失守，定北将军班第以下500余众遇难。次年初，清军出兵平叛，仍以西、北两路分兵推进；3月，会师伊犁，阿睦尔撒纳出逃俄罗斯，清军收复天山以北地区。

1755年5月，曾被准噶尔扣押在伊犁数十年的天山以南维吾尔人首领大和卓博罗尼都、小和卓霍集占两兄弟前来军营，表示愿率属下30余户投顺清政府。喀什噶尔巴喇特和卓也来军营归附，并表示愿率兵协助清军招抚和统一天山南路。清本拟送大和卓博罗尼都往北京朝觐，留小和卓霍集占于伊犁照管部属，清军则分兵前往天山以南驻防，但阿克苏阿奇木伯克阿不都等向清政府请求，让大、小和卓回天山以南招抚和管束维吾尔人。于是清廷决定，改派大和卓博罗尼都前往阿克苏，并组织一支由清军、归附的准噶尔部队及维吾尔人组成的混合军队，随同博罗尼都前往南疆招抚和驻防；小和卓仍留伊犁。阿睦尔撒纳叛乱后，小和卓附逆。清军出兵平叛，霍集占畏惧，逃到天山南路，进而鼓动大和卓反清。1757年（乾隆二十二年）4月，霍集占自称巴图尔汗，公开反清作乱，杀害前来宣抚的清军副都统阿敏道及兵士百余人。随后，建立了政教合一的专制政权。次年初，清军出兵天山南路。9月，在当地维吾尔人民的支持下，清军兵不血刃进驻阿克苏、乌什两城。1758年（乾隆二十三年）5月，以随军的库车阿奇木伯克鄂对招抚和田。次年7月，冲破大、小和卓的顽抗，进占叶尔羌、喀什噶尔两城。大、小和卓出逃，被巴达克山首领擒杀。天山以南遂告平定，西域统一。西域始称"西域新疆"或"新疆"，其中有"故土新归"之意。

清统一新疆后，通过实地调查与测绘，把西北边疆的山川地理和四界所至载入《西域图志》《大清一统舆图》等官方图籍，确立版图，昭示中外。新疆西部沿边地区分别由伊犁将军下属驻塔尔巴哈台、伊犁、喀什噶尔三处的参赞大臣管理[1]。塔尔巴哈台参赞大臣治所雅尔（今乌尔扎尔，现属哈萨克斯坦。1767年内迁至楚呼楚，即今新疆塔城市），管理疆界地段自额尔齐斯河之铿格尔图喇，往西经喀尔满岭（卡尔宾山）转向西南，经爱古斯河（阿雅古斯河）至巴尔喀什湖北岸东端。伊犁参赞大臣治所惠远城（今新疆霍城县境内），所辖疆界地段自巴尔喀什湖北岸东端，沿湖北岸往西至吹河（又称楚河），转向西南至塔拉斯河，再转向东南过哈喇布拉岭至纳林河。喀什噶尔参赞大臣治所徕宁城（今新疆疏

---

1 《清季外交史料》道光朝四。

勒县），所辖疆界地段自纳林河往南，经噶布兰、苏提布拉克两山岭（位于古里察与鄂什之间）至阿赖岭，沿阿赖岭往南至帕米尔南之喷赤河上游。清政府对新疆西部疆界制定了严密的巡边制度，规定每年秋天各参赞大臣分派一支数百人的巡边部队在规定的地点会哨[1]。

2. 建立军府制度

清政府最高决策层对统一后新疆的善后经营十分关注。乾隆帝一再要求有关官员要站在"西北塞防乃国家根本"的高度，立足久远，妥善筹划，即所谓"伊犁既归版章，久安善后之图要焉，已定者讵宜复失"[2]。经过君臣上下反复商讨，决定治理新疆的大政方针是：政治上设官分职；军事上驻扎大军；经济上屯垦开发、以边养边。

1762年（乾隆二十七年）10月，清廷正式宣布在新疆设立总统伊犁等处将军（简称伊犁将军），上谕："伊犁为新疆都会，现在驻兵屯田，自应设立将军，总管军务。"[3]伊犁将军为清政府在新疆的最高军事、行政长官，驻节伊犁惠远城，代表清廷中央总揽全疆各项军政事务。

作为军政合一的全疆管理体制，军府制度的职能包括军务与民政两大部分；从施政内容看，涉及政治、军事、经济、财政、人事、司法、外交各个方面；从施政方式看，军事事务多由各军政大臣直接掌管，民政事务则在军政大臣主持或监督下，交各地民政官员具体办理。伊犁将军主要职能可分7个方面：（1）统率驻军、保持武备；（2）考察民吏、定其升迁；（3）屯田置牧、组织生

---

1 1919年以前阿勒泰地区尚未划入新疆。

2 《钦定新疆识略》《清高宗实录》。

3 《平定准噶尔后勒铭伊犁之碑》。

产;（4）核征赋税、奏调经费;（5）管理台卡、巡边守土;（6）办理王公入觐事务及藩属事务;（7）处理对俄事务。

同年 10 月，明瑞被授为首任伊犁将军。伊犁将军之下设参赞大臣（都统）、领队大臣、办事大臣等职，分驻天山南北各地，管理本地军政事务。各级军政长官的分布，根据形势和治理需要，在不同时期有所变化，到乾隆末年，新疆军政大臣建制基本定形，其结构层次如下表所示[1]。

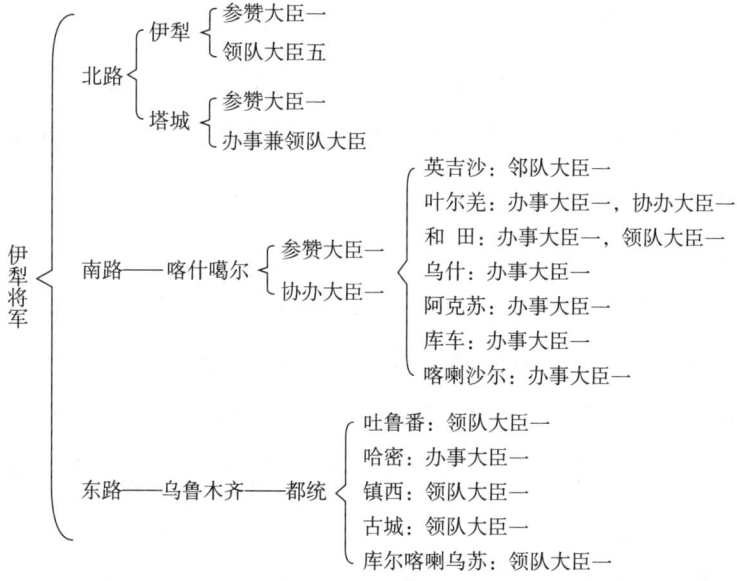

新疆各级军政大臣的建制大体上遵循以下原则：一是官员配置北重南轻，军政重心在北疆；二是将全疆划分三大地理单元，北路伊塔地区归将军直辖，南路八城和东路乌鲁木齐地区（北疆库尔喀喇乌苏以东，南疆吐鲁番以北）分别由喀什噶尔参赞大臣和乌鲁木齐都统分别管理，听伊犁将军节制；三是视地方之要冲繁难程度，分别派驻不同级别军政官员，战略要区委以都统、参赞大臣，其余各城，大者派驻办事大臣，以协办大臣辅佐，小者

1 《钦定新疆识略》。

派驻领队大臣。

3. 民政管理系统

清政府针对新疆的地方、民族特点，因俗施治，因地制宜，在军政长官管辖下，分别建立起三种不同的民政管理系统。

（1）州县制度。主要施行于北疆各地及南疆东部内地民人移居较多地区。1773年（乾隆三十八年），清政府在巴里坤置镇西府，附府建宜禾县，改乌鲁木齐为迪化州，置昌吉县，均归镇西府管辖。不久将巴里坤道移驻乌鲁木齐巩宁城，设镇迪道，升迪化为直隶州，领昌吉、阜康、绥来（即玛纳斯）三县，呼图壁巡检一、济木萨尔县丞一；以镇西府治宜禾、奇台二县，吐鲁番、哈密二厅；又设库尔喀喇乌苏、精河、喀喇巴尔噶逊粮员各一，北疆州县体制至此大备。

清政府对镇迪道及所属州县采取双重归属体制，一方面在行政建制上就近划入甘肃省，令陕甘总督辖制；另一方面在军事体制及政务管理上命乌鲁木齐都统管理，伊犁将军节制。

（2）伯克制度。伯克一词本意为首领，伯克制为新疆维吾尔社会固有的政治制度。清朝统一天山南北后，对南疆各城和北疆伊犁维吾尔族聚居区因俗而治，在沿用其制的同时加以改造，使伯克制度成为清政府在当地以管理维吾尔人为主的一种基层行政体制。

1759年（乾隆二十四年）以后，清政府遵循乾隆帝一俟南疆平定，"仍循其旧制，各城分设头目，统于驻扎伊犁之大将军"[1]方针，先后任命了南疆31个城镇地区大小260余名各级伯克，"各取其名，各司其事"。据《西域图志》《西域同文志》《新疆回部志》

---

1 《清高宗实录》卷571。

等书记载，改革后被保留下来的伯克职名约有 35 种左右，其中主要的有 15 种："曰阿奇木，总理一城；曰伊沙罕，协办阿奇木事；曰商伯克，管理租赋；曰哈子，管理刑名；曰密刺布，管理水利；曰讷克布，管理匠役；曰帕察沙布，查拿盗贼；曰茂特色布，承办经教；曰木特翰里，管理田宅；曰都官，管理馆驿；曰巴齐格尔，管理税课；曰阿尔巴布，派差催科；曰市珲，协办都官事；曰巴克迈塔尔，专管园林；曰明伯克，其职如千总"[1]。清政府为了加强中央集权，减少乃至消除可能产生的离心倾向，对伯克制度进行了改革。首先，废除伯克世袭，由朝廷任免升调；其次，选任标准强调对清政府的效忠态度，对统一战争中立有军功者，受封爵秩者优先；第三，实行回避制度，高中级伯克回避本城，下级伯克回避本庄；第四，制定品级，颁发印记，伯克品级自三品至七品不等，按品级享受规定数量的养廉地、燕齐农民（种地人）和养廉银；第五，各城伯克均统于当地驻扎大臣，各城大臣有权监督、过问乃至直接参与民政事务，决定伯克的升迁黜陟。因此，在清政府推行的伯克制度中，伯克身份已发生重大变化，从原来的贵族官僚转变为清政府的基层官吏。

（3）札萨克制。施行于新疆的卫拉特蒙古诸部落。1771年（乾隆三十六年），土尔扈特部在渥巴锡领导下举族东归，乾隆诏命渥巴锡所部设十札萨克，分乌讷恩素珠克图南北东西路四盟十二旗，称旧土尔扈特；舍楞所部设二札萨克，建青塞特奇勒图一盟三旗，称新土尔扈特；随渥巴锡归来的和硕特恭格所部设三札萨克，建巴图色特奇勒图中路盟三旗。旧土尔扈特十二旗与和硕特恭格部三旗游牧于喀喇沙尔、和博克萨里、库尔喀喇乌苏、精河等地，隶当地大臣兼辖，受伊犁将军节制。新土尔扈特部三旗游牧于科

---

1 《清高宗实录》卷 593。

布多，与早年投归清廷、游牧于乌兰古木的杜尔伯特部赛音济雅哈图左右翼二旗十六盟归科布多大臣管辖。

札萨克制是清政府在漠南、漠北蒙古各部广泛实行的一种因俗而治的行政管理体制。蒙古部众编旗设佐，每旗设札萨克一人总管亦即旗长，一旗或数旗合为一盟，设立盟长。札萨克可以世袭，对所辖本部事务有较充分的自由权，但必须经清廷任命，并服从理藩院的各项政令。

札萨克制在农业地区的哈密、吐鲁番也曾实行。1697 年（康熙三十六年），清廷诏封哈密回王额贝都拉为札萨克一等达尔汗，并编旗队。1732 年（雍正十年），封吐鲁番回王额敏和卓为札萨克辅国公，编制旗队，均各为一旗，下设管旗章京、佐领等官职。乾隆以后，仍沿旧律。不过哈密、吐鲁番札萨克的册封主要是基于这两处封建主率先投附清廷的政治态度，带有褒奖色彩。

4. 社会经济的繁荣

清统一新疆后的 60 余年，是新疆社会稳定、经济发展的繁荣时期。这一时期，清政府在新疆采取了多种经济制度和政策，促进经济的发展。农业方面，实行屯田，包括兵屯、旗屯、犯屯、民屯和回屯；对北疆的自耕农和南疆实行休养生息的政策；兴修水利等。新疆农业取得显著成果，1782 年（乾隆四十七年），仅伊犁各仓内储粮即达 50 多万石。因存粮过多，不得不暂时将兵屯数量减少 2/5。在畜牧业方面，清政府在天山南北广设牧场，由驻军管理，主要服务于军事、屯田和交通。这一时期新疆农业生产发展迅速，劳动力与生产技术的投入、播种面积、粮食与经济作物产量等都超过了以往任何时期。

在交通运输和商业方面，清政府筑路修桥，保障新疆与各地之间的道路畅通，贸易因此快速发展。北疆和哈萨克的贸易成为新疆的主要对外贸易；内地至新疆的商路分北路和西路，常年保持通畅，内地沿海和南方的货物都可经西路或北路贩至新疆，新疆的货物也可在内地各省见到；南疆与中亚各地以及西藏等地也都保持着传统的贸易。

社会经济的发展促使更多的关内人民举家迁入新疆，边疆人口增长，城镇商业贸易进一步繁荣。乌鲁木齐时为"四达之区，字号店铺鳞次栉比，市衢宽广，人民辐辏。茶寮酒肆、优伶歌童、工艺技巧之人无一不备，繁华富庶，甲于关外"[1]。伊犁城内"商民阗阓，民乐田畴。轮蹄懋迁，货殖平准。村落毗接，鸡犬相闻。昔年荒服之区，今悉无殊内地矣"[2]。但是，19世纪上半叶，随着外部条件的变化和内部社会矛盾的逐渐激化，新疆的社会动荡日益频繁。

二、内忧与外患

1. 从反清起义到封建割据

鸦片战争后，中国步入半殖民地半封建社会，清王朝国力日衰，对新疆的治理表现出力不从心和鞭长莫及。地方官员为了维护统治，加强了对各族人民的政治压迫和经济剥削，由此使各类社会矛盾日趋激化，人民的反抗斗争日益强烈。在太平天国运动和陕甘回民起义的影响下，1864年新疆爆发了声势浩大的反清起义。是年6月，在库车渭干河水利工地上，一批无力缴纳粮赋的农民不堪忍受劳累和折磨，举行起义。库车的各族农民群起响应，起义军攻入城内，杀死了库车的办事大臣等封建官吏及8名伯克，

---

1 （清）椿园：《西域记》卷1，第6页。
2 （清）格琫额：《伊江汇览》，第37页。

推翻了清朝政府在库车的统治。库车人民斗争的胜利极大地鼓舞了附近各地人民的反封建斗争。旬日之间，布古尔（今轮台）、拜城、库尔勒、喀喇沙尔（今焉耆）人民纷纷举行起义，斗争烈火越烧越旺。

1864 年 7 月 15—16 日，乌鲁木齐爆发起义，起义领导人为河州（今甘肃省临夏）阿訇妥明（妥得璘）和当地绿营署理中军提标参将索焕章。起义军当日占领了汉城（迪化城），包围了满城（巩宁城），并向邻近地区发展。昌吉、奇台、木垒、绥来（今玛纳斯）、库尔喀喇乌苏（今乌苏）等地回族人民闻风响应，相继攻占各地。1865 年 1 月 27 日，塔城的各族人民在苏玉得的领导下，抢夺库存枪炮，攻打城垣，也发动了起义。

清朝政府在新疆的统治中心伊犁的各族人民于 1864 年 11 月 10 日发动起义。起义军先后攻占宁远（今伊宁）、惠宁（在今巴彦岱）、惠远（在今霍城县惠远古城之南）等城，伊犁将军明绪自杀。接着，起义军占领伊犁全境。其后，在阿勒泰地区的布伦托海，当地屯田难民在李俊的领导下也发动了起义。

在各地反清起义的直接影响下，喀什、和阗地区动荡不安。1864 年 7 月，英吉沙尔的中营守备蓝春发、喀什噶尔中营把总王得春等联合当地人民举行起义，白山派宗教头目托合提·马木提·艾来姆乘机称王。不久，柯尔克孜族头目思的克率兵攻占了喀什噶尔城，赶走了托合提·马木提·艾来姆。和阗阿奇木伯克之子艾则孜是拜城的阿奇木伯克，库车起义后，他潜回和阗，鼓动起义，并推举宗教头目哈比布拉为首领，称"帕夏"。

这样，清朝政府在新疆的统治几乎全部被摧毁。除哈密、巴里坤等一小部分地区仍被清朝政府控制之外，其他地区大多为起义队伍占领。

轰轰烈烈的反清起义摧毁了清朝政府设在新疆的行政机构，冲击了反动的封建农奴制度，镇压了一批作恶多端的封建官吏和王公伯克，推动了新疆地区社会历史的发展。但是，它的教训也是深刻的。由于起义多是由人民群众自发进行的，没有统一的指挥和严密的组织，而且还多带宗教和民族的偏见，所以很快被封建主和一些宗教头目利用，并迅速改变了起义的目的和性质。

在库车，农民起义军占领库车城后，热西丁和卓利用他在宗教界的权势和地位，骗取了广大信教群众的信任，取得了领导权，自称"汗和卓"。接着，他派兵西征阿克苏、乌什，东征吐鲁番、鲁克沁等地，形成了一大封建割据势力。

乌鲁木齐地区的起义领导人妥明也自称"清真王"，掌权后作威作福，鱼肉乡里，并开始扩充地盘，战火一直烧到吐鲁番附近。伊犁起义队伍领导集团则是内讧不已。混入起义队伍的封建领主为争夺"苏丹"权位而互相谋杀，一年半之内连续换了四个"苏丹"。

由于起义领导权被封建领主和宗教头目篡夺，他们又各自为政，因而形成了几个地方封建割据政权。各封建割据政权为转移群众的斗争目标，竭力煽动民族仇杀，使非信仰伊斯兰教的各族群众脱离了起义队伍。另外，各封建割据政权之间的相互攻讦也削弱了自身的防卫力量，这就为浩罕和沙俄的入侵造成了可乘之机，从而给新疆各族人民带来了更深重的苦难。

2. 浩罕入犯南疆

19世纪初，中亚南部的浩罕步入强盛并建立汗国。浩罕当时又是中亚伊斯兰教的中心，其统治阶级包括世俗的乌孜别克族明格氏贵族封建主与伊斯兰和卓家族为首的宗教集团两部分。当地的伊斯兰和卓家族与新疆和卓势力关系密切。19世纪20年代，国势强盛的浩罕开始向四外扩张势力，与其毗邻的新疆南部地区首当其冲，而流亡在境外的新疆和卓势力成为其扩张的工具。1820—1828 年，新疆和卓后裔张格尔在浩罕的支持下，先后 4 次入犯新疆沿边作乱。其中 1826 年在浩罕万余军队的支持下，攻陷新疆南部重镇喀什噶尔及英吉沙、叶尔羌（今莎车）、和田四城。是年 8 月，清调集内地各省 3 万多官兵，以伊犁将军长龄为扬威将军，统兵进剿，至次年四月收复四城。1828 年初，张格尔第四次入犯新疆失败后被擒获正法。此后 30 年间，浩罕仍多次支持其境内新疆和卓后裔侵犯和骚扰南疆。其中规模较大的有 3 起，即 1830 年"玉素甫之乱"、1847 年"七和卓之乱"、1857 年"倭里罕和卓之乱"。

1865 年初，浩罕乘新疆爆发反清起义之际，派遣军官阿古柏伯克挟持新疆和卓后裔布素鲁克入侵新疆。至 1867 年 6 月，先后占据南疆七城，建立"哲德沙尔"侵略政权。继而侵入北疆乌鲁木齐、玛纳斯等地。阿古柏依靠一批浩罕封建上层权贵、军事头目，打着"圣战"的宗教旗号，利用当时南疆起义者之间的矛盾，建立起了对南疆各族人民的残暴统治。军队和封建宗教是阿古柏"哲德沙尔"政权的两根支柱。阿古柏网罗了一支 6 万多人的军队（相当于清朝政府在南疆驻军的 4 倍多），支撑其对占领区内各族人民的统治和奴役。他又在南疆实行军事封建采邑制，把侵占的土地分封给军队管理。各族人民成为土地受封者的农奴，负担着名目繁多的各种赋税和徭役，3/4 以上的劳动成果被侵略军巧取豪夺。阿古柏政权的另一支柱是宗教势力。在入侵新疆的战争中，阿古柏打着"伊斯兰教解放者"的旗号，把侵略战争鼓吹为伊斯兰"圣战"。其后，阿古柏又把自己装扮成伊斯兰教的捍卫者，在占领区内强行推广伊斯兰教法典，强化和扩大宗教法庭的权力，以宗教统治替代行政管理，以伊斯兰教教规禁锢各族人民。阿古柏还大力扩展伊斯兰教寺院的土地和财产，给予各地宗教势力以广泛的权力，利用宗教束缚各族人民，借以维护自己的统治。

阿古柏在新疆各族人民的尸骨上筑起了荒淫的"天堂"。供阿古柏父子寻欢作乐的宫殿、行宫遍布南疆。被掠夺的 600 多名各族少女充作后宫，供他们淫乐。奴隶制在南疆重演，沦为奴隶的劳动人民在喀什噶尔、叶尔羌等地的专门市场上出售，每名售价不超过 10 天罡。阿古柏本人即役使着 3000 名以上的奴隶。

在阿古柏统治期间，新疆大部分地区沦陷，数十万生灵涂炭，社会经济遭受到严重破坏。但各族人民并没有屈服于阿古柏的奴役，反抗侵略的斗争此起彼伏，接连不断。1876 年，清军出兵西征，在各族人民的支持下，于 1878 年驱逐阿古柏势力，收复新疆。而此前浩罕已被沙皇俄国兼并，1868 年被迫同沙皇俄国签立条约，成为其附属国；1876 年沦为沙俄的费尔干纳省。

3. 宗教狂热升温

伊斯兰教东传以后，浩罕一直是中亚伊斯兰教的中心，其世俗的封建统治者在对新疆实行军事扩张中，打着宗教旗号、煽动和借助宗教狂热是主要手段之一。首先是利用流亡在中亚的新疆和卓残存势力对新疆进行宗教渗透，进而煽动宗教狂热。和卓一般被认为是"圣裔"，即穆罕默德的后代。在伊斯兰教盛行的中亚，和卓既是人们的精神领袖，又控制着世俗政权。18 世纪中期以后，随着世俗封建主权力的增强，和卓的势力有所限制和削弱，但和卓家族仍然占有统治地位，拥有很大的权势。新疆和卓是中亚和卓家族的一个分支，以后逐渐本土化而形成新疆和卓家族集团。清平定大、小和卓之乱后，残存的新疆和卓家族势力越境逃往中亚。清政府在当地实行了军府制与伯克制相结合的治理方式和政教分离的政策，将新疆的伊斯兰教纳入政府的管理和控制之中，规范了各种宗教活动，由此为政治和社会的稳定创造了条件。

外逃的新疆和卓家族大部分流亡在浩罕。至 19 世纪上半叶，仅浩罕一地流亡的新疆和卓后裔即达 200 多人[1]。起初，浩罕出于伊斯兰教义，一直容纳和收养着这批和卓后裔；当其国力强盛并开始向外扩张时，这些和卓势力就成为入犯和蚕食新疆的工具。因此，浩罕在需要时，甚至不惜从中亚其他地区网罗沦于乞讨的新疆和卓后裔。这些和卓后裔虽然大多只是浩罕向新疆南部进行军事扩张的傀儡，正如 1830 年被推出的和卓后裔后裔玉素甫所直言："我到喀什噶尔去，连一个高粱馕都不值"[2]，但浩罕对新疆和卓势力长年的豢养、利用和宣传，实际上构成了对毗邻的新疆南部长期的宗教渗透，并由此频繁地蛊惑和煽动着南疆的宗教狂热。

其次是利用和卓后裔，将向新疆的军事扩张鼓吹成"圣战"。自公元 10 世纪伊斯兰教传入，新疆历史上已有两次大的"圣战"运动（或称之为"圣战"高潮），其表现形式是利用"圣战"进行武力传教。第一次是在公元 10—11 世纪，伊斯兰教传入喀什噶尔后，以"圣战"的名义向以佛教信仰为主的于阗等地武力推进，形成长达百年的"宗教战争"。第二次是公元 14 世纪后半叶至 15世纪初，伊斯兰教在突厥化了的蒙古人中武力传播，其中典型的案例是东察合台汗秃黑鲁·帖木尔强制 16 万人改信了伊斯兰教。15 世纪初，伊斯兰教通过"圣战"式的武力传播，最终在新疆确立了统治地位。这两次伊斯兰"圣战"运动，名为对异教徒进行"圣战"，实则是世俗政权利用伊斯兰教争夺和巩固霸主统治权的斗争。伊斯兰教在新疆确立统治地位后，"圣战"运动便偃旗息鼓

---

1 瓦里罕诺夫：《瓦里罕诺夫著作选集》（俄文版），阿拉木图，1958 年，第523 页。
2 《清季外交史料》道光朝四。

了。事隔 400 年后，浩罕在挟持和卓后裔入犯新疆之时，再次打出了"圣战"的旗号，煽动宗教狂热，裹胁众多淳朴虔诚的信徒为他们的扩张行径卖命。1865 年初，浩罕军官阿古柏利用新疆爆发反清起义的时机入侵南疆，在这场侵略战争中，"圣战"被推向高潮，在"为真主而战"的叫嚣中，成千上万的所谓异教徒（包括非穆斯林群众和反对其侵略行径的穆斯林群众）惨死在阿古柏军队的屠刀下。

自 19 世纪 20 年代至阿古柏入侵者被驱逐的 50 余年间，在浩罕的渗透和蛊惑下，新疆的宗教狂热不断升温，伊斯兰"圣战"愈演愈烈（其中也有 1864 年新疆反清起义中出现的宗教狂热的因素）。1878 年初，清军收复新疆，驱逐阿古柏入侵势力。此后虽然用军事手段遏制了宗教狂热和"圣战"，但其给新疆社会发展造成的危害和遗留在各族人民心理上的创伤却长期难以根除。

4. 沙俄侵略新疆

18 世纪中期以后，俄国加快了对中亚哈萨克地区的兼并步伐。1822 年，俄国政府颁布《西西伯利亚吉尔吉斯人条例》[1]，对哈萨克地区的兼并基本完成。俄国势力开始逼近新疆西部疆界，19 世纪20 至 30 年代，俄国多次侵入新疆巴尔喀什湖以东以南地区。清政府或派兵驱逐，或照会抗议，迫使俄国退出其侵占的新疆西部沿边地区。

1840 年，鸦片战争爆发，在西方列强的入侵下，中国开始沦为半殖民地半封建社会。俄国利用清王朝国势衰落，复于新疆沿边展开蚕食扩张。1844—1847 年，俄国军队先后数次侵入新疆巴尔喀什湖以东阿拉套山一带，建立了科帕尔堡（今卡帕尔），控制

1　当时欧洲人称哈萨克人为吉尔吉斯人。

了由俄国谢米巴拉金斯克南下通往新疆喀什噶尔和中亚浩罕、塔什干的要冲。1854 年，俄国军队又侵入新疆伊犁河中游以南地区，在古尔班阿里玛图建立了维尔内堡（今阿拉木图）。科帕尔堡和维尔内堡的建立，奠定了俄国"占领新疆外伊犁地区的基础"[1]。在 19世纪 40 年代至 50 年代末不到 20 年的时间内，俄国通过武装入侵、构筑军事堡垒、强行移民等手段，不断入侵和侵占新疆巴尔喀什湖以东以南地区，进而企图通过不平等条约，使其占有的中国领土合法化。在此期间，1851 年清政府被迫签订了《伊犁、塔尔巴哈台通商章程》，对俄国开放伊犁惠远城和塔尔巴哈台绥靖城。《伊犁、塔尔巴哈台通商章程》是中俄关系史上第一个不平等条约，它虽是一个通商条约，但对于俄国向新疆的扩张具有重要促进作用。正如沙俄殖民者所称，《伊、塔通商章程》"不仅是在商业关系上，而且在政治关系上也具有重要的意义，它成为深入中亚细亚继续进攻活动的强有力的动机"[2]。

1856—1860 年，英法发动了第二次鸦片战争。1860 年 10 月，英法联军攻入北京，俄国以调停有功，强迫清政府订立了不平等的中俄《北京条约》，其中第二条规定中俄分界以新疆境内的山河、湖泊及常驻卡伦作为划界标志，迫使中国对俄割让巴尔喀什湖以东以南领土。1864 年 10 月 7 日，清政府代表被迫在中俄《勘分西北界约记》上画押。这一不平等条约将北起阿穆哈山，南达葱岭，西自爱古斯河、巴尔喀什湖、塔拉斯河一线，东临伊犁九城、塔尔巴哈台绥靖城总面积数十万平方公里的中国西部领土划入俄境，其中 3/4 以上在新疆西部。同时，条约又规定：地面分在

---

1 （俄）M.N. 维纽科夫：《俄属亚洲边区旅行记》，彼得堡出版，1868 年，第121 页。
2 （俄）伊·费·巴布科夫：《我在西西伯利亚服务的回忆》（中译本），北京：商务印书馆，1973 年，第 142 页。

何国，其人丁即随地归为何国管辖。大批原新疆西部游牧民族和定居人口被强行划归俄属。

1871年5月15日，俄国借口伊犁苏丹政权收留哈萨克阿勒班部落首领塔扎别克，向伊犁发动进攻。伊犁军民不畏强暴，勇敢出击，甚至迂回包抄进犯之敌，与俄军多次白刃肉搏，但终因武器简陋，俄军于7月4日占领宁远城。

俄军侵占伊犁后，曾一度想扶植一个傀儡政权，但最终选择了由俄国占领军直接统治的方式。新占领的伊犁地区划归俄国谢米列奇省驻军司令部管辖，全部占领区被划为4个管区，由俄占领军官员充当各管区的头目。随着军事占领的强化，俄国在当地不断侵夺中国主权，企图永久霸占伊犁。

沙俄占领军在伊犁的种种倒行逆施，激起各族人民的强烈反抗。占领区内的满、汉、索伦、察哈尔、锡伯、厄鲁特各营暗中准备驼马器械，盼望清军早到，共图收复；维吾尔、回等各族人民也思念祖国，立誓与清军携手战斗，驱逐入侵者；更有众多的反抗者逃离沙俄的禁锢，或北上塔城，或东来库尔喀喇乌苏（今乌苏县）直接参加清军队伍，表明了新疆各族人民不畏强暴、同仇敌忾反抗沙俄侵略的决心和维护祖国统一的坚强信念。

1881年（光绪七年），中俄签订《伊犁条约》，清政府收回了伊犁，但是被迫同意割地、赔款、允让通商权益，并允许俄国在沿边及乌鲁木齐等5处设立领事。

在沙俄侵略中国新疆的同时，英国也加紧其侵略新疆的步伐，新疆成为英俄中亚角逐的一部分。19世纪后半叶，随着俄国对中亚各国兼并的完成，俄、英在中亚的殖民争夺日益激化，几乎达到动用武力的地步。后双方各有利害，不得不予以妥协。1872—1873年，英俄就阿富汗西部边界的划分达成协议；1887年俄、英再次明确了阿富汗北部的边界，即双方以阿富汗北部边界为势力范围分界。在这以后，俄、英两国都把注意力转向了夹在英印领土与俄属中亚之间的中国帕米尔地区，谁占有了帕米尔，谁将在中亚争霸中获得主动权。自19世纪80年代末，俄、英两国在中亚的争霸再次加剧，由此形成了俄、英争相侵夺中国领土的所谓"帕米尔问题"。

1890年初夏，英国率先指使阿富汗傀儡军强占中国的苏满卡伦，继而提出与清朝政府划分中国与阿富汗在帕米尔的分界，企图迫使中国割让苏满地区。清政府声明，"帕米尔系中国地界"，拒绝与英国谈判划界。

1892年1月和3月，俄国连续召开两次御前特别会议，决议出兵强占帕米尔。6月，先诱迫清军撤退了帕米尔的守军，随即以1500多人组成的特遣部队侵入帕米尔，俄军一路破坏中国哨卡，驱赶守卡官兵，不仅强占了《中俄续勘喀什噶尔界约》规定的"待议区"，连同界约规定的中属帕米尔部分也一并侵占。至10月，俄军占领了萨雷阔勒岭以西2万多平方公里的中国帕米尔领土。沙俄强占帕米尔后，提出要求谈判帕米尔分界。清朝政府被迫同意俄方的要求，但声明分界谈判必须以《中俄续勘喀什噶尔界约》为依据。1894年4月11日，俄方提出暂停会议，要求维护帕米尔现状，两不进兵，以待将来谈判解决。当时，甲午战争迫在眉睫，清朝政府无力西顾，被迫同意俄方的要求，但在给俄方的正式照会中声明了中国关于帕米尔问题的立场：中国虽同意暂停会议，但按照《中俄续勘喀什噶尔界约》中国应得一切权利，不能因不进兵稍有减损，即中国保持对于目前由中国军队所占领以外的帕米尔领土的主权及以《续勘喀什噶尔界约》为根据的权利，直到达成一个满意的谅解为止。由此表明中国关于帕米尔划界的立场不变，暂停会议并不表明终止目前的谈判。

俄方在与清朝政府谈判期间，又暗中与英国秘密谈判私分中国帕米尔。1895 年 3 月 11 日，双方背着清朝政府签订了《英俄协议》，协议规定了英、俄在帕米尔的"分界线"，将中国帕米尔分成两部分，南部的瓦罕帕米尔"划归"英国势力范围，其余郎库里帕米尔、阿勒楚尔帕米尔、大帕米尔、小帕米尔及萨雷兹帕米尔的一部分"划归"俄国。《英俄协定》是两个帝国主义列强背着清朝政府瓜分中国帕米尔领土的分赃协定，历届中国政府从来没有承认过，因而是非法和无效的。

三、建立行省制度

1. 设立善后局

1878 年初，清军收复了除伊犁以外的新疆大部分地区。在战乱和外寇的蹂躏下，新疆已是满目疮痍，面目全非。到处是残垣断壁，榛莽丛生，十室九空，举目凄凉。各地旧有的地方政权荡然无存，一时难以复立，此时的新疆可谓百废待举。清朝政府为恢复和发展新疆的社会经济，首先从重建治理机构入手，设立了临时政权机构——善后局。其基本任务就是医治战争创伤，恢复社会生产，同时代行基层政权的职责。善后局始建于乌鲁木齐，随着军事上的节节推进，清军不断派遣随营文武官员分赴各城，次第设立善后总、分各局，开办户口清理、清丈土地、招民屯垦、征收粮税等项事宜。至 1883 年底，新疆共设立善后总局 2 个，南疆东四城善后总局驻阿克苏，西四城善后总局驻喀什噶尔。善后局 10 个，分驻喀喇沙尔（今焉耆）、库车、阿克苏（东四城善后总局兼）、乌什、喀什噶尔（西四城善后总局兼）、英吉沙、叶尔羌、和田、吐鲁番、乌鲁木齐。善后分局 3 个，分驻沙雅尔、拜城、玛纳巴什（今巴楚）。善后总、分各局统归清军总指挥刘锦棠节制，各地驻防清军在善后局的安排下，积极参加当地的各项善后和恢复社会生产的工作。一支数万人的西征大军，在收复新疆后即刻成为一支善后和恢复生产的生力军，这是新疆战后重建工作得以顺利开展的重要保证。在清朝政府的统一安排下，各地善后局主要开展了以下几个方面的工作：

（1）招民垦荒、恢复农业生产。招民分两种方式，一是招抚流散人口，妥善安置，拨给农具籽种，认领土地；二是裁汰西征各军中的老弱士卒及新疆地方军队，鼓励军中有妻室者解甲归田。随着务农人员的不断增加，新疆各地农业生产得以恢复。

（2）清丈土地，制定税收政策。各善后局派员清丈各户承垦耕地面积，评定地亩肥力，并按地亩肥力将耕地划分为上、中、下三等，每年秋后按不同等级缴纳赋税。各地税率均低于旧制，有利于恢复生产。所有赋税由善后局统一征收，以杜绝地方伯克、阿訇等从中舞弊。

（3）统一各地币制，以利流通。阿克苏善后总局奉命设厂制币，以银片压制银币，并规定银币与乾隆铜钱相兑换的比率，将银币和乾隆铜钱作为新疆流通的主要货币。

（4）总揽地方司法及行政事务。凡地方民间诉讼案件及婚嫁等民政事务统由善后局办理。同时在各地驻军将士的协助下，各善后局相继修复了被战乱毁坏的城堡、军台等，并组织人员缉拿游匪、维持治安，各地社会秩序迅速恢复正常。

（5）兴办各项公共及教育事业。各地善后局在地方出面组织兴修道路、恢复交通、架设桥梁、修建仓库等，同时在各地兴办教育、开设学堂，社会文化和公共设施得以恢复和重建。

（6）主持中外交涉。新疆地处边陲，与邻国交涉不断。经清朝政府批准，授权各善后局代表政府办理对外交涉。战乱中遗留的部分涉外案件迅速得以清理，对于稳定新疆社会政治秩序有重要意义。

总之，清朝政府通过新疆善后局，为恢复和发展战后新疆社会经济、稳定地方社会治安秩序做了一系列的工作。新疆的社会生产在短期内迅速恢复，为新疆建省创造了必不可少的物质条件；各地善后局在工作中逐步完善，局员在实践中逐渐成熟，又为新疆建省准备了必要的组织和人员条件。

2. 行省体制的确立

新疆设立与内地划一的郡县，最早是在公元 327 年（东晋咸和二年），是年前凉政权在今吐鲁番地区设置了高昌郡，下辖田地等县，县以下设乡、里。最早在新疆设立行省的是元代，当时将西域地方划分为别失八里行尚书省的一部分，与内地划一治理。明朝国力有限，其西北管辖仅到哈密一带。

1759 年清统一新疆后，鉴于新疆地处西陲、民族众多等历史条件，清朝政府在新疆实行了军府制，仅在镇迪道（相当于今木垒至精河一线）设立州县，在行政建制上归甘肃省。1820 年，龚自珍著《西域置行省议》，率先提出恢复历史上的新疆建省，以实现全国大一统，抵御日益严重的西北边患。1877 年 6 月，督办新疆军务大臣左宗棠奉命筹划新疆善后全局，他顺应历史发展潮流，重提新疆恢复建立行省的问题。左宗棠认为新疆建省的意义有两个方面：首先是巩固西北边防。自古以来，中国边疆危机西北多于东南，新疆建省，实行与内地划一的行政体制，对巩固西北边防、维护祖国统一有不可低估的意义。其次是尽快恢复和发展边疆社会经济，建省设县，经理得宜，地方始有复元之望。1878 年初，左宗棠再次提出新疆建省之议，但此时伊犁尚未收还，西北沿边形势严峻，建省之议又被搁置。1882 年 10 月，身居两江总督的左宗棠再次奏请新疆建省，力促清朝政府早日决策。他认为目前应乘新疆收复之势和西征大军未撤之兵威，不失时机地建省设县。此外，新疆甫经收复，百废待举，民心思定，建省顺应民心，有利于稳定社会和恢复生产。在左宗棠等的敦促下，清朝政府终于决定在新疆建省设县。

1882 年 12 月，清朝政府开始在新疆筹设道、厅、州、县，就近选派官吏前往任职。又划定各道、厅、州、县界址，疏通驿传塘台，改建增修衙署、坛庙、仓库、监狱等设施，委任州判、县丞、巡检、分防等辅助分司官员及文职人员，颁发关防钤记。一场声势浩大的边疆体制改革在天山南北同时展开。至 1883 年上半年，新疆基层道、厅、州、县建制已初具规模。6 月，刘锦棠奏请裁撤旧有都统及参赞、办事、领队大臣等地方官员。1884 年 11 月 17 日，清朝政府正式批准新疆建省。次日，新疆建省公诸全国，刘锦棠被任命为首任新疆巡抚，魏光焘为新疆布政使，省会定在迪化（今乌鲁木齐）。新疆终于重新建省。

新疆建省设县是 19 世纪后期清朝政府对边疆治理制度的重大改革，其意义和影响是十分深远的。首先，新疆建省设县，与内地建制划一，结束了新疆与内地分治的局面，对于边疆的统一和社会经济的发展是十分有益的。其次，新疆建省后，西北统归陕甘总督节制，新疆与西北各省臂指相联，形势完整。建省后兵制的改革及社会经济的发展增强了新疆的防卫实力，对维护中国西北边疆领土完整和抵制列强在新疆的政治和经济扩张有不可低估的意义。三是新疆建省设县，以进步的郡县制替代了旧有的军府制和伯克制，从根本上改革了清朝中央政府对新疆的管理，这对

于稳定新疆社会、改革吏治、协调各民族之间的相互关系有重要
的意义。另外，新疆率先建省，为清末中国边疆治理制度的改革
树立了一个典范。其后，台湾、辽宁、吉林、黑龙江等地相继改
设行省。所以，新疆建省对清末中国边疆体制改革起了重要的推
动作用。

自刘锦棠之后，魏光焘、饶应祺、潘效苏和袁大化相继为新
疆巡抚。饶应祺在任期间，新疆建省已经 18 年。由于"生齿日众，
边境安谧，岁事屡丰，关内汉、回携眷来新就食、承垦、佣工、
经商者络绎不绝，土地开辟，户口日繁"[1]，一些地方建制已不适应
新形势的需要，所以，或增设厅县，或升设府州，地方建制多有
变化。到光绪二十八年（1902 年），新疆全省"设道四、府六、厅
十一、直隶州二、州一、县二十一、分县二"，具体设置如下：

镇迪道：乾隆三十八年九月设，治迪化，领府一、厅四、县
七、分县一。府为迪化府，光绪十二年置。厅为哈密直隶厅，乾
隆二十四年置；吐鲁番直隶厅，乾隆四十四年置；镇西直隶厅，
咸丰五年三月置；库尔喀喇乌苏直隶厅，光绪十二年置。县为迪
化县，光绪十二年置；昌吉县，乾隆三十八年置；绥来县，乾隆
四十二年置；阜康县，乾隆四十一年置；孚远县，光绪二十八年
置；奇台县，乾隆四十一年置；鄯善县，光绪二十八年置；呼图
壁分县，光绪二十九年置。

伊塔道：光绪十四年正月设，治宁远城，领府一、厅二，分
防厅一、县二。府为伊犁府，光绪十三年置。厅为精河直隶厅，
光绪十三年置；塔城直隶厅，光绪十六年置；霍尔果斯分防厅，
光绪十二年置。县为绥定县，光绪二十年置；宁远县，光绪十三
年置。

---

1 《新疆图志》卷 106，奏议志十六。

阿克苏道：光绪八年七月设，治温宿，领府二、厅一、直隶州一、县六、分县一。府为温宿府，光绪二十八年置；焉耆府，光绪二十四年置。县为温宿县，光绪二十八年置；拜城县，光绪九年置；沙雅县，光绪二十八年置；新平县，光绪二十四年置；若羌县，光绪二十八年置；轮台县，光绪二十八年置；柯坪分县，光绪二十八年置。

喀什噶尔道：光绪八年七月设，治疏附县，领府二、厅一、分防厅一、州一、直隶州一、县六。府为疏勒府，光绪二十八年置；莎车府，光绪二十八年置。厅为英吉沙直隶厅，光绪九年置；蒲犁分防厅，光绪二十八年置。州为巴楚州，光绪二十八年置；和田直隶州，光绪九年置；叶城县，光绪九年置；皮山县，光绪二十八年置；于阗县，光绪九年置；洛浦县，光绪二十八年置[1]。

3. 社会经济的恢复与发展

新疆建省后采取了一系列恢复和发展社会经济的措施和政策。在各族人民的共同开发下，新疆社会经济发生了巨大的变化。农业生产恢复发展，交通商业呈现繁荣，近代工矿业相继兴办。

广泛招募人口，兴修水利，恢复和发展农业。1887 年（光绪十三年），省政府颁布《新疆屯垦章程》，以各种优惠政策吸引内地少地无地的农民前来垦荒；助垦遣员携眷实边。经过多种形式的招徕和聚集，新疆人口得到快速回升，据 1887 年查报，镇迪、阿克苏和喀什噶尔三道人口为 266959 户、1238583 口；至光宣之际，人口增长到 40 万户、约 200 万口。

全面整修渠道网系，兴修新的水利工程。经过军民的努力，新疆水利建设取得巨大成功，许多水患得到控制，灌溉体系的覆

---

1 《新疆图志》卷 1，建制志一。

盖面积进一步扩大。到光绪末年，天山南北大小绿洲共分布干渠646条，支渠1746条，渠道总长73860里，总灌溉能力达到1121万亩，奠定了农业发展的基础。

在农业生产上，小麦、玉米、棉花、胡麻、芝麻、高粱、水稻以及各种水果等呈现出种植的多样化，特别是小麦、玉米和水稻等得到广泛种植。农产品进入商品流通，标志着新疆农作物产量的增加和品种的丰富。光宣年间的耕地总面积和粮食总产量都达到了清代新疆的高峰水平。至1911年（宣统三年），全疆额征粮达到30万石以上。同时，新疆各地还开办了农林、蚕桑等事业学堂，讲授近代农学知识。各地也因地制宜，蚕、桑、林、牧、渔也得到快速发展，农业呈现出一种新的经营意识。尤其是蚕桑业发展显著，南疆因聘用内地专业人才，采用新的技术，蚕桑业有很大发展，1909年（宣统元年）南疆蚕丝产量增加到70多万斤。

由于农业的发展，进入市场的农产品增多，使商业得到初步发展。在1905年（光绪三十一年）新政时期，新疆提出了振兴商业，以商战挽回遭英俄侵略的利权。皮毛是俄国经营的大宗商品，北疆的皮毛均被俄商转手以贱价收购，牧民深受其害。1905年，伊犁将军请求"立官局，兼设皮毛公司，收回利权"[1]，皮毛公司在宁远成立。公司用砖茶等交换羔犊皮毛，再出口外销。1910年（宣统二年），塔城也仿伊犁设立官商合办的皮毛公司。茶叶也是俄商经营的重要商品，俄商大搞茶叶走私牟取暴利。为抵制俄商走私茶叶，1908年（光绪三十四年），新疆成立官商合办的伊塔茶务有限公司，2年后该公司改为商办，但仍享受茶叶专卖的权利。这些措施有力地促进了新疆商业的发展。

虽然在新疆建设近代交通的象征——铁路未能付诸实施，但

---

1 《清德宗实录》卷545。

是连接内地和新疆的电讯却得以实现。1892 年（光绪十八年）清政府批准建设甘肃至新疆的电报线；1893 年建成嘉峪关至迪化（乌鲁木齐）电报线；1894 年同时开建南北疆线路，伊塔电局和俄国巴克图相连，伊喀边界也和俄线连接。1903 年（光绪二十九年），全疆建成电报线 1 万多里，东线从乌鲁木齐入内地，西北接俄线经恰克图连库伦后达北京。至 1908 年，全疆共有 1 个电报局、16 个分局[1]。

新疆矿产资源丰富，开采和加工矿产也成为清末人们关注的重点。1906 年后，在新疆试办劝工习艺之所。同时，新疆政府一方面派人赴俄、德学习工艺，聘请工匠，购买机器，另一方面，开办新式工矿企业，使用机器生产。清末较具规模的几家近代企业是独山子油矿、伊犁制革厂和塔城喀图山金矿。

四、军阀割据统治

1. 杨增新偏安自守与弱兵治新

1911 年（清宣统三年），推翻清王朝统治的湖北武昌起义成功，全国为之震动，各省群起响应，革命风暴迅速席卷全国。这一年是农历辛亥年，史称"辛亥革命"。武昌首义胜利后，革命党人成立了军政府，发布文告，废除清帝年号，改元中华民国。内地辛亥革命成功的消息传到新疆，首先在省城迪化引起强烈震撼，民心浮动，官僚惶惶。

当时新疆伊犁新军和省城迪化已有革命党人的力量，响应武昌首义在紧锣密鼓的筹划中。迪化起义之前出现叛徒，致使起义夭折。继而伊犁革命党人于 1912 年 1 月 7 日在伊犁举行武装起义，

---

1 《新疆图志》卷 86。

兵分五路，向惠远城内各军政要点发动进攻。次日凌晨，控制了惠远城，起义取得成功。2 月 12 日，清宣统皇帝宣布退位。5 月 18 日，北京袁世凯政府任命镇迪道尹兼提法使杨增新为新疆都督，主持与伊犁革命党人的和谈。杨增新利用革命党人的不成熟，在军政全局中处于弱势的情况下，通过和谈迫使革命党人作出妥协。

1912 年 7 月和 9 月，新伊大都督府与省政府先后达成《和议条款十一条》和《新伊组织条件二十条》。根据协议，新、伊双方实行停战，撤退军队；取消新伊大都督府，承认杨增新为主持新疆军政的省都督。至此，辛亥革命在新疆的武装起义宣告结束，夺取政权这一革命的初衷也随之流产。伊犁起义是中国辛亥革命的一个组成部分，虽然革命党人最终在妥协中使杨增新攫取了新疆军政大权，但革命推翻了清王朝在伊犁的统治，促成全疆建立共和，粉碎了清帝一度企图西迁、复辟帝制等阴谋，这些历史功绩是应给以充分肯定的。

1912—1928 年，军阀杨增新主新达 17 年之久，闭关自守，割据一方。在这一时期，虽外部沙俄强邻觊觎，内部社会矛盾重重，军事财政积贫积弱，但在渡过执政初期的危机之后，新疆呈现出社会逐步安定、经济缓慢发展、内外平和、一隅偏安的局面。其间杨增新的政策归纳起来，主要有以下几个方面：

政治上实行闭关偏安自守，阻止外界势力介入，尽可能为保全和稳定新疆创造条件。对于杨增新在新疆的割据统治而言，对外既包括国外也包括省外。对于省外，杨增新实行割据自守，嘉峪关外唯我独尊，在新疆门户星星峡设卡，严格稽查，拒绝内地向新疆发遣官员或其他各类人员，封锁关内与新疆的通讯、新闻及文化信息，使新疆与内地几乎处于隔绝状态。又在星星峡派驻重兵，严防内地军阀插手新疆。对于境外则采取不干涉、不介入政策。境外先有俄属中亚难民越境事件。1916 年 9 月，俄属中亚哈萨克斯坦等地爆发大规模反俄起义。起义失败后，遭受俄军疯狂镇压的当地牧民纷纷越境逃来新疆，一时从塔城、伊犁及喀什、乌什入境的俄属难民计 30 万人，牲畜两倍于此。当时杨增新政府一方面对境外抱定不干涉主义，同时从人道主义出发暂时接纳俄属难民在沿边地带临时安置，经与俄方多次联系、交涉，终于在 1918 年底将大部分俄属难民遣送回国，维持了边境地带的秩序和稳定。十月革命爆发后，又有协约国怂恿新疆出兵，加入干涉新生苏维埃政权之列，攻打红军。对此杨增新指令：新疆仍要坚持以往的不干涉主义，以免引火烧身，以致吃亏。自 1919 年底至 1920 年 10 月，先后有旧俄白卫军败兵及难民 3 万多人在红军打击下窜入新疆伊犁、塔城，而当时新疆本省军队尚不足万人。新疆政府"严守中立"，仍采取不干涉境外事变，对强行窜入境内的白俄实施"解除武装、分散安置"的策略，其间又反复与苏俄红军联络，提出由苏俄政府对白俄败兵宣布特赦，新疆方面负责人员遣返的解决方案。1921 年 1 月，白俄先后在乌鲁木齐奇台和伊犁惠远城暴乱，省军集中优势兵力，平定两地暴乱。对于集中在塔城的万余名携带武器的白俄败兵，与苏俄红军达成过界追剿协议；5 月，红军按协议进入新疆，与新疆驻军会合，击溃塔城白俄败兵；8 月，又在阿勒泰歼灭白俄败兵主力，白俄残部逃往蒙古，红军也按协议全部退出新疆。1920 年 5 月，新疆与苏俄签订临时局部通商条约，双方对等设立了商务代表机构。1924 年 10 月，经北洋政府批准，新疆又与苏联政府达成在双方沿边地区对等互设 5 处领事馆的协议，确立了双边的友好合作关系。

对新疆内部，杨增新以缓和社会和阶级矛盾为主，偏安自守。"改良政治、实行民生政策"是杨增新政策的重点。改良政治实际上是以整顿吏治为主。主要内容：一是革除陋规，以顺民情。其中包括严禁地方官贩卖乡约和验放阿訇，革除害民、扰民的稽查侦察巡长与各地方官府衙门守卫的门丁；限制地方官对百姓的经济盘剥，免除捐款，严禁官卖蚕种，严禁苛索"鞋脚钱"等杂税；革除斗行重复征收粮食贸易税和税收舞弊行为，禁止官员任意摊派税收等；对于蒙回王公的一些苛民、扰民的陋规也同时予以革除。二是严格官员奖惩制度。奖励廉洁勤政，惩治贪污受贿，并建立上级对下级的监督考核制度。三是裁汰冗官，提高官员待遇。这些整顿吏治的措施并未从根本上触动旧有的封建官僚体制，初期虽收到了一些成效，但下属官员很快就有了应付的办法，出现了新的盘剥花样。而杨增新本人也在以更隐蔽的手段盘剥牟利，上行下效，腐败依旧。社会阶级矛盾虽可能一时缓和，人民却仍处于压迫与剥削之中，民生政策无以兑现。

军事上，杨增新实行的是"分散治军"和"弱兵政策"，这与其军阀割据的统治大相径庭。究其原因，主观上杨增新在总结历史经验的基础上，认为新疆孤悬塞外，地方武装有限，治安必须从政治入手，非用兵所能维持。一旦有事，新疆军力外不能与英、俄坚甲利兵相比，内不能控制如此广大的区域。此外，作为军阀，杨增新十分清楚尾大不掉、武人干政之危险，"假武官以兵权，不得其人，其裁抑也最难"[1]。所以尽量分散治军，防止出现任何重兵在握、威胁到他统治地位的将领。从客观上讲，民国以来中央协饷断绝，财政拮据，已不能供养太多的军队。在实行"分散治军"和"弱兵政策"中，杨增新采取不设统一编制的做法，将陆军、新军、巡防营三大建制系列的指挥权牢牢控制在自己手里。1924年以后，新疆军队编制名为2万多人，实则不足1万。仅有的军

1　杨增新:《补过斋日记》卷9。

队也老壮不一，衣履破烂，武器陈旧，训练废弛。这种"弱兵"状况贯穿于杨增新执政时期，他公开声称：治理新疆并不需要军队，只要他的"一颗脑袋，一枝笔管"就可以了。之所以保留军队，"不过是为了体制的关系，不能不有而已"[1]。

军事力量积弱，无法用强力控制局势。所以在治理手段上，杨增新主要运用了两种策略，一是相互牵制和制约的策略。在军政上实行回汉相互制约，军队的主力是以回族人为主的新军回营（队），此为杨增新倚重的亲信力量；地方官员则以关内云南、甘肃等地来疆汉族人士为主，多为杨增新的亲朋故吏，由此形成以杨增新为核心的相互制约和平衡的状态。在军队内部，新军、陆军、巡防营三大不相统属的建制系列也以杨增新为中心，相互牵制和制约。二是对待民族和宗教以实行笼络利用策略为主。杨增新认为，新疆少数民族占绝大多数，"欲求新疆长安久治，不外利用新疆各民族之人以保新疆，实为万全之策"[2]。声称要通过笼络政策使新疆各民族"为增新所用，或增新不能利用回疆（指维吾尔族），便不能立足于新疆"[3]。对各民族的笼络主要是针对上层人物：一是清末遗留的王公贵族等封建上层人物，保留其爵位、待遇和特权，并报请北京政府重新一一予以册封；二是民族大地主、大商人等，将其中一些头面人物推举为北京国会或省议会议员，给予优厚的待遇和特权。通过掌握各民族中的政治、经济上层人物来达到控制和安抚各族百姓。

在对待宗教的问题上，杨增新看重的是宗教束缚人民思想的一面。他认为：新疆绝大多数百姓笃信宗教，"其愚处在此，其好

---

1 广禄：《新疆三十年动乱亲历谈》，载《周末观察》，台湾版，第 10 期。
2 《补过斋文牍》甲集下。
3 《补过斋文牍》甲集上。

处亦在此。假使缠回（指维吾尔人）不信宗教，不敬阿洪（訇），便不免无所忌惮，非专持法官所能维持"[1]。所以杨增新紧紧抓住阿訇等宗教上层人物，给予种种优待和特权，甚至民事诉讼也放手由宗教阿訇去处理，致使一些地方百姓敬畏阿訇"犹甚于官"[2]。同时又通过阿訇开导信教百姓各安本分，使宗教成为协助他实行统治和控制百姓的工具。当然，杨增新也深知宗教在信教百姓中的煽惑作用，所以又对新疆之主要宗教伊斯兰教做出种种规范限制措施，应该说这些限制和规范伊斯兰教的措施在处理政教分离和防止外界势力插手宗教、借端煽惑，以及使宗教活动正常化等方面是有一定意义的。

2. 金树仁强行扩军与局势失控

1928 年 4 月，国民党南京民国政府成立，国内政局的这一重大变动随即波及到新疆。虽然杨增新仍采取"认庙不认神"的策略，6 月即通电宣布服从南京民国政府，奉行三民主义，悬挂青天白日旗帜，以归统一，但这种"独裁如故"的统治很快招致公开的反对。7 月 7 日，杨增新遇刺身亡。省政务厅厅长金树仁组织平息政变有功，在甘肃同乡军阀势力的拥戴下，就任新疆省政府临时主席兼总司令。

金树仁上台后，公开宣布"主省务，宜师杨之策"，实际也确实继承了前任杨增新的治新政策和制度。但金树仁资历浅薄，才干平庸，官至政务厅厅长主要靠杨增新的赏识与提携。如今作为新一任军阀接统新疆，首先要强化自己的统治地位，他上台后的一系列治新政策，基本上都是围绕这个目的进行的。金树仁也实行了整顿吏治，但却在其中大力扩张和培植以河州同乡为核心的

---

1 《补过斋文牍》卷 14。
2 《补过斋文牍》甲集下。

亲信势力。在军事上，一反杨增新的"弱兵政策"。他上台伊始，立即以"国民革命军编制"和"巩固国防"为名大力实行扩充军队。全疆军队编制由原有的 3 个师增加到 8 个师，兵力由不足 1 万扩充到 5 万人左右；同时利用整编之名裁汰了部分"回队"，增加了甘肃和本地人兵源，主要将领均由金树仁的亲朋同乡担任。通过整编大大扩充了军事实力。金树仁除了加强对军队的控制，又在国外大量购置军火枪械。1932 年新疆军费开支达 3974.45 万元，是 1927 年（931.42 万元）的 4.3 倍。军队整编后，军费开支占全省财政的 74%。此外，通过设立军事学校培养人才，军队的战斗力有所提高。

金树仁虽然通过整顿吏治和整编军队将政权、军权控制在自己的手中，进而强化了自己的统治地位，但新疆社会矛盾却日益激化。帮派军政，官员腐败；扩军增税，人民不堪重负；金融危机，滥发纸币，引发物价暴涨，民不聊生。正值危机四伏之时，金树仁又在哈密实行改土归流，废除王制，不但进一步激化了各类社会矛盾，而且使民族矛盾凸显。终于在 1931 年 2 月以强娶维吾尔民女的小堡事件为导火线，引发了哈密农民反对金树仁统治的暴动。

哈密反金暴动一开始即带有民族反抗的成分。暴动者的一部分仇恨指向了在改土归流中得到政府分配而占有了维吾尔农民土地的甘肃汉族灾民。在土葫芦、淖毛湖一带，暴动的维吾尔农民杀死了百余户甘肃灾民的成年男子，驱逐了妇女老弱。及至哈密回王府反金势力控制暴动局面，又提出了"恢复王制"的口号。他们利用农民对金树仁统治的不满，将迫使省政府放弃改土归流、恢复哈密回王权力与农民对金氏政权的仇恨结合在了一起，同时又挑起民族事端，散布政府要将维吾尔农民的土地全部拨给汉族人耕种，维吾尔妇女要嫁汉族等流言，藉以扩大事态，胁迫省政府恢复王府制度，将暴动引向歧途。而前往镇压暴动的又是以汉族为主的省军，于是暴动在某种程度上变成了民族对抗，反金斗争变成了民族仇杀。当地的汉族居民被任意屠杀，甚至早年游牧至哈密的蒙古牧民也遭到驱杀[1]。

哈密改土归流，取消王公封号后，回王聂孜尔被委以省府高级顾问，留在省城迪化，他派人与举兵反金的回王府副卫队长和加尼亚孜联络协商，共同策划，最终达成默契，聂孜尔以金钱和大量物资支持和加尼亚孜的反金武装，共同为恢复王府制度而斗争。于是回王府封建王公势力也站在了反金暴动一边。维吾尔农民、回王府卫队及回王几种反金的民族势力结合在一起，更增加了斗争的民族色彩。在这种形势下，以省政府委员刘文龙为代表的部分上层人士提出了和议安抚方案，主张由中央选派大员，通过和议安抚，解除哈密反金暴动的武装。剿办失利后，这种意见在省政府内渐占上风。金树仁遂委任省政府委员、前哈密回王府侍卫长尧乐博斯为哈密警备旅长，协同驻军刘希曾"安抚维民，敉平事变"[2]；又派出哈密县长及维吾尔宗教人士入山与暴动者谈判，希图议和，招抚暴动者。不意尧乐博斯一面与反金武装接触，一面又暗中站在反金势力一边，向暴动者提供枪支弹药，甚至表示"他们攻打哈密城时，里应外合，予以协助"[3]。议和最终失败，尧乐博斯出走南京，代表维吾尔人向国民党政府请愿。省政府内主张武力清剿的意见又占了上风。金树仁以朱瑞墀替换刘希增，增兵进剿数月，屡战屡败，和加尼亚孜等乘胜围攻哈密城，驻军严

1 《尧乐博斯回忆录》，台湾：传记文学出版社，1970年，第8页。
2 《新疆简史》第3册，乌鲁木齐：新疆人民出版社，1987年，第141—142页。
3 海威尔·铁木耳：《对和加尼亚孜阿吉的片断回忆》，载《新疆文史资料选辑》第12辑，第5页。

防死守，最终在城外形成对峙。正当哈密各方相持之时，前往南京请愿的尧乐博斯等在肃州（今酒泉）说动甘肃军阀马仲英出兵新疆。马仲英遂以"解救伊斯兰教弟兄"为名，实则是向新疆扩张地盘，将内地军阀混战引入新疆。

1931 年 5 月，马仲英率 3 个纵队 400 余众进军哈密，初战夺哈密新、老两城失利，但却在外围瞭墩战役中以少胜多，大败省军。此役马仲英负重伤，暂撤回河西走廊一带休养。次年 8 月，马仲英遣部下分兵两路二次入新。南路由马世明率领，联合和加尼亚孜、尧乐博斯等一路攻占鄯善，杀害 300 多户无辜汉族平民。继而举起宗教旗帜，号召开展伊斯兰"圣战"。省军驰援，收复鄯善城，又以谋乱罪名滥行捕杀维吾尔族平民，由此引发万余人的反抗示威。省军驱散之，复而又聚，遂遭血腥镇压。旅长熊发有下令屠城三日，局势愈发激化，吐鲁番各地都在暗中酝酿着暴动。是年底，在马世明的策动下，农民麻木提等率先在三堡发难，暴动者劫掠并杀死了当地经商的汉族人，随后联合周围 3000 多民众围攻吐鲁番老城。守将回族团长马福明久欲思变，举城而降，被委以吐鲁番城防司令。金树仁遣省军 4000 余众自迪化增援，于1933 年 2 月夺回鄯善、吐鲁番，和加尼亚孜、麻木提、马世明等退往焉耆，将战火引向南疆，一路攻占焉耆、库车、轮台、拜城、阿克苏。和田、莎车、喀什各地闻风响应，相继暴动。

东路由马全禄统领绕过哈密，直逼省城，1933 年初包围了迪化，随后在城郊与省军展开拉锯战。在此关键之时，马仲英亲率主力 3000 余人杀入新疆，先攻占哈密，然后与尧乐博斯联合，兵分两路进军迪化，省城危在旦夕。正当此时，迪化发生了"4·12政变"。省政府官员陶明樾、陈中、李笑天等在归化军支持下发动政变，随后组成省政府临时委员会。在经历了几番挣扎之后，金树仁被迫致电南京政府辞职。短命的金树仁政权只存在了5年，其间基本是在巩固和维持统治中度过的。治新之策拘泥于前任，没有什么新举措；社会经济却每况愈下，各类矛盾不断激化，最终在危机中倒台。

3. 盛世才标榜亲苏攫取军政大权

盛世才是1930年进入新疆的，最初并未受到重用。及至马仲英二次入新，军情紧急，才被委以"东路剿匪总司令"，掌握了兵权。"4·12政变"时，他正拥兵迪化城郊，静观时局。其后，在政变者的鼓动和让步下，盛世才凭借手中的军事实力，出任新疆边防临时督办要职，窃取了政变的果实。

自民国以来，新疆长期割据，此次政变也再次给国民党南京政府一次控制新疆的机会。国民党在执政前，已在新疆有所活动，但受军阀杨增新阻挠，无法顺利发展组织。1927年南京政府建立，次年新疆发生了"七·七"政变。金树仁上台执政后，国民党利用这一机会，采取先党后政的方针向新疆伸展势力，逐步控制新疆。军阀金树仁却以新疆地方民族情况复杂为由，拒不接受国民党中央向新疆派遣的党务指导人员，南京政府控制新疆的企图受挫。1933年"4·12政变"前后，倒金势力曾多次与国民党新疆省党部联络，并聘任国民党中央派来省党部工作的宫碧澄为政变后临时政府的高级顾问，国民党又一次面临控制新疆的机遇，但盛世才却以标榜亲苏，依靠外力，攫取了新疆军政大权。

盛世才出任边防督办后，为巩固自己的统治地位，以标榜亲苏进步和信仰马列主义为手段，多方与苏联接触，希望得到军事援助。1933年7月，在外交人民委员部副委员Г.Я.索科利尼科夫的主持下，召开了苏联政府相关部门代表联席会议，会议讨论了新疆局势并通过了给联共（布）中央政治局的建议。1933年6月

27 日，联共（布）中央政治局成立了以国防委员会主席 K.E.伏罗希洛夫为首的专门"研究苏联在新疆的政策"的委员会；8 月 3 日，根据该委员会的提议，联共（布）中央政治局下达了"对新疆工作的指示"，其内容几乎全部重复了联席会议的建议。

　　盛世才执政初期面临三方面的问题：首先以军事手段结束军阀混战的局面；其次，省政府必须尽快稳定社会经济，消除不满的直接原因；最后，改善政治以应付各民族间的紧张状态。而这三方面问题的解决都是在苏联的支持下完成的。军事上，当时马仲英在达坂城击溃了盛世才部，进而与东路马全禄合围省城迪化；伊犁张培元通电反盛，出兵迪化，已进至乌苏，大有马、张合围盛世才之势；而此时南疆局势失控，已在酝酿建立分裂政权。盛世才对此一筹莫展，多次向苏联求助。1933 年 11 月由苏联红军不同兵种组成的所谓"塔尔巴哈台志愿军"（因在塔尔巴哈台流亡的前俄国白卫军组成的一支分队也归这支红军部队指挥，故名）被派往新疆。红军从伊犁霍尔果斯入境，直捣张培元在惠远的大本营。时张培元正随军在迪化以西与盛世才对峙，"塔尔巴哈台军"在十架飞机和数十辆装甲车的配合下，向张的留守部队发动进攻，占领惠远城。张培元后路被抄，兵败自杀。苏军随后将伊犁交付盛世才省军，仍由霍尔果斯退回苏境。1934 年 1 月，另一支苏联红军部队约 3500 人从塔城巴克图卡入境，更换中国军装，对外称"阿尔泰军"，乘汽车向省城进军；2 月 3 日主力抵迪化，向马仲英部发动攻击；2 月 8 日，马仲英部向达坂城撤退，省城解围。3 月初，"阿尔泰军"又配合省军攻占达坂城，随后红军停止军事行动，撤回苏境。苏军在新境内的军事补给由苏方负责。苏联两次出兵新疆挽救了盛世才，同时也为盛在新疆建立新的军阀割据统治铺平了道路。1937 年 9 月，苏联再次出兵南疆，歼灭了马仲英余部马虎山的势力，次年在哈密部署了一个红军骑兵加强团和一支空军支队，对外称"新疆归化军骑兵第八团"，惟当地群众看出是苏联红军部队，称之为"红八团"。至此，基本结束了军阀混战的局面，从军事上稳定了盛世才政权。

其二是稳定社会经济，消除各族民众的不满，这实际上是要从政治和经济方面巩固盛世才的统治地位。对此，苏联主要是以派遣人员协助盛世才决策和施政的方式来实现的。1935 年以后，成批的苏联人员被派往新疆，分别在省政府、军队、保安、宣传、财政、交通等部门及农牧业等经济部门担任顾问或技术指导。在政治上帮助省政府制定和实施"反帝、亲苏、民平、清廉、和平、建设"六大政策；在经济上帮助省政府制定和实施"三年经济计划"，提供贷款，整顿财政，恢复农牧业生产，发展工业和加工业生产；在军事及保安上协助新疆整编军队，建立公安和边务机构，提供各种军事装备。苏联提供的帮助使新疆迅速摆脱战争的创伤，政治面貌开始发生变化，社会经济迅速恢复。

其三是改善政治以应付新疆各民族间的紧张关系。1931—1933 年的战乱，除了政治因素之外，民族关系紧张和民族冲突加剧是其中重要原因之一。有鉴于此，在苏联的协助下，盛世才制定了以民族平等和民族和解为主要内容的民族政策。在 1934 年 4 月 12 日省政府发表的宣言书中，其施政方略（即"八大宣言"）的第一条就公开提出了实行民族平等。随后召开了新疆第一次民众大会，这次大会的首要目的是缓和民族关系，实行民族平等政策。1936 年新疆省政府确定的施政纲领——"六大政策"中，各民族平等也是其中之一。对各民族的首领、知名人士和实力派人物采取了和解和笼络策略。在省政府委员中，第一次有了少数民族人士，其中维吾尔族的和加尼亚孜被任命为省政府副主席。厅、县两级官员中，少数民族占了相当的比例。对少数民族文化教育也采取了扶持的政策。民族平等和民族和解政策的实施，使新疆民族关系出现了较大的改观，各地民族和睦的气氛不断增强。

为改善政治，新疆省政府于1934年冬成立了行政监察委员会，负责监察各级官员和行政人员，整顿吏治，惩治贪官污吏。次年5月颁布惩治贪污条例12条，并依据条例处决了一批贪官污吏，由此贪污现象大为减少，政府在各族人民中的形象有所改善。

盛世才与苏联的关系在1938年达到了顶峰。是年8月，盛世才秘密访问了莫斯科，受到斯大林的3次接见，并被破格接收为联共（布）党员，组织关系归属于苏联政治局，党证号为1859118[1]。与此同时，盛世才开始谋求中国共产党的支持与合作。他多次提出或通过苏联转达延安，要求中国共产党人前来新疆参加社会经济建设。在苏联的支持援助和中国共产党人的帮助下，新疆社会政治面貌焕然一新，经济财政和文化教育迅速恢复和发展。特别是1936—1941年2个"三年计划"期间，满目疮痍的社会经济迅速改观，呈现出朝气和希望。

五、中国共产党人在新疆的活动

1. 应邀前来新疆工作

中国共产党人在新疆的革命活动开始于20世纪30年代初。当时，共产国际派遣一批共产党人到新疆帮助盛世才政府工作，在这些联共党员中有些是中共党员。他们是最早到新疆进行革命活动的中国共产党人。中国共产党有组织地向新疆派遣干部，是在同盛世才政府建立抗日民族统一战线以后的20世纪30年代中

---

1 方文:《天山风雪》，辽宁人民出版社，1986年，第163页。

后期。

1937 年 4 月，中国工农红军西路军左支队 400 余名指战员经过浴血奋战，冲破敌人的围追堵截，到达甘新交界的星星峡。此时，由中共中央特派来新疆迎接西路军的陈云（化名施平）、滕代远（化名李广）等 5 人也从莫斯科到达迪化。在苏联的推动下，盛世才表示欢迎西路军左支队进入新疆。5 月 8 日，西路军左支队进入迪化。经过一段时间的修整后，被安排驻扎在东门外营房，对外称"新兵营"，即新招募的军队。中央任命陈云为中国共产党驻新疆代表，负责同盛世才的统战工作，并领导"新兵营"。

1937 年 7 月，日寇大举侵华，抗日战争爆发。10 月，周小舟奉命以中央军委联络员身份前往新疆，经盛世才同意后，在迪化成立了八路军驻新疆办事处。办事处设在盛世才的南梁招待所，对外称"南梁第三招待所"。不久，周小舟调回延安，由滕代远接任八路军驻新疆代表。八路军驻新疆办事处的成立，标志着中国共产党与盛世才政府的抗日民族统一战线正式形成。新兵营和八路军驻新疆办事处都由中国共产党在新疆的代表领导。1937 年，第一任党代表陈云离任后，由邓发和陈潭秋相继任党代表。

1937 年底，盛世才请求中共中央从延安派干部到新疆帮助工作。尽管当时中国共产党本身也缺乏干部，但为了保证同苏联的国际交通线畅通，巩固与盛世才的统一战线，建设新新疆，造福新疆各族人民，中共中央决定同意盛世才的请求，派干部到新疆工作。赴新疆工作的干部主要来自延安和"新兵营"，还有一部分是去苏联治病或从苏联回国途经新疆的干部，应盛世才邀请并经中共中央同意留在新疆工作的。中国共产党先后派往新疆的干部达 100 多人，其中包括陈潭秋、邓发、毛泽民、林基路等优秀的共产党人。鉴于当时新疆的局势，中共没有在新疆建立和发展地方组织，所有在新疆工作的党员干部一律以个人身份化名在新疆活动。到新疆工作的中共党人主要在行政、财政、民政、教育、新闻、文化部门和民众团体担任领导职务。他们在中共驻新疆代表的领导和各族人民的支持下，克服重重困难，为发动和团结新疆各族人民支援抗战、发展经济、巩固边防作出了应有的贡献。这一时期，新疆的经济、文化、教育都有了新的发展。

盛世才上台之初，由于连年战乱，新疆的社会经济遭到严重破坏，负债累累，物价飞涨，货币贬值。1938 年 2 月，毛泽民去苏联治病途经新疆时被留下工作，任财政厅副厅长、代理厅长。在党代表的领导和支持下，毛泽民制定了"发展经济，培养税源，增加收入，保障支出，量入为出，争取收支平衡"的方针，对新疆的财政金融进行了大刀阔斧的整顿。其措施主要有两项：一是统一财政，健全财经制度。毛泽民上任后，首先压缩财政厅编制，建立健全的科室机构，并在喀什、和田、阿克苏等 8 个区设立财政局，由省财政厅统一领导。制定收支总预算、三年建设计划和财经制度条例及其他规章制度，改变了过去财经工作混乱无序的局面，保证了经济建设的顺利进行。二是改组银行，统一货币。1939 年 1 月，将新疆省银行改组为官商合办的商业银行，并在各地设立 15 个分行；2 月，毛泽民又说服盛世才对货币制度进行改革，将以两为单位的旧银票改为以元为单位的新货币，统一了新疆的货币。此外，毛泽民还创办了财经专修学校，培养财政干部和财会人员。

由于采取了以上行之有效的措施，在短短的 3 年内，新疆财政状况就由乱到治，不仅基本实现了收支平衡，而且偿还了过去所欠的大笔外债。财政状况的好转有力地支持了各项建设事业，改善了各族人民的物质生活和文化生活，激发了各族人民的抗战热情，巩固了抗日大后方。

由于新疆地处边疆，加之杨增新等军阀实行愚民政策，"五四"新文化运动未能对新疆产生影响，新疆的文化教育十分落后。1938年，林基路出任新疆学院（新疆大学前身）教务长，实际负责全院工作。他为学院制定了"教用合一"的教育方针和"团结、紧张、质朴、活泼"的八字校训，并为学院编写了充满革命精神的校歌。为适应抗日战争和建设新疆的需要，他对教学进行改革，增设了《新政治学》《新经济学》《中国现代革命史》等几门新课，并举办专题讲座，由他本人或聘请共产党人和进步人士授课。不到一年的时间，林基路就把学院办成了一个充满进步学术气氛、朝气蓬勃的高等学府，成为培养各种人才、宣传马克思主义、宣传抗日民族统一战线各项方针政策的重要阵地。林基路遭盛世才猜忌被调往阿克苏任教育局长和库车县长期间，继续关注发展少数民族地区的教育事业。他在库车的2年间，全县的教育事业迅速发展，学校由原来的2所发展到35所。在柯尔克孜牧民聚居的边远山区也建立了有史以来的第一所学校。

在中共党人的努力下，全省各级教育行政机构逐步健全，公办学校大量兴建，教育经费大大增加，各种形式的社会教育蓬勃兴起，各族师资队伍发展壮大。新疆的教育事业空前发展，呈现出生机勃勃的景象。到1942年，全疆公立学校已达到2463所，在校学生27.11万人；大中学校8所，学生3787人，分别比1937年增长140%和27.5%。此外还有扫除文盲的民众学校846所，学生146911人[1]。

---

1 中共新疆维吾尔自治区委员会党史研究室：《中共新疆地方史》第1卷，乌鲁木齐：新疆人民出版社，1999年，第63页。

新疆日报社也是中共党人开展工作的一个重要阵地。王小川等 10 多名中共党员分别负责采稿、编审、出版等部门的工作，使《新疆日报》在宣传抗日救国和革命思想，介绍和转载中国共产党领导人的文章、讲话方面发挥了重要的作用。报社印刷厂还翻印了一批马列主义、毛泽东著作，为推动新疆社会政治的进步做了大量的工作。

2. 组织民众支援抗日战争

1938 年以来，在中国共产党的影响和努力下，以杜重远、萨空了、沈雁冰、张仲实、赵丹等为代表的一批文化界进步人士、学者名流纷纷来到新疆。他们与中共党人密切合作，齐心协力，通过办学办报、演出新戏、教唱革命歌曲等多种形式大力宣传马克思主义，宣传"反帝、亲苏、民平、清廉、和平、建设"六大政策，宣传抗日救国和抗日民族统一战线，传播"五四"新文化、新思想。这一时期，在中共党人掌管的《新疆日报》等报纸和杂志上经常刊登马克思、恩格斯、列宁、斯大林和毛泽东的著作，以及报道国内外形势、八路军抗日战绩、抗日根据地经济和文化建设的文章。宣传抗日救国的歌曲和话剧到处传唱和演出，全社会抗日救亡的气氛空前高涨。

抗日战争是中国现代史上最伟大的民族解放战争。动员和团结一切力量抗日，建立最广泛的抗日民族统一战线，是抗战时期中国共产党的首要任务，也是共产党人在新疆工作的重点。1938 年 1 月，中共党人黄火青由新兵营调入反帝会任秘书长，对反帝会进行第二次改组，一些中国共产党人担任了各部门的领导。改组后的反帝会成为中国共产党领导新疆各族人民一致抗日的指挥部。反帝会创办《反帝战线》《新疆青年》等宣传马列主义和抗日统一战线政策的刊物；举办各种训练班，培训干部；组织群众大会，开展各种文化活动宣传抗战，动员各族人民积极投身于抗日救亡运动；开展节约活动、劳动竞赛和推销公债活动，促进新疆建设，巩固抗日后方；发动群众募捐，积极支援抗日前线。除反帝会外，新疆还成立了中苏文化协会、妇女协会、工人救国会、民众联合会、学生联合会、抗日救国后援会等群众组织。这些组织同反帝会一样，在中共党人的领导下，积极宣传和发动群众抗战，组织各族各界募捐，从政治上和物资上积极支援抗日前线。新疆出现了有钱出钱、有力出力的团结战斗的新局面，各族人民的抗战热情空前高涨。为支援抗战，各族人民纷纷捐钱捐物，踊跃购买公债。据统计，仅 1939 年 9 月至 1940 年 5 月，新疆各族人民就捐款折合现大洋 322 万元。1939 年，以捐款的 152 万余元购买了 10 架战斗机，命名为"新疆号"，送往抗日前线。

中国共产党人在新疆的活动有力地保障了国际交通线的畅通，使苏联援助中国抗日战争的大批军火、物资、药品和各种军事人员顺利到达抗战前线。据统计，1937 年 10 月至 1939 年 9 月，苏联援华军火中的 985 架飞机、82 辆坦克、1300 多门火炮、1.4 万多挺机枪，以及大量装备、弹药等，通过新疆运往内地抗日前线。1940 年 12 月，一次就有 300 辆满载苏联援华飞机、大炮等军用物资的汽车到达哈密。1942 年，英国援华物资也通过苏联经新疆运往内地。

中国共产党人在新疆政治改革和民政建设方面做了大量工作。1941 年，毛泽民调任民政厅代厅长后，参照陕甘宁解放区实行的民主选举办法，结合当时新疆的具体实际，制定了《新疆省区、村制组织章程》。该章程废除了落后的乡约农官体制，各区县一律实行民主选举。这是新疆历史上第一次民主选举区长、村长等基层领导。他还主持起草了《县政组织章程》《新疆省各区行政长公署组织暂行条例》，各县相继成立了政务委员会，重大事项由政务委员会议决。林基路、黄火青等一批中共党人担任了行政长、县长，他们在自己的岗位上清廉勤政，勤勤恳恳为各族人民办好事，受到社会的赞誉。

中国共产党人在边防建设上也作出了重要贡献。1939年，由中共党人建议在蒲犁成立了500人的边防大队，中国共产党人、新兵营四大队政委胡鉴任大队长。边防大队组织了武装民兵，巡逻盘查，协守边防。驻疏附县骑兵三|五团两个连叛乱后，胡鉴奉命率军平叛。叛乱平息后，胡鉴拟订了修建哨所计划，经督办公署批准，增建了红其拉甫等5个边防哨卡，巩固了边防。

3. 盛世才迫害中国共产党人

1937—1943年，盛世才为实行独裁统治，先后3次炮制了所谓"阴谋暴动案"，对政敌进行大规模清洗。第一次清洗对象主要是联共党员，第二次是以杜重远为代表的进步人士，中国共产党人成为盛世才炮制的第三次"阴谋暴动案"的迫害对象。由于中共党人的努力，新疆的各项事业都有了较大的发展，呈现出一派欣欣向荣的景象。中国共产党党员全心全意为新疆各族人民服务和艰苦奋斗的优良作风，也使他们赢得了崇高的威望和各族人民的拥护、爱戴。盛世才害怕中国共产党在新疆各族人民中进一步扩大影响，威胁其独裁统治，从而改变了对中国共产党的策略，开始防范、压制、排挤中国共产党人。1939年初，他把深受新疆学院师生爱戴的林基路调往边远地区。次年，又解除了毛泽民财政厅长职务。1941年苏德战争爆发后，国内外形势发生了重大变化。此时，盛世才决心投靠蒋介石，公开反苏反共，破坏抗日民族统一战线。1942年，盛世才炮制了所谓"四·一二阴谋暴动案"，诬称中共党员陈潭秋、毛泽民和苏联驻迪化总领事、军事顾问等是该案的主谋，开始大规模迫害共产党人。6月，盛世才以"保护"或"另有重用"为名，将新疆各地的中共党员调到迪化软禁起来。与此同时，盛公开撕下伪装，反共投蒋，并以迫害中共党人作为投靠蒋介石的"见面礼"。9月17日，盛世才下令逮捕陈潭秋、毛泽民、林基路等领导人，随后又将中共在新140余人投入监狱。1943年9月27日，盛世才经蒋介石批复，在狱中秘密将陈潭秋、毛泽民、林基路等杀害。

中共在新人员被捕后，中共中央给予极大关心，积极进行营救。在中国共产党和全国人民的压力下，国民党当局不得不同意释放新疆在押中共党员。1946年6月10日，被押的中共党员及家属131人，结束了长达4年的监狱生活，分乘10辆卡车从迪化出发，历经1个月的艰苦跋涉，终于回到延安。

第四章

"东突厥斯坦"分裂主义的由来与发展

一、"泛伊斯兰主义""泛突厥主义"思潮

1."突厥"及"突厥斯坦"名称的由来

突厥一词本是金山（今新疆阿尔泰山）之南一个游牧部落的名称，最早出现于公元5世纪中叶。突厥部落曾臣属于中国北方的柔然民族。6世纪初，突厥部落兴起。公元552年，首领土门率部打败柔然，建立突厥汗国，土门自称为"伊利可汗"。汗国主力迁到漠北草原，并在郁督军山（今蒙古国杭爱山东部）建立汗廷。此后，突厥汗国发展成为一个"东至辽海以西，西达西海（今里海），南至沙漠以北，北至北海（今贝加尔湖）"的庞大游牧部落联合体。汗国内部包括许多归附的部族，主要有回纥、铁勒、高车、薛延陀等等。因此，突厥一词有狭义、广义之称，狭义指突厥族或突厥汗国，广义指所有归属于突厥操突厥语的部族。

公元583年（隋朝初期），突厥汗国以金山为界分为东、西两个汗国。630年，东突厥汗国归降唐朝。658年，西突厥汗国也归降唐朝。680年，骨咄禄重建东突厥第二汗国（又称北突厥汗国）。744年，东突厥第二汗国灭于回纥骨力裴罗可汗。突厥汗国彻底解体后，突厥民族也随之解体融合到其他民族之中。突厥汗国总共存在了100多年，突厥民族从兴起到解体总共存在了200多年，以后突厥民族不复存在，突厥的称谓也少有提及，即使提及，它的内涵也已发生变化，成为一种语言学概念或地理学概念。原因是突厥民族消亡了，突厥文字也消亡了，但突厥语言还存在，曾经生活在突厥汗国统治下的其他民族和部族，大多讲着与突厥语相近的语言或接受了突厥语言，这些民族和部族以后虽然不断变化，但仍然使用草原上通行的这种语言。而这些操突厥语的民族活动的地域则往往被一些地理学家冠以突厥的名称。

8世纪，一些阿拉伯穆斯林历史文献中用"突厥人"称呼中亚北部及周围地区草原上的游牧或半农半牧民族，这些游牧或半农半牧民族的最大共性就是通行突厥语。11世纪以后，一些国外史籍还间有使用"突厥"一词的情况，而此时"突厥"或"突厥人"已完全是对各个操突厥语民族的泛称了。

按照现代世界语言学的谱系分类法，突厥语族属于阿尔泰语系。经过1000多年历史的发展和民族的融合演变，今天列入阿尔泰语系突厥语族的各民族语支主要分布在亚洲，包括中国西北部、中亚、阿富汗、伊朗、土耳其及俄罗斯南部和东欧一些地区。中国属于突厥语族的民族语言有维吾尔语、哈萨克语、柯尔克孜语、乌孜别克语、塔塔尔语、撒拉语、西部裕固语。国外属于突厥语族的世界民族语言有土耳其语、哈萨克语、吉尔吉斯语、土库曼语、阿塞拜疆语、乌兹别克语、鞑靼语等。这些国内外操突厥语的人已分属不同的民族或国家，"突厥民族"或"突厥人"只是一个历史的概念。

"突厥斯坦"是地理名称，意为"突厥人的地域"。这是在突厥汗国灭亡后，世界某些地理著作中出现的概念。公元9—11世纪，阿拉伯地理学著作将中亚锡尔河以北及毗连的东部地区称为"突厥斯坦"。13世纪上半叶，蒙古西征占据中亚后，穆斯林著作将蒙古人所占中亚及毗连的东部地区（东至哈密，西抵塔什干）改称为"蒙兀儿斯坦"。15世纪末至16世纪初，操突厥语的乌孜别克人越过锡尔河，占据阿姆河与锡尔河之间的河中地带，有人称乌孜别克人所占阿富汗北部的地域为"阿富汗突厥斯坦"。以后，中亚近代各民族相继确立，突厥斯坦地理概念基本不再使用。中国境内，17世纪初，蒙古族卫拉特部（后建立准噶尔汗国）占据天山以北，信仰伊斯兰教的维吾尔族叶尔羌汗国占据天山以南，形成了以天山为界"南回北准"的格局。1759年，清统一西域，天山南北纳入清王朝直接管理之下，清政府以"故土新归"，称西域为"新疆"，或合称为"西域新疆"，"突厥斯坦"的概念几乎不为人知。

"突厥斯坦"地理名词的重新提出，是缘于19世纪初资本主义列强在中亚地区的殖民扩张。他们用"突厥斯坦"名称表述中亚及中国新疆南部塔里木盆地。鉴于两地历史、语言、习俗的差异和政治归属的不同，为叙述方便，他们又将塔里木盆地称为"东突厥斯坦"或"中国突厥斯坦"。19世纪中期，俄国先后兼并了中亚希瓦、布哈拉、浩罕三汗国，在中亚河中地区设立了"突厥斯坦总督区"。于是，西方一些历史地理学家称中亚河中地区为"俄属突厥斯坦"或"西突厥斯坦"，中国新疆南部塔里木盆地为"中国突厥斯坦"或"东突厥斯坦"。但这种称谓并没有成为约定俗成的规范用语和统一用法。

2."泛伊斯兰主义""泛突厥主义"的缘起

"泛伊斯兰主义"，是19世纪下半叶开始形成的一种社会思潮。其产生的背景是：进入19世纪后，在西方殖民主义扩张的冲击下，穆斯林世界趋于解体，其中最大的奥斯曼帝国内外交困、日益衰落，面临崩溃的危机。1884年，阿富汗人赛义德·阿富汗尼在倡导改革伊斯兰教、加强穆斯林团结、以"圣战"反对殖民侵略的基础上，提出了"泛伊斯兰主义"的基本思想，认为伊斯兰教是"普世宗教"，不受国界、民族、语言、肤色的限制，号召全世界穆斯林在共同信仰的基础上联合成为一个共同体（乌玛），在哈里发的统一领导下，反对外来的殖民侵略，直到取得独立。"泛伊斯兰主义"的主张得到了奥斯曼帝国苏丹的支持，也引起当时世界各国和各地区伊斯兰政党、组织和穆斯林群众的共鸣与拥护。初期的"泛伊斯兰主义"具有反对殖民主义侵略的性质。

"泛突厥主义"曾一度又称为"奥斯曼主义"，也是 19 世纪后半叶开始形成的一种社会思潮。其产生的背景是：沙俄政府推行"泛斯拉夫主义"的扩张政策，压迫其他民族的人民，俄国境内的鞑靼民族知识层试图利用文化认同意识，激发民族主义的聚合力，通过教育和语言改革，逐渐使操突厥语的各民族团结成为一个统一的"突厥民族"，以抵制沙俄政府的这种政策。沙俄鞑靼人伊斯玛依尔·伽思普林斯基于 1883 年明确提出：俄罗斯的穆斯林应该"在语言思想上和行动上联合起来"。其继承人尤素福·阿克楚拉进一步提出，把所有操突厥语的民族合并成为一个统一的"民族联盟"。1917 年十月革命后，"泛突厥主义"在俄国失去市场，伽思普林斯基等流亡土耳其。于是，"泛突厥主义"被一些奥斯曼帝国的知识分子接手，改变成恢复奥斯曼帝国昔日强大辉煌的民族复兴运动的精神支柱，并向世界传播。

20 世纪初，"泛伊斯兰主义"和"泛突厥主义"（以下简称"双泛"）已完全被奥斯曼帝国封建宗教上层掌握，成为一种具有偏激宗教狂热和民族沙文主义的社会思潮，成为封建势力和帝国主义的御用工具。当"双泛"思潮进入某些只在局部地区分布着穆斯林或突厥语族民族的统一多民族国家时，这种超阶级、超国家、超民族的极端宗教观和民族观便背离了原有的反抗世界殖民统治压迫、寻求民族和国家发展的初衷，成为破坏统一多民族国家的一种"分裂意识"。

3. "泛伊斯兰主义""泛突厥主义"思想渗透新疆

清末，奥斯曼帝国已与新疆有联系。据新疆省政府统计，当时居住在伊犁的土耳其人达42户，计男61人、女28人[1]。20世纪初，以奥斯曼帝国为中心的"双泛"思潮开始渗透新疆。当时中国正处于清朝末年的社会变革中。从新疆内部讲，"双泛"思想进入新疆后之所以能传播和蔓延主要有三个方面的因素：一是新疆各族人民长期受封建剥削压迫，反抗压迫剥削、要求解放的政治意识不断增强；二是自1884年新疆建省后，有30多年相对稳定的发展，民族意识随着社会经济的发展有所发展；三是共同的伊斯兰教信仰的宗教意识容易形成共鸣。

初期，境外"双泛"思潮向新疆传播主要通过两类人，一类是商人，一类是出境留学或朝觐的人员。商人在从事境外商业贸易或考察游历中，首先接触到"双泛"思潮，他们将"双泛"思想引入到新疆。例如20世纪初新疆的百万富翁、阿图什商人玉山巴依（又译为胡赛音·拜·巴合察，1908年以前其活动中心在阿图什，后迁往伊犁），他在从事对外经商的同时遍游欧洲，多次在奥斯曼帝国的首都伊斯坦布尔停留，"双泛"思潮给他留下极为深刻的印象，他的言行影响到了周围的人。1913年底，一些喀什噶尔的富商，包括玉山巴依的家族成员奥布尔·哈桑到达伊斯坦布尔，拜访了奥斯曼帝国的"统一与进步委员会"中央首脑穆罕默德·塔拉特·帕夏。塔拉特当时领导的一个秘密组织任务正是向世界传播

---

1 《新疆图志·交涉六》。

"双泛"思想[1]，对于来访的中国新疆人士十分重视，临别时，塔拉特同意向新疆派出专门"教师"。另一类前往境外留学或朝觐的人员，他们中的一些人在国外学习知识、接触新事物的同时，也接受了"双泛"思想或受到"双泛"思潮的影响。

应该承认，这些最先走出国门的各类新疆民族人士在当地社会都有较高的名望，也做过不少有益于社会发展的事。如玉山巴依参与和支持新疆爆发的辛亥革命，向革命军提供资助，帮助组建军队，发展民族工商业，发展民族教育，等等。但是面对世界范围的具有超阶级、超国家、超民族偏激宗教意识和民族意识的"双泛"思潮，这些刚刚睁眼看世界的新疆人士也良莠不分地伸出了欢迎的双臂。他们在接受了其中超阶级、超国家、超民族的极端宗教观和民族观的同时，比照着当时世界范围内穆斯林和突厥语族各民族反抗西方殖民统治斗争的现实，认知和理解中国国内与新疆地方的政治形势和民族关系，将中国和新疆各族人民反抗封建军阀统治压迫与剥削的国内政治斗争，错误地等同视为是世界范围"反抗殖民统治"的斗争，由此形成了一种危及国家统一的"分裂意识"。

除了新疆人士主动引进"双泛"思想外，奥斯曼帝国也积极向新疆输出"双泛"思想。由于新疆省政府严禁外国人特别是奥斯曼土耳其人介入宗教，所以最初进入新疆传播"双泛"思想的土耳其人是以"办教育"名义出现的。1914 年 2 月，由奥斯曼帝国"统一与进步委员会"派出的阿合买提·凯马尔（又译艾哈买德·喀麻力）等一行 7 人，经俄境（玉山巴依等在俄国敖德萨迎接并陪同）前往新疆，3 月 14 日抵达阿图什。他们最初拟在喀什办学校，但地方当局管理甚严，不得已改在阿图什开办了一所"师范

1　J.M. 兰道：《土耳其的泛突厥主义》（英文版），伦敦，1981 年，第 49 页。

学校",此外还开办了一个慈善机构。学校由玉山巴依主持,而凯马尔等7名土耳其人承担了班主任及课程讲授等工作[1]。他们在办教育的同时,大肆传播"双泛"思想,反复教导学生要以土耳其奥斯曼苏丹为领袖,经常组织学生学唱《土耳其进行曲》。学校还附设了一个从伊斯坦布尔搬来的印刷厂,公开印行《伟大宗教》杂志,宣传"双泛"思想。同类的"新式学校"很快在喀什噶尔、叶尔羌(今莎车)、和田、库车等地开办。1915年夏,土耳其人在阿图什私办学校被人告发。8月,凯马尔等受到喀什噶尔道尹讯问;9月,省政府下令禁止凯马尔等教学,并严禁各地穆斯林聘任土耳其人为教师。随后喀什地方政府封闭了这所"师范学校",并通令各地学校不得聘用这所"师范学校"的毕业生。凯马尔虽然在喀什噶尔被限制自由行动,但暗地里仍与各学校保持联系。当时这些土耳其人在新疆的活动受德国代管,1917年3月,中德断交,这伙人失去保护,继而被新疆省政府监禁。1919年,凯马尔与德国战俘一道被遣返出境。

一些接受了"双泛"思想的新疆人士在土耳其人的协助下,也参与了利用办教育传播"双泛"思想的活动。如玉山巴依的小弟弟巴哈·艾丁的儿子麦斯武德·沙比尔,1911年前往伊斯坦布尔留学,1915年返回喀什噶尔后,一人开办了数所小学,以兴办教育为名向青少年传播"双泛"思想。1924年被省政府查获,给予监禁10个月的处罚。

奥斯曼帝国向中国新疆进行"双泛"渗透的另一种方式,是通过境外或中国内地直接向新疆各地广泛邮寄"双泛"思想宣传品。由于省政府对"双泛"的渗透予以抵制,对境外邮寄宣传品

---

[1] 阿合买提·凯马尔·伊勒库尔:《突厥斯坦和中国的难忘记忆》,伊斯坦布尔,1955年,第52页。

稽查甚严，大量"双泛"思想印刷品便通过中国内地转寄新疆。
1917 年 9 月，新疆省长杨增新呈报中央："近日查有土耳其人，由
汉口及内地各处发寄信函暨土文印刷品，分寄新疆缠回（指维吾
尔族）及阿洪（訇）头目暨各军队，屡经查获，不一而足。"[1]北洋
政府对此甚为重视，当即令交通部通电邮政总局及各省政府，转
令检查员认真检查此类邮件信函[2]。

　　"双泛"思想的渗透和传播引起了新疆省政府的重视和警觉，
省长杨增新明确指出，"大一回教主义"（即"泛伊斯兰主义"）鼓
吹建设大同盟国是别有用意的。认为其中宣扬的"大一统"的伊
斯兰国家和联合欧亚伊斯兰教"建设大一同盟国"的主张，对地
方社会稳定和新疆统一威胁甚大。而对于境外安集延地方"双泛"
分子联络喀什噶尔穆斯林试图筹建"回教共和国"的行径，省政
府更是采取了坚决的防范和抵制措施[3]。为了防止"双泛"思想进
一步渗透和蔓延，省政府加强了对相关事项的管理，主要集中在
两个方面：一是对外禁止入境宣传"双泛"思想。省政府颁令，
严禁土耳其等外国人以讲经或其他名义在新疆"传播大一回教之
事"，如有"在地方煽惑回民举动者"，地方官员一经查证，"立予
驱逐出境"[4]。同时加强了对各地清真寺的管理，明令严禁聘请土耳
其等外国人充当教习或阿訇。对于违反禁令"私聘外国人充当阿
洪（訇）"或请外国人入寺讲经者，予以严惩。二是对内限制外出
朝觐。历史上新疆穆斯林大多习惯于就近朝拜圣人麻扎的宗教习

---

1 《民国 6 年 9 月 6 日收新疆省长（杨增新）函》，转引自《中俄关系史料·新
疆边防》，台湾中央研究院近代史研究所编，1983 年，第 6 页。
2 《民国 6 年 10 月 9 日收交通部函》，转引自《中俄关系史料·新疆边防》，台
湾中央研究院近代史研究所编，1983 年，第 6 页。
3 　杨增新：《补过斋文牍三编》卷 2。
4 　杨增新：《补过斋文牍》癸集八。

俗。随着"双泛"思想的渗透和传播，外出至麦加朝觐的人员日益增多。至 1917 年前后，新疆穆斯林前往麦加朝觐的"岁不下数万人"。如此众多的人员出境，为境外"双泛"思想的宣传蛊惑提供了便利。为了防止"双泛"思想在新疆的蔓延，省政府对每年出境前往麦加朝觐的人数作了限制。1917 年 3 月，又以保证安全为由，关闭了出境朝觐。省政府通令："嗣后遇有中国回、缠（指回族和维吾尔族）赴麦加地方朝汗，应一律停发护照，不准出境，免于危险。"[1] 这一禁令实施了 10 年，至 1927 年虽然开禁允许出境朝觐，但仍作出了诸多限制。1923 年，新疆方面还拒绝了一支来自土耳其的传教团。

尽管新疆方面采取了各种措施抵制境外"双泛"的渗透和传播，但"双泛"思想仍在新疆部分地区呈现蔓延趋势。"双泛"思想鼓吹的所谓"保护民族、反对落后因素"的诱人谎言和民族独立、建立"伊斯兰王国"的主张在新疆仍然有市场。由此构成了 20 世纪新疆分裂主义产生的源头。在 20 年左右的时间内，形成了以麦斯武德·沙比尔、穆罕默德·伊敏、沙比提大毛拉等为首的少数以"双泛"为旗帜的分裂势力。他们比照"双泛"思潮中反对欧洲殖民者、争取国家独立的言词，把中央政府和地方当局的统治视为殖民统治，声称要反对中国殖民统治，争取民族独立，妄图把新疆从祖国怀抱里分裂出去。

二、"东突厥斯坦伊斯兰共和国"分裂政权

1. 南疆反金暴动及分裂政权产生的背景

20 世纪 30 年代初，新疆各类社会矛盾激化，各地爆发反抗军阀金树仁统治的斗争。甘肃军阀马仲英乘机进军新疆，战乱使新

---

1 杨增新:《补过斋文牍》癸集八。

疆社会经济受到剧烈冲击和破坏。1933 年 1 月，焉耆回族首领马占仓联合库车脚夫行头铁木尔在库车起事，2 月底占领阿克苏，直逼南疆首府喀什。同期，于田农民和墨玉金矿矿工先后起义，矿工在首领伊斯买尔汗和加的统领下攻占县城，继而向西占据叶城、泽普，围攻重镇莎车。省政府在南疆的统治岌岌可危。

南疆各地的起义暴动，虽然是由各族被压迫民众参与的矛头指向黑暗军阀统治的武装斗争，但在斗争中程度不同地存在着局限性或错误，主要表现在以下三个方面：一是从狭隘的民族立场出发，将实行封建统治的汉族官僚与汉民族群众混淆在一起，将官府的剥削压迫、商人的高利贷盘剥及税收等方面的不公平统统视为汉族人的"罪行"，并由此形成了一种对汉族人"仇视"的情绪；二是与以往历史上农民起义借助宗教宣传和组织群众不同，南疆农民起义带有强烈的伊斯兰教对异教徒进行"圣战"的气息，战场上高呼的口号是"死了当殉教者，活了当英雄""一旦战死，我们是殉教者；如果幸存，我们就是征服者"；三是在分裂分子的煽动下，将废除旧制度、摆脱剥削和压迫同分裂国家混为一谈，认为只有建立独立的伊斯兰政权，才能废除旧制度，才能摆脱"异教徒"的统治和压迫，将自己解放的命运与建立分裂的"伊斯兰教国"捆绑在了一起。所以，20 世纪 30 年代前期南疆各地的起义暴动一开始就具有复杂的背景，并直接影响到斗争的性质。

实际上南疆起义暴动一开始，一些"双泛"秘密分裂组织就利用战乱篡夺起义暴动的领导权，将起义导向分裂运动。这些组织主要有两个，一个是 20 世纪 30 年代初在和田建立的"民族革命委员会"，这个组织取代伊斯买尔汗和加，篡夺了墨玉县起义暴动的领导权；另一个是活动在喀什的"青年喀什噶尔党"，他们控制了库车暴动首领铁木尔，并与哈密暴动首领和加尼亚孜联络，以便进一步控制局势。如果说"青年喀什噶尔党"具有严重的分裂倾向,那么和田"民族革命委员会"便是地道的分裂组织。其宗旨是:反共、反东干(指回族)、反汉,在新疆建立伊斯兰教权国家[1]。为此他们在穆罕默德·伊敏、沙比提大毛拉的领导下,大肆进行"泛伊斯兰主义"和"泛突厥主义"的反动宣传说教,鼓吹伊斯兰教对"异教徒"的"圣战",煽动分裂。暴动成功后,他们在原分裂组织的基础上组建了分裂政权,使和田反抗封建剥削压迫的暴动蜕变成为分裂运动。其后,分裂运动向喀什蔓延,穆罕默德·伊敏、沙比提大毛拉积极在喀什策划建立分裂政权。

2. 分裂政权的建立及其危害

1933 年 11 月 12 日,"东突厥斯坦伊斯兰共和国"在喀什宣告成立,随后公布了"政府"《组织纲领》、《施政纲领》及所谓"宪法"和"政府"成员名单。《组织纲领》共 30 条,其中第二条宣称:"东突厥斯坦为永久民主共和国,请求南京政府或国际联盟予以便利;协助人民,共同努力,以达最终之目的而保永久之独立。""中央政府"由"总统"、"国务院"及所属各部组成。和加尼亚孜(此时已进驻阿克苏)被邀出任"总统",沙比提大毛拉自任"总理",以下各部部长及"国务议会"秘书长等要职大多由原和田"民族革命委员会"的领导成员或制造、支持分裂的封建上层人物担任。穆罕默德·伊敏仍牢牢把持"民族革命委员会"的领导权,并与两个弟弟分别控制和田、莎车、英吉沙三处要地,时人称他是"东突厥伊斯兰共和国"中最富有、最有影响的人物。其"宪法"规定:以伊斯兰教法取代中华民国法律制度,以蓝底白色星月旗为"国旗"。"政府"派人前往英印、阿富汗、伊朗等地开

---

1 (英)A.D.W.福布斯:《新疆军阀与穆斯林(1911-1949 年民国新疆政治史)》,剑桥大学,1986 年,第 41 页。

展"外交活动"，谋求外交承认，并通过驻喀什英国领事馆和来访的土耳其军政人士向两国求援。在喀什与和田发行了"东突厥斯坦伊斯兰共和国"银行钞票，还出版了《东突厥斯坦周报》《独立月刊》《自由杂志》《生存周报》等各种刊物，大肆宣扬分裂，鼓吹对异教徒的"圣战"。

"东突厥斯坦伊斯兰共和国"是20世纪30年代前半叶新疆军阀混战、农民暴动此起彼伏的特定时期偶发的一次分裂运动的产物。虽然只存在了很短时间，但作为新疆现代历史上第一个分裂政权，危害甚大。主要表现在以下几个方面：其一，完成了分裂主义从思想意识向实践活动的过渡，开创了建立分裂政权的先例。从20世纪初第一次世界大战期间分裂主义随"泛伊斯兰主义"和"泛突厥主义"渗透新疆，至1933年11月建立分裂政权，这一过渡历时20年。其二，在"泛伊斯兰主义"的思潮下，开创了煽动和利用宗教狂热达到分裂目的的先例。分裂主义分子以宗教为外衣，而成千上万的信教民众在宗教狂热的蒙蔽和驱使下，将"圣战"、推翻"异教徒"（汉人）统治、建立"伊斯兰王国"当做宗教义务和对真主的奉献，呼喊着殉教口号，充当了分裂势力的炮灰。其三，在"泛突厥主义"思潮下，将一个民族的解放、复兴和发展建立在对另一个民族的排斥和打击之上，宣扬民族独立和建立分裂政权是民族解放和复兴的必由之路，煽动民族间的战争和民族仇杀，开创了将反抗民族压迫误导为分裂运动的先例。其四，利用当时政治反动、社会腐败、经济贫穷落后而民众要求改变生存现状的强烈愿望，开创了将民众反抗阶级压迫和剥削的斗争误导为分裂运动的先例，叫嚣独立和建立分裂政权是推翻旧制度、获得自由的必由之路。其五，产生了分裂主义"领袖人物"。喀什与和田分裂政权的建立，将沙比提大毛拉、穆罕默德·伊敏之流的分裂首恶，推上了"领袖人物"的宝座。其六，第一次将"东突厥斯坦"这一不规范的地理名词政治化，使之成为分裂主义的代名词。此后，大凡制造新疆分裂和独立的人都沿用了"东突厥斯坦"这一名称。

在上述背景下，在这一混乱动荡的特定时期，成千上万社会底层饱受压迫和剥削的朴实民众，被一小撮披着民族和宗教外衣的分裂首恶所蒙蔽、利用或裹胁，满怀宗教的狂热和对新生活的向往，随波逐流，使一场轰轰烈烈的反剥削压迫的农民暴动蜕变成一场分裂运动，并最终酿成中国西北边疆现代历史上第一个短命的分裂政权，这不能不说是一幕充满教训的悲剧，于国家、于民族、于边疆地方、于边疆民众贻害甚大。

分裂政权崩溃和销声之后，在军阀统治下的各族民众仍然处于水深火热之中。声称忠于和代表中央南京政府统治和田的军阀马虎山，向其所属且末县每户居民每年强征 90 个银元的掠夺性税收，迫使 1/3 的居民弃家外逃。这种暗无天日的反动统治为分裂势力的种种误导提供了口实，广大民众很容易以为建立分裂政权真的是推翻黑暗统治的必由之路。所以，从某种意义上讲，自分裂意识在 20 世纪初随"泛伊斯兰主义"和"泛突厥主义"传入新疆之后，在广大各族民众饱受欺压和宰割的旧中国，分裂运动和分裂政权的出现又有着复杂的社会根源，以致形成一旦发生事端，多有倡言独立的怪诞现象，这不能不说又是一个发人深思的悲剧。1937 年，盛世才任命驻防喀什的麻木提师长迫于压力外逃，其部下阿布都尼牙孜等又以建立"独立的东突厥斯坦"为旗帜，以"为保卫伊斯兰而战"为口号，肩缠"为真主而战"的"圣战"标志，再次发动短命的分裂叛乱就是一个例证。

3. 境外势力对待分裂政权的态度

分裂分子深知，其分裂行径必须取得境外势力的支持和援助方能立足。"东突厥斯坦伊斯兰共和国"成立后，率先向英国势力求助。一方面，通过刚刚抵任的英驻喀什总领事汤姆森·格洛费上校进行联系，这位新任总领事给英印政府的报告中建议："可以向这个新成立的并正在进行着斗争的共和国表示实际的同情和提供援助。"另一方面，向英印派出正式"使团"请求各项支持。1934年2月"使团"抵达新德里时，英国方面已认真研究了驻喀什总领事的报告。当时日本已侵占中国东北三省，美英等国为维护在华利益，施行了"不承认满洲事变（指1931年"九一八"事变）所造成的事实的任何合法性"的"不承认主义政策"。维持和加强与中国政府的关系，成为这一时期英国远东政策的重要组成部分。支持分裂，承认"东突厥斯坦伊斯兰共和国"，势必损害与中国政府的关系。此外，出于近代以来英、俄争夺中亚和新疆政策的考虑，英印政府对和加尼亚孜与苏联人员秘密接触的传闻十分警惕。因此，英印政府拟定的政策是：在现阶段只承认中国南京政府对新疆的主权。这一政策被及时转告给英驻喀什总领事。英印政府同时拒绝了来访的"东突厥斯坦伊斯兰共和国使团"，并告诫他们应"妥善地解决他们与新疆当局的各种冲突"[1]。"使团"出使以失败告终。

"东突厥斯坦伊斯兰共和国"出笼后，没有一个国家政府敢于公开承认这个分裂政权。只有在动乱中刚刚上台的阿富汗政府首脑查希尔·沙对"东突厥斯坦伊斯兰共和国"表示公开的同情和支持。这位才执政数天的国王向喀什分裂政权发去了一封贺电，进

---

1 （英）A.D.W.福布斯：《新疆军阀与穆斯林（1911-1949年民国新疆政治史）》，剑桥大学，1986年，第58页。

而在接待其"使团"时应允"有偿地提供一批武器，并向喀什派驻一名政治代表"，但是也以"承认东突厥斯坦独立为时过早"为由，拒绝了"使团"试图赢得正式承认的要求。"东突厥斯坦伊斯兰共和国"在境外乞求支持的图谋四处碰壁，倒是法西斯纳粹势力在暗中积极与南疆分裂政权相勾结。访问喀布尔的分裂"使团"溜进纳粹德国驻阿富汗使馆进行密谈；侵占中国东北的日本则主动与南疆分裂政权进行秘密接触。然而勾结尚未得逞，短命的南疆分裂政权已面临夭折的命运。

"东突厥斯坦伊斯兰共和国"在南疆的猖狂分裂行径及其与国际法西斯势力的勾结引起苏联方面的警惕。从战略上考虑，苏方认为未来德国和日本将对其领土的西部和东部怀有不可告人的目的，并将构成某种威胁，所以不能容忍法西斯军国主义势力染指苏联的"软腹部"中亚及周边地区。针对南疆的分裂局势，苏联方面直言不讳地告诫中国政府："倘若中国管理新疆，我们不去过问，但如果你们听任其成为第二个满洲国的话，那我们必定采取行动，保护自己。"[1]同期的塔什干苏联报纸则公开指出：如果日本控制新疆得逞的话，巴库的油田就会置于日本轰炸机的航程之内。这也正是后来苏联决定出兵支援新疆省政府消除南疆分裂的重要原因之一。

4. 分裂政权的崩溃

少数分裂分子把持的"东突厥斯坦伊斯兰共和国"是封建上层的天堂，各族劳动人民除了听取"推翻旧制度、争取民族独立、改善人民生活"等空头许诺外，什么也没有得到。战乱使南疆社会经济陷入崩溃的边缘，分裂政权为了维持其统治和军费开支，

---

1 （英）A.D.W.福布斯：《新疆军阀与穆斯林（1911-1949年民国新疆政治史）》，剑桥大学，1986年，第61页。

变本加厉地向老百姓进行更为疯狂的搜括和掠夺。各族人民被迫摊派钱粮、牲畜和苛捐杂税，提供各种无偿劳役。田地荒芜，市廛萧条，物价飞涨，民不聊生。"东突厥斯坦伊斯兰共和国"强制推行伊斯兰教法，设立宗教法庭，滥施肉刑，残害人民。清真寺的墙上钉着被砍下的手、脚，街头不按教规戴面纱的妇女遭到枪杀。残酷的压迫和剥削迫使人民对分裂政权重新思考和认识，厌战情绪日盛一日，逃离和反抗事件不断发生。众叛亲离的"东突厥斯坦伊斯兰共和国"处于摇摇欲坠之中。

1934 年初，苏联支持盛世才统一新疆的行动在南疆展开，矛头直指分裂的"东突厥斯坦伊斯兰共和国"。然而，受省政府和苏联红军联合追击的马仲英部却捷足先登，自阿克苏退往喀什的马福元先头部队与坚守疏勒的马占仓、马绍武部会合。沙比提大毛拉等分裂首恶与退败喀什的和加尼亚孜等仓皇出逃，喀什回城内一片混乱狼藉。倒行逆施、内外交困的分裂政权"东突厥斯坦伊斯兰共和国"土崩瓦解。2 月 6 日，马福元等兵不血刃占领了回城，彻底捣毁了分裂政权的大本营。据英国驻喀什总领事汤姆森·格洛费报称，马仲英部进军喀什，几乎没遇到什么抵抗，"大约 800 名东干（回族）士兵和 1200 名新兵（指马福元部）就迫使 1 万人的叛军逃离喀什"。一星期后，马福元宣布："喀什前道尹马绍武应马占仓和马福元之请，代表中国当局负最高军事和民政监督之职。"[1] 此语虽有向南京政府表白忠诚的成分，但确有平定分裂、维护新疆统一之意义。

建立在喀什的"东突厥斯坦伊斯兰共和国"只存在了不足 3 个月即垮台了，分裂政权如此短命，可见分裂不得人心。建立分裂的"东突厥斯坦伊斯兰共和国"并非是新疆暴动者的初衷，更

---

[1] （英）A.D.W.福布斯：《新疆军阀与穆斯林（1911–1949 年民国新疆政治史）》，剑桥大学，1986 年，第 63 页。

违背了新疆各族人民群众的意愿。以沙比提大毛拉、穆罕默德·伊敏为首的少数分裂分子的倒行逆施，受到了多数暴动群众的抵制或反对；而暴动首领则大多没有或很少参与"东突厥斯坦伊斯兰共和国"的分裂活动。分裂政权出笼前夕，喀什有四派势力：库车起义的铁木尔部，占据疏勒的马占仓、马绍武部，喀什兵变的乌斯曼艾力部及沙比提大毛拉为首的和田暴动势力。分裂分子沙比提大毛拉所能蒙蔽和利用的只有自己所属的部众，其余各派势力大多程度不同地对其分裂行径采取了保留或抵制态度。铁木尔对沙比提大毛拉提出的建立"东突厥斯坦伊斯兰政权"及相关政策持反对意见，并于 1933 年 7 月下令拘捕软禁了沙比提大毛拉等，进而向"和田伊斯兰政府"发动了进攻；乌斯曼艾力与沙比提大毛拉建立的"东突厥斯坦独立会"意见相左，在部下被分化时，带领 300 多名官兵出走克孜勒苏；马占仓则对喀什分裂组织"青年喀什噶尔党"采取了限制和打击，一度逮捕了该组织头目、狂热的"泛伊斯兰主义""泛突厥主义"分子阿布都热依木巴依·巴合察，并与马绍武伺机向沙比提大毛拉分裂势力出击。铁木尔的部将阿布都吾甫尔·夏甫都里还公开指责分裂势力，"他们凭什么成立共和国"[1]。

在 20 世纪 30 年代上半期那个混乱动荡的特定时期，在"泛伊斯兰主义""泛突厥主义"甚嚣尘上、宗教狂热四处蔓延之时，这些最初的暴动领袖或统兵首领能把握自持，很少或基本不参与"东突厥斯坦伊斯兰共和国"的分裂行径，是十分不易之事。他们与沙比提大毛拉之间确实存在激烈的派别斗争；他们也喊过"圣

---

1 《新疆文史资料选辑》第 18 辑，第 34、23、20 页；(英)A.D.W. 福布斯：《新疆军阀与穆斯林（1911—1949 年民国新疆政治史）》，剑桥大学，1986 年，第40 页。

战"的口号，也有对其他民族的屠杀掳掠行为；他们抵制或反对
"东突厥斯坦伊斯兰共和国"时可能并没有明确的自觉意识，甚
至他们自己也有过有损于中国主权的言行，如铁木尔曾经受"青
年喀什噶尔党"的影响，并以伊斯兰年号替代中华民国年号，乌
斯曼艾力也曾一度与"独立会"接触，声称"我们起义的目的就
是为了建立伊斯兰政府"，甚至投书英驻喀什领事馆乞求支持，等
等，但他们最终没有参与"东突厥斯坦伊斯兰共和国"分裂中国
新疆的活动，没有与分裂首恶分子同流合污。分裂不得人心，分
裂必将众叛亲离、短命夭折，这就是历史的规律。

分裂政府的残余人员在沙比提大毛拉的带领下向西逃往英吉
沙。而"总统"和加尼亚孜则向东逃往中苏边界的伊尔克什坦，
并与苏方代表举行了谈判。在苏方的协调下，和加尼亚孜同意解
散"东突厥斯坦伊斯兰共和国"，率部归服新疆地方政府，并出任
新疆省副省长。与此同时，和加尼亚孜致函沙比提大毛拉，通知
"总统"解散"东突厥斯坦伊斯兰共和国"的决定。3月2日，沙
比提大毛拉在英吉沙召开所谓"内阁特别会议"，会后宣称拒绝
"总统"下达的解散令，并宣布和加尼亚孜为叛徒。沙比提大毛拉
则前往莎车，与"和田伊斯兰政府"头目穆罕默德·伊敏磋商对
策，企图负隅顽抗，作最后的挣扎。4月中旬，和加尼亚孜统兵
抢在马福元之前进占莎车，逮捕了沙比提大毛拉及部分"内阁部
长"，加戴刑具，经麦盖提押往阿克苏，将这一伙分裂首恶交付省
政府当局。7月，沙比提大毛拉等在阿克苏被处以绞刑（另有一说
解往省城迪化死于狱中）。此前，穆罕默德·伊敏侥幸逃脱逮捕，从
莎车逃回和田。后又妄图利用马仲英与盛世才的矛盾，主动提议与
马议和，共同维持分裂的"和田伊斯兰政府"，遭到严厉拒绝。6月
马仲英部下马虎山统兵进军和田，一小撮分裂骨干闻风出逃，分裂

的"和田伊斯兰政府"崩溃瓦解。6月12日，在和田专员木合买提·尼亚孜·艾来木带领毛拉和地方长老列队欢迎下，马虎山进驻和田。至此，南疆分裂政权被彻底铲除。穆罕默德·伊敏等分裂分子带着几驮黄金，挟持3000余民众，出逃英印克什米尔，并在此成立所谓"同乡会"，收罗新疆外流难民，继续从事分裂活动。

穆罕默德·伊敏在境外隐姓埋名，从列城转移到喀布尔，先是投靠阿富汗国王，获取了每月定额500元（约合125印度卢比）的资助，进而又卖身日本，通过日本驻喀布尔人使向日本政府提出"由东京提供军火和经费，建立'东突厥斯坦共和国'的详尽计划"。又提议日本选择直接出兵新疆的方案，并保证随着日本进入新疆，当地穆斯林居民发起的武装暴动会"骚扰后方，从而援助日本军队的推进"，一旦在日本的支持下实现了新疆独立，"独立的新疆"将给日本以特别的经济和政治权益。这实际上是要使新疆成为第二个"伪满洲国"（西方人称之为"中亚伪满洲国"）[1]。

三、"东突厥斯坦共和国"分裂政权

1. 盛世才政权倒台前的形势

盛世才执政后期，新疆社会经济实际已濒临崩溃的边缘，政局动荡不安，经济支离破碎，社会危机四伏，各族人民反抗剥削压迫的斗争再次步入高潮。早在1940年初，阿山（今阿勒泰地区）就爆发了哈萨克人民反对军阀残暴统治的武装暴动。几经挫折后，至1943年12月已发展到10个大队，并成立了统一的"阿尔泰哈族复兴委员会"。是年，盛世才为扩充军队，强行在北疆牧区以

1　（英）A.D.W.福布斯：《新疆军阀与穆斯林（1911-1949年民国新疆政治史）》，剑桥大学，1986年，第73-74页。

"捐献"为名征集军马 1 万匹。此举使原有的社会危机形势进一步恶化，各族人民的反抗斗争也更趋激烈。1944 年 9 月，盛世才下台，国民党接管了新疆的统治权。面对危机四伏的烂摊子，新疆省政府力图采取措施，缓和尖锐的社会矛盾，其中包括提出一些冠冕堂皇的口号，开办宣抚活动，实施一些收买人心的政策。但国民党在新疆实行的换汤不换药的反动专制统治无法从根本上解决社会经济危机。

如同 10 年前南疆起义暴动前的局势一样，随着社会经济形势的进一步恶化和各族人民武装反抗斗争的日益强烈，一度蛰伏的"泛伊斯兰主义"和"泛突厥主义"的思潮又在社会上公开泛滥，并再度误导各族人民反抗剥削压迫的武装斗争。这里需要提及的是 1944 年 4 月 9 日在伊宁建立的"伊宁解放组织"，这是一个能左右局势的秘密组织。该组织领导成员情况复杂，其中仅有阿不都克里木·阿巴索夫、喀斯木江·坎拜尔等少数进步知识分子，以艾力汗·吐烈、莫合买提江·买合苏木等为首的宗教上层人士和以热合木江·沙比尔阿吉、沙里江巴依·巴巴江等为首的商人、牧主、地主阶层占绝大多数。艾力汗·吐烈等在封建宗教上层人士中进行秘密串连，并以伊宁拜吐拉清真大寺为活动地点，利用宗教仪式对信仰伊斯兰教的各民族群众进行宣传，其中既有反对盛世才、国民党反动统治的内容的宣讲，又有"泛伊斯兰主义"、"泛突厥主义"、民族分裂主义内容的蛊惑煽动。他们把盛世才、国民党反动派和少数民族封建势力对新疆各族人民的阶级压迫和民族压迫所造成的苦难，统统说成是"异教徒"的"汉人统治"造成的，进而号召反汉排汉，鼓吹"圣战"；他们歪曲新疆历史，鼓吹独立、分裂[1]。在此，我们应看到，作为伊宁最大的拜吐拉清真寺

---

1 《新疆三区革命大事记》，乌鲁木齐：新疆人民出版社，1994 年，第 8 页。

的主持,狂热地鼓吹反汉排汉、分裂独立的艾力汗·吐烈被推举为"伊宁解放组织"主席,这不只是他个人或某个团体的行为,而是这一时期"双泛"思潮泛滥的必然结果。

2. 错位的"民族解放运动"

所谓民族解放运动,是指殖民地半殖民地国家反抗西方殖民统治而在不同国家进行的斗争,其结局一般是国家的独立、民族的解放。新疆近现代的反抗斗争,除阿古柏入侵之外,一般都是在同一国度内反抗统治阶级压迫的政治斗争。1944 年 11 月三区革命运动前期之所以产生了一个分裂政权,从理论上究其根源,主要原因之一就是在"民族解放运动"这个概念上发生了混乱。而这种混乱可以直接追溯到 1919 年共产国际的"东方革命论"。

十月革命胜利后,共产国际和苏俄将新疆军阀统治定性为殖民统治,他们出于世界革命的信条,开始将中国新疆看成是输出革命、扩大世界革命浪潮的重要地区。他们认为:在革命席卷了俄罗斯的中心地区和俄属中亚地区之后,新疆很有可能成为下一个社会主义革命的舞台。之所以如此,是因为新疆是苏俄通往英国最大的殖民地——印度的最短的途径之一,而考虑到印度被压迫人民与英殖民者的斗争,印度完全可以被视为未来世界东方革命运动的中心之一。共产国际领导人托洛茨基在 1919 年 8 月提出了远征阿富汗和印度,点燃"世界革命火焰"的设想。其大致的推论是:为消灭英国殖民主义,必须先帮助印度争取独立,并使之布尔什维克化。印度的革命工作又须通过阿富汗和波斯进行。而进入到阿富汗,首先应在新疆积蓄经验。

20 世纪 20 年代初,俄共(布)中央中亚局主席 Я.Э.鲁祖塔夫甚至提出了在新疆建立"喀什和准噶尔共和国"的建议。建议

的缘起是"新疆的一些革命团体和组织向往摆脱军阀压迫，提出
了建立独立的'喀什和准噶尔共和国'的设想"。1921 年 6 月 4 日，
俄共（布）中央政治局会议讨论了这个建议。所幸的是，政治局
会议上，Г.В.契切林坚决反对这个建议，列宁等少数政治局委员
也支持契切林的意见，最终否定了它[1]。

　　不过，共产国际的"东方革命论"和"民族解放运动"理论
并没有得到澄清。一旦形势发生变化，这种理论还会再度浮泛。

　　1931 年新疆爆发反对金树仁统治的起义。面对新疆的新形势，
共产国际的领导人以及一些苏联上层人士，特别是与新疆毗邻的
苏联中亚共和国党和军队的领导人，都认为新疆的革命时机已经
到来，这里的民族解放起义将成为世界革命的一部分。1931 年 9
月，联共（布）中亚局书记鲍曼提出：新疆的起义和暴动已具有
民族解放运动的性质，因此我们应当在新疆开始积极的革命工作，
帮助运动的发展。部分军事工作者和国家政治保卫局的工作人员
也认为：新疆目前的民族运动是革命性的。不过后来情况发生了
变化，由于外来势力的插手，新疆起义者特别是南疆暴动者日益
表现出反苏倾向。如苏方报告所说，南疆起义民众队伍中有大量
与苏境内居民有亲属和其他关系的移民及中亚反苏分子，其中喀
什境内有 6 万名苏联吉尔吉斯移民；苏联国内的"泛伊斯兰主义"
和反苏势力头目已在喀什展开活动，他们有可能组织力量从中国
喀什方面对苏领土进行偷袭；英国插手南疆起义，并有在南疆建
立独立于中国之外的穆斯林国家的意向[2]；同时，苏联方面认为，解
决与新疆穆斯林居民起义有关问题，对苏联来说意味着解决与这

1　A.H.海费茨：《苏联外交与东方民族（1921-1927）》，莫斯科，1968 年，
第 128-129 页。

2　俄罗斯现代史文献保管与研究中心，全宗 62，目录 2，案卷 3037，第 61 页。

一地区接壤的自身至关重要的内政问题。因此,在这种形势下,内部认识趋于统一,支持新疆地方政权,维持新疆的统一,成为这一时期苏联对新疆的政策。

1931 年 8 月 5 日,苏联政治局会议决定向新疆金树仁政权出售军用飞机和派遣飞行员。以后又决定进一步提供空投炸弹、大炮及汽油等战备物资,并决定不给新疆起义暴动者方面以任何帮助[1]。1933 年 "4·12 政变"盛世才上台后,明确表示亲苏立场。8 月 3 日,联共(布)中央政治局正式下达"对新疆工作的指示",主要内容是:(1)不采取支持新疆同中国分离的政策和口号。(2)支持盛世才为首的新疆政府。现时和现有条件下,支持旨在完全脱离新疆政府的运动不适宜,但可以在英国或日本特务活动不可能取得成效的地区,对组织较为广泛的地方自治持友好的立场。(3)积极支持新疆政府粉碎马仲英和其他回人的队伍。(4)利用归化军(由加入中国籍的白俄组成)支持新疆政府的稳定,并对新疆政府进行监督,同时采取一切必要的措施防范和监督归化军。

这样,20 世纪 30 年代错位的"民族解放运动"理论没有占据主导地位,也没有付诸实践。但是 20 世纪 40 年代情况就不同了。

1942 年盛世才开始投靠国民党,走上反苏反共的道路,要求苏联撤回在新疆的工作人员和军队。苏联中断了对新疆的政治、军事和经济支持,撤回了在新疆的工作人员和军队。苏联开始支持和组织反对盛世才统治的斗争。1943 年 5 月 4 日,联共(布)中央政治局会议讨论了新疆的局势。会议指出:"必须采取措施,以便能使盛世才失去在新疆的权势",决定筹建革命组织和培养新疆的革命力量。在此之前,苏联已有计划地在新疆境外建立了一

---

1 俄罗斯现代史文献保管与研究中心,全宗 17(政治局特档),目录 162,案卷 1,第 10 页。

些以"民族复兴小组"命名的革命组织。政治局会议还决定，在与新疆相邻的苏联哈萨克斯坦、乌兹别克斯坦和吉尔吉斯斯坦建立数所学校，专门为"民族复兴小组"培养指挥人员和将来与新疆居民一道工作的宣传鼓动员[1]。在实施这些计划中，"民族复兴小组"被更名为"民族独立小组"或"民族解放小组"。之所以如此，是因为苏联长期以来一直将新疆各族人民反抗剥削压迫的斗争定位为"推翻汉族殖民统治的民族解放运动"。既然定位是"推翻汉族殖民统治的民族解放运动"，其斗争的结局必然是"民族的独立"，所以建立"民族独立小组"也是顺理成章的。在以后的斗争中，"民族独立小组"在传播未来起义运动行动纲领的同时，传播民族解放和民族独立的思想。联共（布）乌兹别克斯坦加盟共和国委员会负责人被指定为当地向新疆宣传和输出革命的负责人。境外出版的《新生》《东方真理》《哈萨克之乡》等维吾尔文、哈萨克文杂志被运入新疆，广为传阅。其中一篇《我们为何进行斗争》的政论文章颇具代表性，试举第一条为例："我们为消灭汉族在我们东突厥斯坦的统治，为消灭在我们领土上汉族暴政的一切根源而斗争。东突厥斯坦属于这片领土的真正主人——维吾尔人、塔兰奇人、哈萨克人、柯尔克孜人、塔塔尔人、乌孜别克人，以及其他遭受突厥族统治的人——蒙古人和其他非汉族人。在东突厥斯坦，无论汉族殖民政府，还是汉族殖民者，都没有容身之地。"[2]

新疆不是殖民地，共产国际和苏俄当局却将新疆人民反抗剥削压迫的国内政治斗争错误地定位为民族解放运动，新疆人民反对的是军阀统治和专制制度，而境外宣传材料却误导为反对汉族

---

1 （俄）B.巴尔明：《1941-1949年间苏中关系中的新疆》，巴尔瑙尔，1999年，第59-60页。

2 L.本森：《伊犁起义》（英文版），伦敦，1990年，第200-205页。

的民族独立运动，这样，一场轰轰烈烈的革命运动前期未能产生出相应的革命政权，却形成了"东突厥斯坦共和国"分裂政权。错位的"民族解放运动"是分裂政权产生的重要理论根源。

3. 分裂政权的再现

1944 年 8 月，在伊犁巩哈县（今尼勒克县）爆发了反抗盛世才和国民党反动统治的暴动，11 月 7 日，又爆发了伊宁起义。由于艾力汗·吐烈为首的封建宗教上层势力把持了起义领导权，致使北疆伊宁出现了一个寄生于起义运动之上的"东突厥斯坦共和国"分裂政权。这个分裂政权不仅在名称上承袭了 1933 年南疆分裂政权"东突厥斯坦伊斯兰共和国"的成分，而且将政权建立的时间选定在与南疆分裂政权出笼的同月同日——11 月 12 日。

1944 年 11 月 12 日，"伊犁解放组织"宣布成立"东突厥斯坦共和国临时政府"，定"国旗"为绿底、中镶黄色星月，由艾力汗·吐烈等 16 人出任"临时政府"委员。艾力汗·吐烈为"政府"主席，封建上层人物阿克木伯克·霍加为副主席，宗教上层人士兼商人阿布都热乌吾甫·马哈苏木为"政府"秘书长。此外，"政府"委员中热合木江·沙比尔阿吉、莫合买提江·买合苏木、安尼瓦尔·木沙巴也夫、阿不都海依尔·吐烈、布卡、沙里江巴依·巴巴江、阿不都木塔艾力海里潘 7 人均为封建或宗教上层人士；另有苏联侨民帕维勒·帕夫洛维奇·莫斯卡廖夫、加尼·尧力达西 2 人为委员；而以阿不都克里木·阿巴索夫为首的进步知识分子占的比重很小。从以上"临时政府"的组成成员可以看出，其权力掌握在以艾力汗·吐烈为首，受"泛伊斯兰主义""泛突厥主义"影响的封建宗教上层人士手中，而军事权力则由担任"临时政府"游击队总司令的苏联军官阿列克山德洛夫掌握。

1945 年 1 月 5 日，"东突厥斯坦共和国临时政府委员会"第四次会议通过了由苏联领事馆"协助"起草的"政府"宣言，全文九条，其中一、二条声称：

（1）在"东突厥斯坦"领土上，彻底根除中国的专制统治；

（2）在"东突厥斯坦"境内各族人民一律平等的基础上，建立一个真正自由独立的国家[1]。

这个宣言虽然有反对国民党反动统治和亲苏的进步内容，但主要方面是鼓吹独立、分裂，犯有方向性、路线性错误，是破坏中国统一的历史倒退，严重地违背了中国人民和新疆各族人民的根本利益。而稍后公布的"施政纲领"中，又将"根除汉人各种虐政"列为首款，由此进一步加剧了民族对立。以艾力汗·吐烈为首的封建宗教上层利用把持的权力，多次在群众集会等公开场合发表分裂祖国统一、反汉排汉的演讲，把"新疆是中国领土不可分割的一部分"的事实斥为"谬论"，散布"东突厥斯坦是我们的祖国"的反动分裂言论，甚至在新组建的民族军的旗帜上也写有"为东突厥斯坦独立前进"的口号。在宗教狂热和狭隘民族偏见的驱动下，游击队中极少数反动分子、社会上的不法分子及一些受蒙蔽的群众大肆反汉排汉，屠杀战俘、杀害汉族平民、抢劫财物、污辱妇女事件不时发生。虽然 1945 年初"临时政府"开始总结这一教训，并惩处了少数坏分子，但随后由"临时政府"所实行的民族隔离式的强制迁徙汉族、没收汉族人土地的政策，仍严重地伤害了汉族群众的感情。

"临时政府"宣言中，还公开列入"政府"提倡和鼓励实行伊斯兰教的内容。"临时政府"领导人艾力汗·吐烈本身就是一个出身宗教世家，留学中东、中亚，身居伊宁最大的清真寺大阿訇的

---

1 《新疆三区革命大事记》，乌鲁木齐：新疆人民出版社，1994 年，第 51–52 页。

宗教神职人员。"临时政府"还在一定范围内实行伊斯兰教教规。如自上而下成立各级宗教法庭，处理民事案件；由宗教部门管理人口出生、死亡、结婚、离婚等事项；恢复宗教税收"吾守尔"和"扎卡提"；按照伊斯兰教规停止银行向私人存款计付利息；成立宗教宣传团；等等[1]。1945年上半年，以艾力汗·吐烈为首的封建宗教上层人士又企图实行"政教合一"的政策，"主张各类公办学校必须讲授伊斯兰教；还主张'东突厥斯坦共和国'的公职人员只能从熟谙古兰经训示的人员中挑选"[2]。"临时政府"所实行的倡导和鼓励伊斯兰教及推行伊斯兰教法规的政策，促使宗教狂热不断升温，进一步加深了革命的潜在危机。一场轰轰烈烈的各族人民反抗盛世才和国民党反动统治的革命暴动被误导入歧途，革命性质严重蜕变。

"东突厥斯坦共和国"是新疆现代历史上出现的又一个分裂政权，从实质上讲，这个分裂政权是1933年"东突厥斯坦伊斯兰共和国"的延续。两者的共性集中于两点：

一是这两个分裂政权都是在人民反抗剥削压迫的暴动中产生的，反映出分裂分子虽然只是极少数，但在当时反动统治阶级的剥削压迫和极端贫困落后的社会历史环境下，他们宣扬的"双泛"思想有一定的社会温床，一旦时局有变，分裂分子便被推至前台，成为领军人物，并在篡夺了暴动领导权之后，将斗争引入歧途。

二是凡分裂活动，背后大多有境外势力插手，这是近代以来中国边疆分裂活动的规律之一，20世纪前半期新疆建立的这两个分裂政权也不例外。1933年11月建立的分裂政权"东突厥斯坦伊

---

1 《新疆三区革命大事记》，乌鲁木齐：新疆人民出版社，1994年，第50、69、71、132、154等页。

2 （英）A.D.W.福布斯：《新疆军阀与穆斯林（1911-1949年民国新疆政治史）》，第103页；《赛福鼎回忆录》，北京：华夏出版社，1993年，第330页。

斯兰共和国"，可以看成是 20 世纪初以来境外"双泛"渗透和传播的直接后果；而 1944 年 11 月建立的分裂政权"东突厥斯坦共和国"，除在思想上继承了"双泛"的衣钵外，苏联在其中起了重要的作用。与 1933 年时的态度截然相反，苏联对 1944 年的分裂政权"东突厥斯坦共和国"采取了直接掌握和全力支持的政策。

与 1933 年"东突厥斯坦伊斯兰共和国"相比，1944 年的"东突厥斯坦共和国"分裂政权又有自己的特点。首先是时间长，自 1944 年 11 月 12 日"东突厥斯坦共和国"建立，至 1946 年 6 月 27 日三区政府委员会 324 号决议将"东突厥斯坦共和国政府委员会"改组为新疆省伊犁专区参议会止，前后共存在了 1 年零 8 个月，而"东突厥斯坦伊斯兰共和国"不足 3 个月便夭折了。其次是分裂政权控制的面积大，包括新疆北部沿边伊犁、塔城、阿山（今阿勒泰）3 个专区计 35 万平方公里，约占新疆面积的 1/5，而"东突厥斯坦伊斯兰共和国"所能把持的仅仅是南疆喀什噶尔回城一隅。三是军事力量强大，建立了自己的正规军，"东突厥斯坦伊斯兰共和国"的乌合之众与之不可同日而语。以上几个方面的因素使"东突厥斯坦共和国"所具有的分裂能量和对新疆政治社会造成的危害更为严重。

第五章

三区革命运动与新疆和平解放

　　三区革命通常指 1944 年 8 月在新疆北部伊犁、塔城、阿山（今阿勒泰）三个专区爆发的各族人民反抗军阀盛世才和国民党反动统治的武装斗争。由于革命酝酿和爆发时特定的历史条件，及革命领导权掌握在以艾力汗·吐烈为首的封建宗教上层人士手中，武装斗争取得初步胜利后，一度形成了寄生在三区革命运动上的"东突厥斯坦共和国"分裂政权。因此，无论是三区革命自身历史的发展，还是我们今天对三区革命历史的研究，都有许多复杂而矛盾的问题。对此，我们认为在三区革命的研究中应明确几条原则：一是将这一时期新疆各族人民反抗剥削压迫的武装斗争，同少数封建上层的分裂活动严格区别开来，在充分肯定各族人民反抗斗争的正义性和革命性的前提下，痛斥少数封建宗教上层再次制造分裂的反动行径。二是将三区革命运动与寄生其中的"东突厥斯坦共和国"分裂政权严格区分开来，"东突厥斯坦共和国"分裂政权的建立绝不是三区革命运动的初衷，而是革命前期把持领导权的封建宗教上层强加于各族人民的私货，是寄生在三区革命运动中的毒瘤。两者具有截然不同的性质。三是分裂违背了新疆各族人民的根本利益，人民一旦觉悟，便会同分裂主义进行坚决的斗争。以阿合买提江、阿巴索夫为代表的革命派，正是在各族人民的支持下，通过坚决和不懈的斗争，最终使三区革命运动摆脱分裂主义的桎梏，汇入中国革命的洪流中。鉴于以上几条原则，依照三区革命的发展与变化，应将运动的全过程划分为不同的阶段来叙述。

一、三区革命运动的初期阶段

1. "巩哈暴动" 与 "伊宁起义"

"巩哈暴动" 是三区革命运动的开端。这次暴动是在境内外相互配合下展开的。1944 年 8 月初，受官府迫害的哈萨克族艾克拜尔、色依提、纳万（曼）三兄弟逃入与霍城县毗邻的苏境英塔尔，在那里，他们与法提赫·穆斯里莫夫相遇。法提赫曾是巩哈县苏联侨民，担任过县土产贸易公司的副经理，因秘密结社遭逮捕而潜逃回苏境，后应征在阿拉木图接受旨在支援新疆民族复兴的军事培训。经法提赫介绍，艾克拜尔等从曾居新疆的归化族（加入中国籍的俄罗斯族）专门从事军火买卖的格列宾科那里，用马匹低价换取了一些武器。以后，艾克拜尔等人又与法提赫等联合，于 8 月 14 日在新疆巩哈县乌拉斯台谷地正式组建了以法提赫为首的游击队。17 日，游击队成功地伏击了前来搜山的一队县武装警察，打响了 "巩哈暴动" 的第一枪。游击队迅速扩大，10 月 7 日攻占了巩哈县城。

9 月，伊斯哈克伯克率领在蒲犁（今塔什库尔干县）境外培训的武装经苏境赶往伊宁。10 月 7 日，"伊宁解放组织" 成立了以艾力汗·吐烈为首的 "地下革命军事司令部"，着手组织和准备伊宁起义。10 月中旬，苏联侨民法铁依·伊凡诺维奇·列斯肯在伊宁与迪化交通的咽喉要地果子沟组织了游击队，准备切断敌人对伊宁的增援。11 月 6 日，阿巴索夫偕同由苏联军官彼得·罗曼诺维奇·阿列克山德洛夫率领的一支武装队伍，配备苏式精良武器装备，从霍城县的艾因塔勒（即英塔尔）入境，迂回来到伊宁城下。随后在前"地下革命军事司令部"的基础上，成立了以阿列克山德洛夫为首的军事指挥部，负责领导起义。同日，列斯肯率绥定游击队率先在芦草沟暴动，攻占了伊宁通往迪化的大门，形成了"关门打狗"的形势。伊宁武装起义的军事准备至此完全就绪。宣传方面的工作也自 11 月初开始，"伊宁解放组织"在县城各地张贴标语、散发传单。其中既有"打倒压迫人民的政府""革命胜利万岁"等正面的宣传口号，也有"穆斯林联合起来，驱逐汉人、东北人（指 1933—1934 年经苏境转入新疆的东北抗日义勇军）出新疆"和"建立东突厥斯坦政府"等负面的鼓动内容。军事指挥部决定，起义定在 11 月 7 日（苏联十月革命 27 周年纪念日）。

11 月 7 日，按预定方案，游击队分别向县城内的军事要地及政府要害部门发起攻击。至 12 日，除城郊机场及艾林巴克、鬼王庙两处高地仍被国民党军固守外，整个县城已被游击队攻占。伊宁解放组织宣布成立"东突厥斯坦共和国临时政府"。同期，列斯肯率游击队占据二台，切断了伊宁与迪化的交通。11 月 16 日，伊斯哈克伯克和苏联军官亚历山大（化名斯坎达尔）、伊万·雅科夫列维奇·颇里诺夫等率一营骑兵从苏境入境，加入围攻艾林巴克的战斗。国民党援军则被死死堵在新二台达坂（果子沟）之外，精河一线国民党援军曾进入距伊宁 15 公里之潘津于孜皮里其一带，但在另一支入境苏军骑兵的三面夹击下，伤亡过半，被迫撤退[1]。此间，伊宁周围各县相继为游击队攻占。1945 年 1 月 31 日，围困于飞机场附近的国民党军队在突围中被全歼，"伊宁起义"取得了完

---

1 陈慧生、陈超：《民国新疆史》，乌鲁木齐：新疆人民出版社，1999 年，第396 页。

全的胜利。

2. 苏联对三区革命的支持

"巩哈暴动""伊宁起义"胜利后，伊犁建立了"东突厥斯坦共和国临时政府"。这个"政府"在苏联军事顾问帮助下，制定了南、北、中三线作战计划，北线负责解放塔城、阿山两个专区；中线以精河、乌苏为进攻目标，进而挺进新疆首府迪化；南线向南疆方向发展游击战，以牵制国民党驻南疆部队。其后，由联共（布）中央政治局决议派遣的红军军官和军士及列兵迅速补充到民族军中，牵制南疆、攻取北疆的各项准备工作基本就绪。6月中旬，北线的战斗率先打响；7月31日，攻占塔城；9月下旬，解放阿山全境；北线战役取得完全胜利。这样，"临时政府"直接控制了新疆北部与苏联毗连的伊犁、塔城、阿山3个专区。以后习惯上将"临时政府"控制的区域称为"三区"，将1944年的"巩哈暴动"和"伊宁起义"及其后的南、北、中三线作战等反抗盛世才和国民党反动统治的武装斗争合称为"三区革命"运动，将"临时政府"称为"三区政府"或"三区政权"。

如果说"巩哈暴动"仅是苏联从各方面给予支持的新疆人民反抗盛世才和国民党反动统治的斗争，那么"伊宁起义"中苏联最高层和苏军直接参与的成分更大。俄罗斯学者认为：苏联领导不仅在组织起义方面起着决定性作用，而且在物资、军事技术和指令方面也给予了起义者帮助。三区起义运动的胜利，在很多方面是由苏联积极全面的援助决定的[1]。早在起义准备阶段，"苏联领导成立了一个以内务人民委员部特务司司长叶格纳洛夫将军和他的副手——内务人民委员部第一局第四处处长兰格番格将军为首

---

1 （俄）B.巴尔明：《1941–1949年间苏中关系中的新疆》，巴尔瑙尔，1999年，第64页。

的特别行动小组。该小组的司令部设在阿拉木图以及边境小城霍尔果斯。此外，乌兹别克斯坦和吉尔吉斯斯坦领土上也有领导着新疆南部的大规模的工作，在那里还有一个苏联内务人民委员部行动小组在开展活动"[1]。最初"伊宁起义"的中坚力量有三支，一支是奉命前来参加"伊宁起义"的巩哈游击队，另两支则是由苏联军官阿列克山德洛夫带入的精锐队伍和苏联军官颇里诺夫带入的骑兵营。"伊宁起义"胜利后，苏联于 11 月 27 日在伊宁设立了以符拉基米尔·格兹洛夫为首和以符拉基米尔·斯特潘诺维奇为首的两个顾问团（代号为一号和二号房子）[2]。叶格纳洛夫将军开始既领导苏境内的行动小组，也履行驻"东突厥斯坦共和国政府"主要军事顾问的职责。境外行动小组的大部分工作人员进入了已被解放的行政区活动。新建立的"东突厥斯坦共和国临时政府"一方面得到了苏联强有力的支持，同时又受制于苏联。"十分清楚，如果未经与苏联外交官或苏联驻'东突厥斯坦共和国政府'代表协商，无论这个政府的成员，还是艾力汗·吐烈本人，无论是在军事领域，还是国家建设问题上，都不能采取任何稍许重要的步骤。"[3]

初期的胜利巩固之后，苏联作出了进一步在军事上参与和全面支持三区革命的决定。1945 年 6 月，联共（布）中央政治局正式通过一项特别决议：为了巩固"东突厥斯坦共和国"的军队，向新疆派遣 500 名红军军官及 2000 名军士和列兵。这项工作迅速

1 《1944-1953 年苏联内务人民委员部——内务部书记处材料》，全宗 P9401c/ч，目录 2，卷宗 96，第 197-198 页。《1946-1949 年苏联内务人民委员部——内务部书记处材料》，全宗 P9401，目录 2，卷宗 144，第 383 页。
2 《新疆三区革命大事记》，乌鲁木齐：新疆人民出版社，1994 年，第 44 页。
3 （俄）B.巴尔明：《1941-1949 年苏中关系中的新疆》，巴尔瑙尔，1999 年，第 65 页。

完成，并由内务人民委员部部长贝利亚向部长会议第一副主席、外交人民委员莫洛托夫作了书面报告[1]。与此同时，大批的武器包括大炮、弹药、运输汽车及军事通讯指挥设备和各类消耗物资源源运入新疆，在一些具有决定性的战斗中都有苏联军队与起义者并肩作战。一些文件证明，"'东突厥斯坦共和国'军队的胜利乃是由苏联部队保证的"。许多有关三区革命军事进展情况的报告已不是通过叶格纳洛夫将军，而是由担任顾问的苏联内务人民委员部部队指挥机关直接报告联共（布）中央。如一份通报 1945 年 7 月 29 日起义军占领新疆布尔津县的战报，签署人为行使苏内务人民委员部队指挥权、并担任"东突厥斯坦共和国临时政府"顾问的斯特潘诺维奇将军，并经贝利亚转呈了斯大林[2]。

如同盛世才时期一样，从形式上看苏联对三区革命参与和支持的所有措施都是响应艾力汗·吐烈不时发出的"请苏联支持'东突厥斯坦共和国'各族人民"的请求。此外，参与和全面支持不仅限于军事行动，"不仅仅局限于供给武器、装备和派遣几千名指导者，起义的几个行政区的居民得到了北方邻居给予的经常不断的相当大的物资支持。在必要的情况下，应这些行政区管理当局的请求，这种支持表现为供应粮食、燃料和工业产品"。此外，从起义一开始，起义者队伍，以及后来的"东突厥斯坦共和国"民族军部队都可以越境到苏联境内，包括到哈萨克斯坦各州。他们退入苏联领土，并不仅仅是因为遭受中国政府军优势兵力的打击，而且是为了休整、医疗和兵力改编。由于参与和全面支持三区革命，与新疆接壤或邻近的几个苏联加盟共和国负担的各种开支费

---

1 俄罗斯联邦国家档案馆，全宗 9401C（莫洛托夫专箧），目录 2，卷宗 104，第 116 页。

2 《1944-1953 年苏联内务人民委员部——内务部书记处材料》全宗 P9401c/ч，目录 2，卷宗 98，第 398-399 页、第 35-36 页。

用极大，这些费用直接由苏联中央政府拨付。其中乌兹别克加盟
共和国部长会议主席阿布都拉赫曼诺夫在一次致内务部长贝利亚
的报告中提出，鉴于 1945 年的支出状况，希望"能在乌兹别克加
盟共和国 1946 年度预算中拨入用于在新疆采取措施的 500 万卢
布"。这一提议得到了贝利亚的支持[1]。由此可见苏联在财政经济方
面支援三区革命之一斑。

二、三区革命运动的二次革命

1. 雅尔塔会议所涉及的新疆问题

"临时政府"在中线对省城迪化的进攻是军事计划的重点。民
族军集中主力于 1945 年 9 月初发起精河、乌苏战役。在苏联飞机、
装甲车、炮兵的配合下，8 日分别攻占精河、乌苏两城，先后歼灭
国民党守军 6000 多人，缴获大批武器弹药。9 月上旬，民族军进
抵距首府迪化只有 150 公里的玛纳斯河西岸，隔河与国民党军形
成对峙。时国民党在迪化仅有 6 个营的兵力，不得已而制定了"死
守大迪化"(指迪化向东到哈密、向南至焉耆、向西至玛纳斯县的
范围)的应急计划。然而此时，苏联对三区革命的政策开始发生
了变化。

　　1945 年 2 月，苏、美、英三国首脑在苏联克里米亚半岛的雅
尔塔举行了会议，秘密讨论了苏联对日作战和战后世界安排等问
题。美方认为，对德作战胜利后，单靠以美国为首的同盟国还需
一年半左右才能击败日本；如果苏联放弃《苏日中立条约》加入
对日作战，将会提前击败日本，大大减少美方伤亡。苏联方面提

---

1 《1946—1949 年苏联内务人民委员部——内务部书记处材料》，全宗 P9401，
目录 2，卷宗 146，第 37—65 页。

出加入对日作战的条件之一是要维持中国外蒙古"独立"现状，对此，美国予以了支持。在美苏的压力下，蒋介石被迫同意了苏联的这一要求。作为交换，国民党政府的决议认为：前提条件之一是苏联政府保证中国对新疆的领土及行政主权，并对"新疆变乱"（指三区革命）不再作任何支援，中国政府才考虑苏联有关外蒙古（独立）的要求。1945 年 7 月 9 日，中方正式向苏联提出：苏联政府如能在帮助中国平定"新疆变乱"等问题上作出承诺，中国政府可以在外蒙古"独立"问题上让步。斯大林当即表示：无论延安、新疆均须服从蒋委员长的领导，可以根据中国政府的要求发表声明，并答应中方关于制止从苏联往新疆"偷运"武器的要求[1]。此时三区革命的地位已降至苏联要挟国民党政府允许外蒙古"独立"的一个交换筹码，按照俄罗斯学者的观点，是在允许外蒙古"独立"的同时，两国"顺便解决了新疆问题，而且确认新疆是中国的领土，从而斯大林停止支持'东突厥斯坦共和国'的存在"[2]。8 月，苏联参加对日作战，随即日本无条件投降，第二次世界大战胜利结束。同期，《中苏友好同盟条约》签订，苏联在条约附件中声明："关于新疆最近之事变，苏联政府重申如友好同盟条约第五条所云，无干涉中国内政之意。"

既然苏联曾全力支持三区革命获得成功，一旦形势需要，苏联就有把握和调整三区革命方向的能力，国民党政府深信这一点，甚至在条约签立后着手准备通过苏联的协助，于是年 10 月间用政治方式"收复"伊犁。9 月 17 日，苏联驻华大使彼得洛夫称：奉苏联政府之命告知民国政府外交部，近有穆斯林数人，自称新疆

---

1 《新疆三区革命大事记》，乌鲁木齐：新疆人民出版社，1994 年，第 83、84 页。

2 （俄）尤·米·加列诺维奇：《两大元帅：斯大林与蒋介石》（中译本），成都：四川人民出版社，1999 年，第 177 页。

暴动人民代表，向苏联驻伊宁领事申请，暗示希望苏联出面为中间人，调停彼等与中国当局所发生的冲突。外交部答复：苏联政府愿意协助我政府，甚为感谢，请苏联驻伊宁领事通知"事变分子"派代表到迪化晋谒张治中部长，商洽和平解决之办法。同期，苏外交部长莫洛托夫在与民国政府外交部长王世杰关于"新疆伊宁事件"的磋商中表示：此事件为暂时现象，不久可平息[1]。苏联对待三区革命的政策由全力支持其争取"独立"的"民族解放运动"，转变为在维护民国政府对新疆领土和主权完整的前提下，取消独立的"东突厥斯坦共和国"，进而促成其与中央政府的谈判。

2. 统一与分裂的斗争

苏联政策的变化只是外部条件，三区内部以阿合买提江、阿巴索夫为代表的革命派的崛起及其与分裂势力的坚决和不懈的斗争，是三区革命摒弃独立、清除寄生的分裂毒瘤，进而使三区革命成为中国人民革命的一个组成部分的关键因素。这场统一与分裂的斗争，成为20世纪新疆历史上第一次由民族领袖带领民族群众反对分裂新疆的重大政治斗争。斗争的实质是拥护和平与中国统一，还是实行反汉排汉、分裂中国。对于三区方面来讲，和平谈判的过程，实际上是承认中国统一、取消分裂的斗争过程。斗争的成与败，关系到三区革命的前途，关系到未来新疆各族人民的命运，更关系到中国西北边疆领土的统一。对三区革命的严重蜕变而言，这场斗争实际上成为了三区革命运动的二次革命。

形势的变化和苏联方面政策的改变都来得太突然，苏联的指令在"临时政府"内部引发了十分激烈的反响，也激化了原有两派之间的矛盾和分歧。以艾力汗·吐烈为首的封建宗教上层集团乘

---

1 《新疆三区革命大事记》，乌鲁木齐：新疆人民出版社，1994年，第110-111页。

机煽动蛊惑，坚持要走分裂的道路，声称反对同汉人政府进行任何谈判；在对突如其来的变化没有任何思想准备的情况下，领导层中的部分同志也附合艾力汗·吐烈等，要继续战斗到底。而阿合买提江、阿巴索夫、伊斯哈克别克、达列里汉等领导成员在苏联的支持下奋起反对和摒弃独立，积极支持与民国政府谈判的方针。这一时期"临时政府"内部的斗争已不再是什么观点或派系的矛盾，而是在维护三区各族人民权益的前提下，纠正以往的方向性错误，维护中国的统一，与以"民族解放"为名、坚持分裂的两条路线的斗争。是年9月上旬，民族军进抵玛纳斯河，大有一举攻占首府迪化之势。艾力汗·吐烈等随即利用军事上的胜利着手在政治上实施巩固和扩大分裂政权的计划。9月初，"临时政府"召开了"政府"委员会。会议通过了与民国政府进行谈判的决议，但提出"东突厥斯坦共和国"必须以一个独立国家的名义与中国政府进行谈判，并要求苏联充当"两国"之间和平谈判的中间人。这实际上是在某种程度上仿效外蒙古独立的模式，要求公开承认"东突厥斯坦共和国"的独立地位，并使"东突厥斯坦共和国"独立问题国际化。艾力汗·吐烈亲自拜会了苏联驻伊宁总领事，请他向苏联政府转达"临时政府"的决议[1]。

与此同时，艾力汗 · 吐烈还从组织上进一步强化自己的权力。1945年10月22日，"临时政府"通过了114号决议，任命艾力汗·吐烈为军事委员会主席，并规定军事委员会统揽军事领导大权，"今后的所有军事行动和有关事宜，均应报请军事委员会批准后方能实施"。同时授予他唯一的元帅军衔。不久，又颁布了《各级政府组织条例》，规定以艾力汗·吐烈为首的"临时政府委员会"

---

1 （俄）B.巴尔明:《1941—1949年间苏中关系中的新疆》，巴尔瑙尔，1999年，第77页。

为最高权力机构，委员会所发布的命令、通知、决议即为法律，民众和各机关必须服从和执行。随后，财政厅、"国家"银行也划归"临时政府"直辖，"临时政府"有权通过上述机构监督所属各机关的预算和财政支出，财权也被他揽入手中。此外，还大大地增加了维护军队、购置武器装备的预算拨款[1]。

10月2日"临时政府委员会"通过100号决议："建议国民党政府采取非武装手段，即谈判方式解决'东突厥斯坦'的独立问题。"[2]这实际上是偷换了原定双边谈判的原则。随后派出的代表团也以"'东突厥斯坦共和国'"为名义，团长是艾力汗·吐烈的追随者热合木江·沙比尔阿吉。苏联方面十分关注谈判的开局。有关"参加与中国人谈判的'东突厥斯坦共和国'代表团安全穿过火线，并受到中国当局代表的接待"的专报迅速递送到了苏联最高当局，然后分送给斯大林、莫洛托夫、贝利亚及马林科夫、米高扬等主要领导人。谈判的开始使苏联方面松了一口气，然而谈判的成功与否却使苏联方面更为担心，因为"东突厥斯坦共和国临时政府委员会"拟定的谈判纲领的要点是：代表团受命坚持"把新疆全部领土交由该政府管辖；中国承认新疆的'国家独立性'和确立中国和'东突厥斯坦共和国'之间的平等关系"[3]。苏方认为，谈判的开始并不意味着谈判的成功，因此，在三区革命内部斗争中必须全力支持以阿合买提江·哈斯木、阿不都克里木·阿巴索夫为代表的拥护统一与和谈的革命派，逐步扩大他们的力量，以保

---

1 《新疆三区革命大事记》，乌鲁木齐：新疆人民出版社，1994年，第124-126页，第131-132页。（俄）B.巴尔明：《1941-1949年间苏中关系中的新疆》，巴尔瑙尔，1999年，第83页。

2 《新疆三区革命大事记》，乌鲁木齐：新疆人民出版社，1994年，第115页。

3 A.A.哈基姆巴耶夫：《20世纪30-40年代新疆土著居民的民族解放运动》，载《苏联科学院远东研究所专报》1971年第4期，俄文版，第159页。

证谈判的顺利进行。1945 年 10 月 10 日，阿合买提江增补为"临时政府"委员。同时苏联开始直接介入谈判的进程，全力协调谈判的成功。和谈开始后，叶格纳洛夫与兰格番格亲自前往伊宁，并于 10 月 24 日在精河先于"临时政府"会见了从迪化返回的热合木江·沙比尔阿吉等 3 名谈判代表，"听取了他们关于同中国人谈判结果的报告"，随即于 10 月 29 日电告莫洛托夫、马林科夫、米高扬、维辛斯基等苏联领导人。他们还了解了伊宁、塔城、阿山三区基层对统一与和谈的态度，当天的另一份电报中指出："谈判在被解放的几个行政区居民中间引起了纷纷议论和负面反应。"[1] 同期，苏联方面十分仔细地"讨论了进入新的新疆省政府的穆斯林（指三区方面）人选"，直到贝利亚本人首肯，这些人选才定了下来[2]。

是年 11 月，三区召开民族代表大会，艾力汗·吐烈集团又利用部分基层干部和群众对和平谈判不理解，企图在会议上向苏联和以阿合买提江、阿巴索夫为代表的革命派显示力量。艾力汗·吐烈本人在大会上不断进行分裂和反汉排汉的蛊惑煽动，并将"东突厥斯坦共和国临时政府"改为"东突厥斯坦共和国政府"[3]，企图造成既成事实的分裂。大会通过的决议宣称："要继续为解放整个'东突厥斯坦'而斗争"，"如果中国政府不给我们自由，我们就自己去争取，把民族革命扩展到'东突厥斯坦'的整个领土上去"[4]。艾力汗·吐烈一伙利用人民要求摆脱剥削压迫、获得解放的心情大肆煽动分裂，"临时"两字的取消，暴露了他决心破坏和平谈判，

---

1 俄罗斯联邦国家档案馆，全宗 9401C（B.M.莫洛托夫专匣），目录 2，卷宗 104，第 296–299 页。
2 俄罗斯联邦国家档案馆，全宗 9401（π.II.贝利亚专匣），目录 2，卷宗 146，第 206–210 页。
3 《新疆三区革命大事记》，乌鲁木齐：新疆人民出版社，1994 年，第 134 页。
4 《东突厥斯坦自由报》，1945 年 12 月 18 日。

继续推行分裂主义路线的顽固立场。同期，艾力汗·吐烈等指挥在南疆蒲犁（今塔什库尔干县）发动武装进攻，至 1946 年初，先后占领蒲犁、叶城和泽普，和平谈判再次受到威胁。

3. 三区革命汇入中国革命洪流

1946 年 4 月上旬开始，和谈进入了最后关键阶段。经过苏联方面的多次协调，双方于 5 月 22 日就军事问题的附文（二）达成一致意见。5 月 25 日，三区政府委员会举行全体会议，授权三区代表签署该协议。6 月 6 日，附文（二）正式签字，《和平条款》确立，和平谈判胜利完成。《和平条款》的全面签立，标志着"东突厥斯坦共和国政府"已失去存在的意义，自动解体，三区政权重新回归为中国新疆省的一个区域性地方政权；"东突厥斯坦共和国政府"主席艾力汗·吐烈也相应失去了合法地位。艾力汗·吐烈本人在《和平条款》签立后自动离开了政治活动，以示对和平谈判和《和平条款》签订的抗议。1946 年 6 月 17 日，苏联内务部和国家安全部将"原东突厥斯坦共和国政府主席"艾力汗·吐烈·萨比尔霍加耶夫召回苏联。6 月 27 日，"东突厥斯坦共和国政府"召开最后一次"政府"委员会议，会上宣布：按照和平协议，"政府"放弃自己的全权，而"共和国"本身将不再存在[1]。以"泛伊斯兰主义""泛突厥主义"分子艾力汗·吐烈为首的封建宗教上层企图借助人民起义分裂新疆的阴谋彻底破产了。政府委员会通过的 324 号决议规定：

（1）将"东突厥斯坦共和国政府委员会"改组为"东突厥斯坦伊犁专区参议会"，成员为 32 人，由阿克木伯克·霍加任参议长，阿不都海依尔·吐烈任副参议长。

1　俄罗斯联邦国家档案馆，全宗 P-9491C/Y，目录 2，卷宗 137，第 208-211 页。收于 N.B. 斯斯大林专篋。

（2）原厅、局机关改为伊犁专署局级机关。

（3）塔城、阿山专署自6月28日起由新组织的省政府酌情合理调整。

（4）三区政府机关报《解放的东突厥斯坦报》改为伊犁专署机关报[1]。

在以阿合买提江、阿巴索夫为代表的革命派的斗争下，在三区乃至新疆各族人民的共同努力下，在苏联的全力支持和协调下，经过复杂而艰难的斗争，三区革命运动终于从艾力汗·吐烈集团的分裂和反汉排汉的方向性错误中解脱出来，实现了自身的又一次革命，重新回到反对国民党反动派剥削压迫斗争的正确路线上。这时，也只有在这时，三区革命重新汇入了中国人民争取解放斗争的洪流中，成为中国民主主义革命的一部分，进而与中国共产党携手，为争取新疆各族人民的彻底解放而继续奋斗。

然而，前述三区政府的324号决议还是留下了一条"小尾巴"，即决议中仍坚持将新疆称为"东突厥斯坦"，而不用新疆省的统一称谓；称伊犁为"东突厥斯坦伊犁专区"。由此可以看出分裂势力的顽固性和新疆反分裂斗争（特别是在意识形态方面）的复杂性与长期性。

1946年7月1日，新疆省联合政府成立，省政府委员在迪化西大楼宣誓就职。按照协议，以阿合买提江·卡斯木为首的8位三区革命领导成员任职省联合政府委员，占委员总数（17人）的47%。阿合买提江等8人联名发表的《告新疆各族人民书》声明："我们宣布在伊、塔、阿专区成立的'东突厥斯坦共和国政府'完成了自己的使命，三个专区分别直接归属于省联合政府。按照所签订的《和平条款》，全省人民得到了在我省前所未有的最大的权

---

1 《新疆三区革命大事记》，乌鲁木齐：新疆人民出版社，1994年，第173页。

利。全省范围内，在实现解放、平等、自由、民主的基础上，实现了统一与和平。"

省联合政府成立之时，双方都对统一与和平抱有真诚的希望，并为此做了许多实际的工作。在政治方面，三区宣布解散"东突厥斯坦共和国政府"，三区归于省政府统一领导。在随后通过的《新疆省政府施政纲领》中，又明确提出"保障全省和平，拥护国家统一，实行民主政治，加强民族团结"的施政宗旨。在军事上，实行全面停火，继而三区根据《和平条款》对民族军进行整编。在经济上，三区金融代表与省商业银行举行会议，协商三区与七区金融统一方案。此外双方在交通与邮政方面也开始了统一管理的磋商。在省联合政府座谈会上，阿合买提江公开对"泛伊斯兰主义""泛突厥主义"的分裂行径进行了声讨，他指出："'东突厥斯坦'不过是一个地理名词，不能作为政治活动的理论。如果有人拿来做政治活动的理论，就是省政府的敌人，也就是全省人民的敌人。"他表示："新疆是中国的一个组成部分，三区是新疆的组成部分。伊犁是我们呱呱落地的地方，是埋葬我们祖先的地方，中国是我们的祖国，是我们的家乡。我们所要求的是解放、自由和平等。"[1]以张治中为首的国民党方面同意在七区任命由阿合买提江提议的人员担任喀什、阿克苏专员及吐鲁番县长等重要职务，以表示对和平与统一的诚意。

三区革命运动的转折在新疆历史的发展中具有十分重要和深远的意义。这一转折以思想路线和意识形态领域的斗争为主，其中可能没有战火硝烟，也不曾出现轰轰烈烈的场面，但却将100多年来新疆各族人民反抗剥削压迫的斗争引向了光明。三区革命

---

1 《新疆三区革命大事记》，乌鲁木齐：新疆人民出版社，1994年，第178、185页。

转折的标志是实现了两个结合：将新疆各族人民的解放斗争同祖国人民的解放斗争结合起来；将新疆各族人民的解放同反对分裂、维护祖国边疆统一的斗争结合起来。这两个结合的实现，标志着自 20 世纪以来新疆各族人民争取解放的斗争终于摆脱了"泛伊斯兰主义"和"泛突厥主义"的误导和束缚。此外，三区革命运动的转折是在革命内部民族领袖人物的带领下，通过新疆各族人民自身的努力奋斗实现的。阿合买提江、阿巴索夫等一批民族领袖人物的历史功绩在于：他们清醒地认识到，作为在中国同一国度内生活的新疆各族人民的根本利益与祖国人民的根本利益是一致的，进而能超脱狭隘的民族和宗教偏见，顺应历史潮流，带领各族人民将这一理论付诸革命斗争的实践。

从全国范围和中国人民解放斗争讲，三区革命运动是新疆现代历史上一次规模最大、影响最深远的反抗军阀盛世才和国民党反动统治的武装斗争。三区革命的胜利和三区解放区的建立，大大地牵制了国民党在新疆的军事力量，配合和促进了新疆的和平解放。三区革命的胜利促进了深受封建剥削压迫的新疆各族人民反抗黑暗统治的觉悟，鼓舞了他们的斗争勇气。而三区革命所建立的解放区及革命政权对当地的管理，在使三区人民获得解放和新生的同时，也培养和锻炼出了一大批本地民族干部，组织起一支正规的民族军队，以"新疆保卫和平民主同盟"的形式，建立起了团结新疆各族爱国进步人士的统一战线政党。所有这些正如毛泽东同志所指出的："伊犁、塔城、阿山三区人民的奋斗，对于全新疆的解放和全中国的解放，是一个重要的贡献。"[1]

4. 意识形态领域的反分裂斗争

以阿合买提江、阿巴索夫为首的革命派掌握了三区革命运动

---

1 《新疆三区革命大事记》，乌鲁木齐：新疆人民出版社，1994 年，第 339 页。

的领导权后，自觉地将反对"泛伊斯兰主义""泛突厥主义"和反对分裂、维护祖国统一作为三区革命运动在意识形态方面的首要任务。有组织地展开这一斗争，是从接受中国共产党领导、成立"民主革命党"开始的。1947年2月3日，按中共中央的建议，三区的"人民革命党"与迪化的"新疆共产主义者同盟"合并，成立了统一的"民主革命党"，该党推选阿不都克里木·阿巴索夫为主席，并第一次将反对"双泛"写在自己的旗帜上。该党的章程中规定，党的任务是："以辩证唯物主义与历史唯物主义武装自己"，"为避免使群众特别是青年和中年知识分子成为'泛伊斯兰主义'、'泛突厥主义'、大民族主义或狭隘民族主义者，而向他们进行党的教育，用党的理论政策武装他们"。2月17日，在新疆省维文会举行的群众大会上，阿合买提江公开阐明了三区革命运动反对新疆独立的政策和立场。他指出："我在国民大会上曾提出新疆要民族自治，但那并不是独立的意思，而且我们需要的民族自治，并非只限于一个民族……乃是要实行全疆各民族一律平等的民族自治，以达到民主政治目的。凡以为民族自治只是为一个民族的单独自由者，这种人的思想是太错误了。要知道我们民族的敌人不是汉族，而是以往专制制度下的汉族腐败官吏。我们不要将这两者区别不清，以致错以为汉人是我们的敌人。《和平条款》签订后，'东土耳其斯坦共和国政府'自己体面地宣布解散，如同其他专区一样，都仍旧归属于省政府领导了……如果今天有人宣扬所谓的'东土耳其斯坦独立'的话，那就是反对《和平条款》。""我们的人民今天并不是要成立什么'东土耳其斯坦共和国政府'……我们的人民应该有所了解：如今我们并不是反对汉族和国家的统一，如果有人反对汉族和国家的统一，那就是反对《和平条款》和《施政纲领》，就不是我们的朋友。因此，对于

《和平条款》以外的任何行动,我们坚决不予支持。"[1]

此后,阿合买提江、阿巴索夫等三区领导人多次在各种场合反复地阐述和宣传这些观点,宣传的范围由伊宁、迪化扩大到塔城、阿山等全疆各地。1947年7月,阿合买提江在给塔城专区负责人的一封信中,针对当地民、汉关系一度紧张的局面,强调了纠正以往错误、维护民族团结的重要性。信中指出:"要改变我们在革命初期对汉族人民的片面认识……占人口多数的民族特别要注意听取少数民族的希望和要求,要对他们表示出朋友式的友好态度和爱护诚意。要改变我们过去的片面认识。我们的人民过去所受的压迫不能怪罪于汉族人民,那是汉族专制统治者们的罪过。我们的人民如果分清汉族人民和汉族专制统治者们的区别,就会改变对汉族人民的看法。汉族人民决不希望同化我们,决不希望用警察制度来统治我们,决不希望用军事力量来镇压我们。有那种想法的人是我们多大程度的敌人,也是汉族人民多大程度的敌人。因此,我希望你们应特别注意对群众的教育工作。"[2]

1948年8月,三区与七区的进步人士联合成立了公开的政治组织"新疆保卫和平民主同盟"(以下简称"新盟")。阿合买提江担任了"新盟"中央委员会主席。"新盟"是一个联合新疆各民族、各阶级的群众性的统一战线组织,具有政党的作用。在"新盟"成立大会上,发表了该组织的纲领性文件《告全省人民书》,其中列出"新盟"的总纲领是:各民族包括维吾尔、哈萨克、柯尔克孜、蒙古、回、汉、乌孜别克和其他民族团结起来,为永远消灭贫穷、落后和无权的奴隶地位,把新疆建成一个和平、友爱、

---

1 《新疆三区革命大事记》,乌鲁木齐:新疆人民出版社,1994年,第213-215页。
2 《新疆三区革命大事记》,乌鲁木齐:新疆人民出版社,1994年,第243-244页。

正义、真理、自由的社会而斗争[1]。这一总纲领已大致与中国民主主义革命的内容相符合了。多民族、多阶级统一战线组织的建立和总纲领的提出，标志着三区革命运动已超越了错位的"世界民族解放运动"，走上了反抗封建剥削压迫，追求人民解放的中国革命的道路。尽管此后三区革命运动中仍不时地出现"民族解放运动"的言词，但其实际的含义已是"中国各族人民的共同解放"。此外，在"保卫和平民主同盟"之前冠以"新疆"这一统一通用的名称，也是三区革命运动公开与"东突厥斯坦"分裂势力划清界线，进而与之进行不懈斗争的重要方式。正如阿合买提江后来在《国际形势与新盟》一文中所强调的："虽然按言论自由的精神，我省的地理名称可以随意称呼，但在政治上、程序上称之为新疆，这是新盟组建会议上已作的专门规定。这样，人民在新盟成立会议上接受了新疆保卫和平民主同盟这一名称。"[2] 此前，阿山专署发布1947年第80号命令，要求所属各部门、各县的牌匾、公章、文号、名称一律取消"东突厥斯坦"字样。1949年初，阿合买提江在一次群众集会的演讲中，又对将自由、解放与独立划等号的错误公开进行了谴责。他说："自《和平条款》签订后，我们的革命目标和方向都发生了根本的变化。可我们的青少年，甚至相当多的教师也一直不理解这个问题。总是把'自由''解放'的词句与'独立'这个词联系起来，认为有独立的地方才有自由，没有独立的地方就没有自由……应根除这种思想，把我省人民的斗争统一起来。"[3]

---

1 《新疆三区革命史》，北京：民族出版社，1998年，第194页。
2 《新疆三区革命大事记》，乌鲁木齐：新疆人民出版社，1994年，第287页。
3 《同盟》杂志，1949年第4期。转引自《新疆三区革命史》，北京：民族出版社，1998年，第189页。

三区革命运动反对"双泛"和分裂主义的另一重要内容是公开反对麦斯武德、穆罕默德·伊敏、艾沙等"双泛"分子出任新疆联合省政府领导职务。这些人是 20 世纪初"双泛"传入新疆后形成的企图以民族独立的名义分裂新疆的代表人物，但在政治上投靠了国民党。七区方面，也有一些人将他们视为民族领袖人物。为了对付三区革命，在和平谈判和后来成立的新疆联合省政府中，这些人都被起用和委以职务。1947 年 5 月，民国政府发布第 2830 号令，任命麦斯武德接替张治中为新疆省政府委员兼主席，艾沙为省政府委员兼秘书长。随着这一伙"双泛"分子的上台，有可能再次出现社会局势的动荡和分裂主义抬头。对此，三区方面给以坚决的回击。消息一经公布，三区方面当即表示强烈反对。阿合买提江向张治中提出撤销任命的要求，三区方面全体省政府委员拒绝参加 5 月 28 日麦斯武德的就职宣誓典礼。麦斯武德、穆罕默德·伊敏、艾沙等上台之后，利用手中的权力公开进行"双泛"思想的宣传，以"高度自治"为名，鼓吹新疆独立；及至新疆和平起义前又积极筹划与甘青军阀马步芳联络，企图联手在西北组织一个以新疆为主的"回教独立国"。

在当时的条件下，三区开展意识形态方面的反分裂斗争是十分不易的。正如阿合买提江给中共中央的报告中所指出的：

"民族解放革命和独立旗帜在当地人民中有着特别深刻的影响，我们只有遵守和服从这一口号，才能动员最大多数的人民来和国民党作斗争。自中国人民解放军反攻后，我们才开始纠正这一做法，但工作不理想。因为强大的敌人仍在我们面前，我们不能过分紧张内部的关系。如和内部封建势力进行政治斗争，美英和国民党就会利用这个矛盾，分化新疆境内少数民族的团结。

"造成上述问题的存在是与当时新疆的两个基本特点分不开

的，即：（1）半个世纪以来，当地的民族运动都是在‘泛突厥主义’的思想影响下进行，目的是想达到把所有的突厥人联合起来组成一个国家。（2）当地少数民族普遍信仰伊斯兰教，有着把天下伊斯兰教徒组成一个国家的意愿，很容易把非伊斯兰教徒看成敌人，对压迫民族则更易产生仇恨。”[1]

《和平条款》签订后，国民党方面开始从政治和军事上强化对新疆的控制。一是乘停战之机，向新疆增兵，给三区带来军事压力；二是搬出投靠其羽翼下的麦斯武德、穆罕默德·伊敏、艾沙等少数思想反动、带有强烈“泛伊斯兰主义”“泛突厥主义”意识的所谓民族知名人士，强加在新疆各族人民头上，企图在政治上对抗三区革命力量。从苏联方面讲，由于美国支持国民党势力向中国共产党发动全面内战，引发了苏联对新疆政策的重新审视，继而逐步恢复加强对三区革命的支持，重新向三区派驻苏联顾问团，甚至公开宣称：“支持他们光复由于各种原因失去的祖国，帮助他们的人民重新获得失去的权利，帮助他们取得自己所拥有的东西。”[2]在三区内部，以艾力汗·吐烈为首的破坏和平与统一的分裂势力并没有完全退出政治舞台，他们的分裂主张在部分群众中仍有一定市场。以阿山专员乌斯曼为首的部分三区军事力量投靠了国民党。然而此时，维护统一、反对分裂已成为三区革命的主流，大势所趋，不可逆转。以阿合买提江、阿巴索夫为代表的革命派对各种分裂和破坏民族团结的言行给予了坚决的回击。随着中国人民解放战争的节节胜利，苏联对三区革命的政策又有所调整。1948年10月，苏驻迪化总领事公开声明：“我绝不同情现在的大突厥主义者脱离中国的运动，任何国家的少数民族绝不能离开其祖

---

1 《新疆三区革命大事记》，乌鲁木齐：新疆人民出版社，1994年，第313页。
2 《新疆三区革命大事记》，乌鲁木齐：新疆人民出版社，1994年，第202页。

国而获得光明的出路，此种脱离祖国的运动对少数民族只有害处，但国家对少数民族应采取合理的政策，使其与国家联为不可分离的一体。现在新疆内部的各项问题，实亟待解决，事不宜迟，否则将有第三者乘机进行挑拨，使问题的解决愈益困难。"[1] 次年 1 月 31 日，苏联部长会议副主席米高扬秘密出访西柏坡，在与中国共产党的会谈中，米高扬表示："我明确地宣布，我们不赞同新疆少数民族的独立运动，对于新疆的领土更没有野心。我认为新疆已经是，而且应该纳入中国版图。"[2] 8 月上旬，苏联从伊宁撤回了代号为"阿合买提江·哈斯木第二办公室"的顾问团[3]。此时，距新疆和平解放仅两月余。

国民党扶持和起用以麦斯武德为首的主张新疆独立的老牌"双泛"分子、苏联政策的反复有利于三区内部的少数坚持闹独立的势力伺机发展，这两方面都给新中国建立后新疆的稳定和统一留下了严重的隐患。从另一方面讲，半殖民地半封建的旧中国不可能真正消除民族压迫和实现民族平等，也不具备从根本上解决民族问题和清除分裂主义的条件。因此，解决民族问题和清除分裂主义只能由后继的新中国来完成，这也是新中国的历史使命。

三、新疆和平解放

1. 三区接受中国共产党的领导

《和平条款》签订后，成立了包括三区在内的新疆省联合政府。按照协议，联合省政府委员会由中央任命 25 名委员，其中中

---

1 《新疆三区革命大事记》，乌鲁木齐：新疆人民出版社，1994 年，第 281 页。
2 A.列道夫斯基：《A.N.米高扬赴中国的秘密使命（1949 年 1–2 月）》，载《远东问题》俄文版 1995 年第 2 期，第 106 页。
3 《新疆三区革命大事记》，乌鲁木齐：新疆人民出版社，1994 年，第 304 页。

央委派 10 名，其余分别由七区和三区保荐。国民党西北行营主任
张治中兼任省政府委员并兼主席，三区代表阿合买提江、七区代
表包尔汉分别任省政府委员兼副主席。

1946 年 12 月，三区革命和人民革命党主要领导之一阿不都克
里木·阿巴索夫利用在南京出席国民大会的机会，与中国共产党开
始了秘密的接触。5 日阿巴索夫前往中共驻南京办事处拜会了董必
武。在受委托代表迪化"新疆共产主义者同盟"转达该组织愿意
接受中国共产党领导要求的同时，也转达了三区革命政府希望接
受中国共产党领导的愿望。经中共中央同意，董必武派彭长贵同
志携带一部电台随阿巴索夫回新疆，并指示："新疆的进步组织能
合并的话，经过协商合并起来，这样有利于形成力量，更好地斗
争。但在组织名称上，考虑到新疆情况复杂，群众的觉悟程度和
接受能力，不宜过早打出共产主义、社会主义的旗帜。"[1] 自此，三
区革命与中国共产党之间有了直接的联系。次年 2 月，遵照董必
武同志的指示，三区的"人民革命党"与迪化"新疆共产主义者
同盟"实行合并，建立了"民主革命党"。

1947 年 8 月以后，联合省政府破裂，新疆又恢复了三区政府
和国民党省政府对立的局面。随着中国人民解放战争的不断发展，
中国共产党进一步加强了与新疆三区政府的联系。1949 年 7 月，
中共中央电示在苏联访问的刘少奇派人直接从苏境去新疆，加强
与三区政府的联系。8 月 14 日邓力群同志被派往新疆三区，以中
共中央联络员的身份，带领 3 名工作人员及电台等，从莫斯科取
道阿拉木图至伊宁。通过新建的"力群电台"，中共中央与三区政
府建立了工作联系。随后，三区政府向中共中央系统地汇报了政
治、经济、军事、文化、民族、宗教等各方面的情况。8 月 17 日，

---

1 《新疆三区革命大事记》，乌鲁木齐：新疆人民出版社，1994 年，第 209 页。

中共中央正式邀请三区政府代表出席即将在北京召开的新政治协商会议。次日，毛泽东以新政治协商会议筹备会主任的名义正式向三区政府并阿合买提江发出邀请，全文如下：

新疆伊宁特别区人民政府

阿合买提江先生：

我国反对帝国主义、封建主义、官僚资本主义及以蒋介石为首的国民党反动统治的人民解放战争，即将取得全中国的胜利。包括全中国各民主党派、各人民团体、人民解放军各野战军、各解放区、国内各少数民族及海外华侨在内的新的全国人民政治协商会议，经过慎重筹备之后，即将在9月内召开全体会议。此届全体会议，除制定全国人民政治协商会议组织法，选举自己的全国委员会外，并须制定中华人民共和国中央人民政府组织法，选举中央人民政府委员会。你们多年来的奋斗，是我全中国人民民主革命运动的一部分。随着西北人民解放战争的胜利发展，新疆的全部解放已为期不远，你们的奋斗即将获得最后的成功。我们衷心欢迎你们派出自己的代表5人，前来参加全国人民政治协商会议的全体会议。如蒙同意，请于9月上旬到达北平。谨此电达，并希赐复。

新政治协商会议筹备会

主　任　毛泽东

1949 年 8 月 18 日　北平 [1]

8月20日，阿合买提江以伊犁特区人民代表的名义向中共中央毛泽东复电，电文如下：

1　《新疆三区革命大事记》，乌鲁木齐：新疆人民出版社，1994年，第308页。

全国人民新政治协商会议筹备会主任

敬爱的毛泽东先生：

来信收悉。蒙你向我们所提出的问题，是很久以来全省人民所期望的。我们认为人民解放战争的伟大胜利同时就是全世界和全新疆人民的胜利，所以我们以最高的热情来向敬爱的毛泽东先生表示感谢和兴奋，并派代表前往北平参加人民新政治协商会议。谨此电达。

特区人民代表

阿合买提江

8 月 20 日于伊犁[1]

8 月 23 日，阿合买提江、伊斯哈克别克、阿巴索夫、达列里汗 4 位三区革命领导人及“新疆民主革命党”迪化区委会（即“战斗社”）负责人罗志一行 5 人自伊宁出发绕道苏境前往北平。27 日，阿合买提江一行转乘苏联飞机，途经伊尔库茨克外贝加尔湖地区上空时，因气候恶劣，飞机失事遇难。9 月 8 日，应中共中央邀请，由三区领导人赛福鼎·艾则孜、阿里木江·哈肯木巴耶夫及新疆“战斗社”重要成员涂治 3 人组成代表团前往北平出席新政治协商会议。13 日，赛福鼎一行抵达中国东北沈阳，受到中共中央代表高岗、李富春的欢迎。18 日，毛泽东、刘少奇、周恩来、朱德、林伯渠等中央领导人在中南海会见了赛福鼎一行，次日，周恩来与赛福鼎等就未来新疆省人民政府组成、三区民族军改编等事项进行了商讨。9 月 21 日，中国人民政治协商会议第一次全体会议在北平召开，赛福鼎当选为大会主席团成员，在大会发言中赛福鼎说：“新疆人民在和平斗争的环境中，很关切地期待着中国

---

1 《新疆三区革命大事记》，乌鲁木齐：新疆人民出版社，1994 年，第 311 页。

人民解放军的最后胜利的来临。新疆人民和中国境内其他人民同样坚定了他们将来要实行的新民主主义的信心和希望，而高兴地派出代表前来参加解决整个国家的政治和组织等问题的这一人民政治协商会议，这是新疆人民值得骄傲的一件事情。"

2. 筹划和平解决新疆问题

1948 年 5 月，陶峙岳出任新疆警备司令，掌握了省内的军警大权。随着中国人民解放战争的迅猛发展，国民党驻新疆部队产生了分化，其中多数主张谈判和平起义，代表人物就是陶峙岳。担任其参谋长的陶晋初接受了中共周恩来"在新疆见机作和平起义的准备"的指示，积极为和平谈判创造条件。至 1949 年上半年，陶峙岳周围已形成了以参谋长陶晋初、南疆警备司令赵锡光为核心的主张和平起义的进步力量。企图顽抗的则是以七十八师师长叶成、一七九旅旅长罗恕人、骑五军军长马呈祥为首的少数反动分子。同年 8 月，陶峙岳公开流露出主动和平谈判、和平解放新疆的意向。"否则，对国家、对人民、对我们自己，都是有百害而无一利。如果我们不采取主动，求得和平解放，将使 10 万官兵盲目牺牲，地方秩序混乱，人民流离失所，引起民族仇杀；如果坚持战争，放弃和平，一定会弄到既不能战，又不能和的地步，进退两难，又何苦乃尔？"[1]同期，在新疆省政府主席包尔汉的周围也聚集了一批主张和平解放新疆的人士。而省驻军和省政府主张起义力量的支持者，是已于此前在北平脱离国民党、投入革命的张治中将军。

1949 年 8 月 26 日，人民解放军攻占兰州；9 月 5 日，解放西宁，由此形成对新疆国民党势力的合围之势，驻军何去何从，决策迫在眉睫。此前，陶峙岳在南疆焉耆已与赵锡光初步密定了和

---

1 《新疆和平解放》，乌鲁木齐：新疆人民出版社，1990 年，第 5 页。

平起义大要三条：（1）待解放军接近时，派员接洽，把部队交出去；（2）部队交出去后，二人都站开，别无他求；（3）部队改编时，要求不在民族军监视下执行，以免发生误会。[1] 兰州解放后，陶峙岳又与省政府主席包尔汉、秘书长刘孟纯、迪化市长屈武及外交部驻新疆特派员刘泽荣等省政府中主张和平解决新疆问题的代表人物，国民党新疆驻军中主张顽抗的代表人物叶成、马呈祥、罗恕人等举行专门会议，商讨新疆前途。会上大多数人表示愿意无条件地接受中共和平条件，实现和平解决新疆问题。会后，刘孟纯等与苏联驻迪化总领事馆联系，要求通过苏联与中共取得联系，着手具体谈判。苏驻迪化副总领事叶谢耶夫当即赶往伊宁，于9月2日向中共在伊宁的联络员邓力群同志转达了新疆方面决定起义、无条件接受中共和平解决新疆问题的意见，并建议邓力群前往迪化与新疆国民党驻军和省政府面谈。为了进一步缓和局势，为和平解决新疆问题创造条件，9月8日，国民党军队主动从与三区对峙的玛纳斯河防线撤军。

9月10日，中共中央着手实施和平解决新疆问题的方案。毛泽东电示指挥第一野战军的彭德怀副总司令："新疆已不是战争问题，而是和平解决的问题。"[2] 同日，在北京的张治中将军在毛泽东的提议下致电新疆的陶峙岳和包尔汉，内称："陶副长官岷毓兄、包主席尔汉兄……今全局演进至此，大势已定；且兰州解放，新省孤悬，兄等为革命大义，为新省和平计，亦即为全省人民及全体官兵利害计，亟应及时表明态度，正式宣布与广州政府断绝关系，归向人民民主阵营。在中央人民政府未成立前，接受人民革命军事委员会之领导……甚望兄弟当机立断，排除一切困难与顾

1　陶峙岳：《陶峙岳自述》，长沙：湖南人民出版社，1987年，第96页。
2　《新疆三区革命大事记》，乌鲁木齐：新疆人民出版社，1994年，第319页。

虑，采取严密部署，果敢行动，则所保全者多，所贡献者亦大。至对各军师长或有关军政干部，如有必要，盼用治名义代拟文电，使皆了解接受。"[1]

为了使和平解决新疆问题能协调顺利地进行，9月10日，中共中央电示邓力群，转告三区与迪化方面，均可提出新疆问题的解决方案，但最后由中共中央决定。同时请邓力群面告陶峙岳与包尔汉："他们立即派员去兰州与彭德怀副司令洽商和平解决新疆问题。"[2]三区方面按中共中央的指示提出了解决新疆问题的方案，由邓力群转呈。大要如下：

（1）新疆省政府公开和正式脱离蒋介石集团；

（2）驱逐省政府组织内穆罕默德·伊敏、贾尼木汗、王曾善等反动分子，并在广泛的民主基础上由三区各民主党派代表参加改组省政府，改组后的省政府应当宣告自己为实现中共纲领而奋斗；

（3）立即宣告全省境内之民主自由——言论、出版、集会和宗教信仰等自由，宣布各族人民不分性别一律平等；

（4）立即解散国民党组织之各种反动的和军事的特务组织，封闭反动的报纸和杂志；

（5）立即释放被国民党监禁之一切政治犯；

（6）惩办马呈祥、叶成、穆罕默德·伊敏、麦斯武德、艾沙、尧乐博斯、贾尼木汗、哈德万、乌斯满、哈力伯克、扎克勤、色依提艾买提霍加、索甫伯克等政治和军事罪犯，并没收他们的财产；

（7）在新的民主政府未组成前，于国民党军撤退之地区内，应保留现有行政，使其负责维持该地之治安和秩序，并保护有关

1　张治中：《从迪化会谈到新疆和平解放》，乌鲁木齐：新疆人民出版社，1987年，第176–177页。

2　《新疆三区革命史》，北京：民族出版社，1998年，第233–234页。

国民党当局罪行之一切文件档案[1]。

9月15日，邓力群抵达迪化，代表中共与包尔汉、陶峙岳、刘孟纯、屈武等面商和平解决新疆问题大计。陶峙岳、包尔汉为首的新疆军政当局在协商中无条件地接受了中国共产党提出的和平起义的要求。9月17日，陶峙岳、包尔汉先联名复电在北京的张治中，通报新疆已决定和平起义，就起义的一些具体事项作了说明。

同日，陶峙岳又单独致电张治中，汇报了张治中关注的起义前的具体准备工作进展情况。省政府主席包尔汉又于9月19日致电毛泽东，通告新疆当局起义之决定。

至此，通过军政当局联手起义，和平解决新疆问题的各项准备工作大致就绪。9月21日，情况突然发生变化。原来已经同意交出军队出走的叶成、马呈祥、罗恕人等又密谋策划捕杀军政界中主张和领导和平起义的主要人员，然后劫持陶峙岳，调动部队退守南疆，与人民解放军顽抗到底。陶峙岳闻讯，置个人生死于不顾，先召3人当面讲清形势，继而只身深入马呈祥骑一师师部，反复说明利害关系。包尔汉也通过省政府方面采取措施稳定局势。民众也聚集于陶峙岳司令部前请愿，要求顺应民情，早日宣布起义。叶成、马呈祥、罗恕人等见各方早有准备，大势已去，被迫同意按原议出走。

3. 新疆和平起义

9月24日，陶峙岳代表新疆军政当局向中共中央提出了《关于新疆和平解决意见书》，除通报已议定的各项意见外，就全省之一部分的伊、塔、阿三区军事与行政也以遵守前《和平条款》为

---

1 《新疆三区革命大事记》，乌鲁木齐：新疆人民出版社，1994年，第319-320页。

原则，提出了具体意见："伊、塔、阿三区的部队依据《和平条款》的规定，也应该各驻原防所，听候人民革命军事委员会的命令就地改编"，"省政府宣布转变以后……留在伊、塔、阿三区之原省政府委员，应即返回迪化继续供职"[1]。随即与包尔汉议定，国民党新疆驻军与新疆省政府分别先后通电中国共产党人民革命军事委员会，宣布起义。

9月25日，陶峙岳率先带领国民党新疆驻军旅长以上高级军官通电毛泽东主席和人民革命军事委员会，宣布率部起义。电文称：

现值中国人民政治协商会议第一届大会正举行集会，举国人民所殷切期望之中华人民共和国即将诞生，新中国已步入和平建设之光明大道。新疆为中国之一行省，驻新部队为国家戍边之武力，对国家独立、自由、繁荣、昌盛之前途，自必致其热烈之期望，深愿为人民革命事业之彻底完成，尽其应尽之努力。峙岳等谨率全军将士郑重宣布：自即日起，与广州政府断绝关系，竭诚接受毛主席之八项和平声明与国内和平协定，全军驻守原防，维持地方秩序，听候人民革命军事委员会及人民解放军总部之命令[2]。

9月26日，新疆省政府委员举行紧急会议，决定与国民党政府断绝一切关系，通电起义。电文称：

我们深刻了解，新疆人民的唯一的愿望，是在统一、独立、自由、民主祖国的扶助之下，才能完成富强康乐的新新疆的建设，更进而为全国和平建设贡献其力量。现在中国人民政治协商会议第一届大会已经召开，一个统一、独立、自由、民主的新民主主

---

1 《新疆三区革命大事记》，乌鲁木齐：新疆人民出版社，1994年，第325页。
2 张治中：《从迪化会谈到新疆和平解放》，乌鲁木齐：新疆人民出版社，1987年，第183页。

义的中华人民共和国的诞生就在目前。全国人民，都为这有史以来伟大工程的奠基而欢欣鼓舞。新疆全省人民，都为这有史以来伟大工程的奠基而欢欣鼓舞。新疆全省人民，对于新中国的诞生，尤其感觉兴奋。我们现在代表新疆省政府和全省各族同胞郑重宣布：自即日起，和广州反动政府断绝关系，竭诚接受毛主席的八项和平声明和国内和平协定，并将省政府改组为新疆省临时人民政府，暂时维持全省政务，听候中央人民政府的命令。同时邀请留在伊宁的省委们回到迪化，共同合作。深信本省在中国共产党和伟大领袖毛主席的英明领导之下，必能迅速地走上光明灿烂的和平建设大道[1]。

中国人民解放军第一野战军王震率一兵团二、六军挥师挺进新疆。11月20日，人民解放军先头部队战车团抵达迪化；12月7日，三区民族军与人民解放军会师省会迪化。12月17日，新疆省人民政府和新疆军区宣告成立，新疆各族人民迎来了解放，步入了一个崭新的历史时期。

---

1 《新疆简史》第3册，乌鲁木齐：新疆人民出版社，1987年，第525–526页。

第六章

民族区域自治

一、中国的民族区域自治

1. 民族区域自治制度

民族区域自治，是指在国家统一领导下，在各少数民族聚居地区建立区域自治，设立自治机关，行使自治权利，由少数民族自己管理本自治地方的内部事务。在中国，民族区域自治制度是中国政府结合国内实际情况采取的旨在解决国内民族问题的一项基本政策，也是中国一项重要政治制度。

中国民族区域自治制度是民族自治与区域自治的结合。自治地方的行政区划分为自治区、自治州、自治县（旗）三级，分别与普通行政区划的省、地区、县相对应。自治地方的建立以少数民族聚居区为基础，参考当地的民族关系、经济发展以及历史情况等因素，自治形式及行政地位灵活多样，主要有以下几种类型：（1）以一个少数民族聚居区为主建立的自治地方，如新疆维吾尔自治区等；（2）以两个少数民族聚居区联合建立的自治地方，如湖南省湘西土家族苗族自治州等；（3）以多个少数民族聚居区联合建立的自治地方，如广西龙胜各族自治县等；（4）在一个大的少数民族区域自治地方内，人口较少的少数民族聚居区建立自治地方，如新疆维吾尔自治区伊犁哈萨克自治州；（5）一个民族在多处有聚居区的，建立多个自治地方，如西藏自治区、青海省黄南藏族自治州、甘肃省天祝藏族自治县、四川省木里藏族自治县等。对于有些少数民族聚居地区，因地域太小、人口太少，不宜建立自治地方和设立自治机关，就通过设立民族乡的办法，使这些地区的少数民族也能行使当家作主的权利。民族乡是对民族区域自治制度的一种补充。无论哪一种类型的民族区域自治地方，都有一部分汉族居民，有些自治地方的汉族人口还占到当地人口的大多数。截至目前，中国共建立了155个民族自治地方，其中自治区5个、自治州30个、自治县（旗）120个，还有1173个民族乡。在全国55个少数民族中，有44个民族建立了自治地方。自治地方的数量和布局，与中国少数民族分布和构成基本上相适应。

民族区域自治地方的自治机关是各级自治地方的人民代表大会和人民政府。在中国，人民代表大会是本地最高的权力机关，行使立法权，人民政府是执行机关，对本级人民代表大会和上一级国家行政机关负责并报告工作。各级自治地方的人民政府都是中央人民政府（国务院）统一领导下的国家行政机关。各级自治地方的自治机关中，都有一定数量的实行区域自治民族和本区域内其他少数民族的成员被推选为人民代表，参加人民代表大会，或在政府中担任各类行政职务。根据《中华人民共和国民族区域自治法》，各级自治地方的人大常务委员会应由实行区域自治民族的公民担任主任或副主任；自治区主席、自治州州长、自治县县长只能由实行区域自治民族的公民担任，主持本级人民政府的工作。

自治机关的自治权是自治机关自主地管理本民族、本地方的内部事务的权利，同时自治机关还行使地方国家机关的职权。自治权主要表现为：立法权，变通或停止执行上级国家机关决议、决定权，经济发展权，财政权，少数民族干部培养使用权，发展教育和民族文化权，语言文字使用和发展权，以及科技文化发展权等。其权限范围依据《宪法》《民族区域自治法》和其他法律有关规定。同时国家对自治地方给予相应的优惠政策，自治地方对本地各少数民族的人才培养、就业等予以适当照顾。

2. 中国民族区域自治的建立

中国建立民族区域自治制度，而不实行区域自治或民族自治，是尊重历史传统，适应各民族分布与发展现状，符合各民族群众愿望的结果。其原因主要有三：（1）中国早在2000多年以前秦汉时期，就成为一个中央集权的统一的多民族国家，其后虽有战乱和分裂，但统一始终是历史发展的主流。实行民族区域自治符合中国的历史传统。（2）由于历史上各民族曾频繁迁徙流动，长期以来中国的民族分布以大杂居、小聚居为主，汉族人口最多，遍布全国各地，少数民族人口数量相对较少又居住分散。中华人民共和国成立初期，少数民族总人口仅占全国总人口的6%。除广西、西藏、新疆等个别地区外，大多数民族地区的少数民族人口都比汉族要少，但分布区域超过中国陆地面积的一半以上。实行不同层次、不同民族的自治符合中国的国情。（3）在长期的历史发展过程中，各民族之间在政治、经济、文化上建立起密切联系，合中有分，同中有异。在国家集中统一领导下，各民族紧密合作的民族区域自治是各族人民共同意志的体现。

中国民族区域自治制度的确立经历了长时间的探索和实践。1947年，在中国共产党领导下，中国建立了第一个省级少数民族自治地方——内蒙古自治区，在实践中积累了丰富的经验。1949年第一届中国人民政治协商会议通过的具有临时宪法作用的《中国人民政治协商会议共同纲领》将民族区域自治制度确定为国家的一项基本政策和重要政治制度之一。1952 年颁布的《中华人民共和国民族区域自治实施纲要》对于民族区域自治的有关制度和重大政策作了较全面的规定。1954 年制定及以后修正颁布的历届《中华人民共和国宪法》都将民族区域自治规定为国家的一项重要政治制度。1984 年颁布及 2001 年修改后的《中华人民共和国民族区域自治法》对民族区域自治地方的政治、经济、文化等各方面的权利和义务作了全面、系统的规定。中华人民共和国成立以后，又先后成立了四个自治区：新疆维吾尔自治区（1955 年 10 月）、广西壮族自治区（1958 年 3 月）、宁夏回族自治区（1958 年 10 月）、西藏自治区（1965 年 9 月），并相继建立起上百个各级民族自治地方。民族区域自治制度在理论上和实践中都不断趋于完善。

民族区域自治制度的建立为中国成功解决国内民族问题提供了保证。首先，民族区域自治制度妥善地解决了国家统一与民族自治的关系问题，既保证了国家的集中统一，又最大限度地满足了少数民族群众参加国家政治生活以及自己管理自己的愿望，使聚居的民族与杂居的民族都能够享受到自治的权利，有利于发展平等团结的民族关系；其次，有利于协调国家发展与少数民族地区发展的关系。自治地方能够根据本地区、本民族的具体实际因地制宜地发展，中央政府在大力帮助少数民族地区发展经济、文化的同时，组织各地区、各民族相互支援，各方优势得以充分发挥，从而加快少数民族地区发展的速度。可见，中国的民族区域自治是政治因素和经济因素的结合，既有利于国家统一、社会稳定和民族团结，又有利于国家与民族地区的发展建设。

二、新疆建立多种民族区域自治

1. 筹备建立民族区域自治

新疆和平解放后，仍沿用过去的行省制。1949 年 12 月，在中共中央及中央新疆分局的领导之下，成立了以包尔汉、高锦纯、赛福鼎为领导的，由新疆各族各界代表组成的新疆省人民政府，在政府内设立了民族事务委员会管理民族工作。省人民政府制定了"新疆境内各民族一律平等，实行团结互助"的施政方针，改善了民族关系。同时，迅速开展民主改革运动，改造省以下的各级旧政权，废除封建王公制度、千百户长制度和保甲制度，建立人民的城乡基层政权，并在全疆进行普选，选出了乡、县、市、省各级人民代表大会代表，逐渐完成新旧政权的交替，稳定了新疆的社会秩序，并有计划地培养和锻炼了一批少数民族干部，为推行民族区域自治奠定了良好的基础。

1952 年 8 月，新疆省召开第一届第二次各族各界人民代表会议。会议通过了《关于执行〈中华人民共和国民族区域自治实施纲要〉的决议》，宣布成立新疆省民族区域自治筹备委员会，由包尔汉担任主任。筹委会采取"慎重稳进，积极筹备，逐步推行"的方针，在全疆范围内自上而下地进行民族区域自治筹备工作。12 月，中共中央西北局批转了《西北民族区域自治实施方案》，并重点安排了新疆民族区域自治工作，要求新疆提出具体计划，报中央和中央西北局批准执行。筹委会对新疆的政治、经济、文化、历史以及民族分布、民族关系状况开展了深入细致的调查，广泛征求少数民族上层代表人物的意见，并在干部和广大群众中进行民族区域自治政策的宣传教育。在此基础上，遵循民族团结和照顾各民族发展的原则，制定出推行民族区域自治的具体方案。

1953 年 4 月，中共中央先后两次对新疆民族区域自治工作作出指示，涉及推行自治的方针、步骤、区划原则、自治民族与其他民族的关系等内容，主要有：

（1）在新疆推行民族区域自治是一项极为重大的政治任务，

必须加强党的领导。必须贯彻"慎重稳进"的方针，推行自治的时间可以长一点。在土地改革基本结束后，先从维吾尔族以外的其他少数民族聚居区进行，在此基础上再筹建全省范围内民族区域自治。实行民族区域自治的步骤应为"由小到大"。

（2）新疆有 13 个世居民族，维吾尔族是新疆的主体民族，在实行民族区域自治过程中或实现民族区域自治以后，必须主动照顾区域内其他兄弟民族，既要注意到以少数民族聚居区为主，又要照顾各民族自治区经济、政治发展的需要，不仅要自觉地使各少数民族在经济上享有平等权利，而且要使他们从事实上体会到维吾尔族对自己的帮助和照顾。同样，哈萨克族也应该照顾自治范围内的少数民族。

（3）新疆名称不改，行政地位相当于省，属中央领导。伊犁划入哈萨克族自治州内。为照顾柯尔克孜族将来的发展，应适当划给一部分农业区。

（4）在推行民族区域自治和进行民族政策宣传教育中，必须强调爱国主义教育，这在新疆有更为重大的实际意义[1]。

同年 6 月，中共中央新疆分局召开扩大会议，通过了包尔汉《关于新疆推行民族区域自治工作计划的报告》和《新疆省民族区域自治实施计划（草案）》。该计划草案提出，新疆除建立全省的以维吾尔族为主的自治区外，建立其他民族区域自治地方的有行署级 1 个，专署级 4 个，县级 6 个；先后建立顺序依次为乡级自治区、县级自治区、专署级自治区、行署级自治区，最后建立全省以维吾尔族为主的自治区。随后，省人民政府委员会、省各族各界人民代表大会协商委员会联席扩大会议也相继讨论并通过了

---

1 新疆党史委、新疆党校：《中国共产党新疆历史大事记》（上册），乌鲁木齐：新疆人民出版社，1993 年，第 91–92 页。

这一计划草案。12 月 22 日，中央人民政府政务院批复同意《新疆省人民政府关于新疆民族区域自治实施计划》和《新疆省人民政府关于新疆民族区域自治实施办法》。

在此期间，省人民政府进行了培训干部、进行试点以及制度建设等一系列工作。5 月成立了民族区域自治干部培训部，吸收了各地包括 9 个民族成分的在职干部和积极分子 284 人，进行了为期 3 个月的学习，提高他们执行民族区域自治政策的水平。他们结业后，分别到鄯善县东巴扎乡、霍城县伊车嘎善乡和乌苏县四棵树乡进行建立乡级或区级的自治区试点工作。11 月，省人民政府讨论通过了民族自治区筹备委员会及区级、乡级人民政府组织条例共 4 部。12 月，中共中央新疆分局召开各地推行民族区域自治试办工作队负责干部和有关机关负责同志会议，总结相当于区、乡级民族自治区的试建工作，并对今后推行民族区域自治的工作作出安排。

2. 建立多种民族区域自治地区

新疆民族区域自治从乡一级开始试点。1953 年 11 月 15 日，霍城县伊车嘎善锡伯族自治区人民政府成立。该自治区有锡伯、哈萨克、索伦（达斡尔）、乌孜别克、汉、维吾尔、蒙古共 8 个民族，以锡伯族为主。全乡有乌孜别克族 3 户、达斡尔族 10 户，分别有 1 名和 2 名人民代表[1]，体现了民族区域自治照顾非主要民族的精神。到 1954 年 7 月，全疆相继建立起相当于区级的乌苏县吉尔格勒特郭楞蒙古族自治区、特克斯县库克铁勒克柯尔克孜族自治区、塔城县瓜尔本设尔达斡尔族自治区等共 7 个；相当于乡级的鄯善县东巴扎回族自治区、叶城县阿扎提阿巴提塔吉克族自治区

1　王拴乾：《走向 21 世纪的新疆》（政治卷），乌鲁木齐：新疆人民出版社，1999 年，第 251 页。

等共 9 个。

1954 年 3 月 11 日，焉耆回族自治区人民政府成立，这是新疆建立的第一个县级民族区域自治地方。焉耆是回族聚居区，境内有回、维吾尔、汉、蒙古等 8 个民族，回族占到全县人口的 33%。经过全县基层普选，共选出 118 名人民代表，其中回、维吾尔、汉、蒙古族代表分别占到 48%、31%、13%、8%，还有 1 名哈萨克族代表。人民代表选出 21 人组成县政府委员会，其中包括回、维吾尔、汉、蒙古 4 个民族，由 1 名回族委员担任主席[1]。到同年 9 月，全疆相继成立了 6 个县一级的民族区域自治地方，即察布查尔锡伯族自治区、木垒哈萨克族自治区、和丰蒙古自治区（后改称为和布克赛尔蒙古自治县）、塔什库尔干塔吉克自治县、巴里坤哈萨克自治县。

1954 年 6 月 23 日，巴音郭楞蒙古自治区成立，并按自治要求改组各级机关。这是新疆建立的第一个专署级民族区域自治地方。巴音郭楞以蒙古族为主体，自治政府主席由蒙古族公民担任，在自治州首届人民代表大会的 149 名代表中，蒙古族代表占到 49%，其余为维吾尔、回、汉、藏、哈萨克、满等该州各民族代表。7 月，克孜勒苏柯尔克孜自治区、昌吉回族自治区、博尔塔拉蒙古自治区等 3 个专区级民族区域自治地方相继成立。

1954 年 11 月 27 日，伊犁哈萨克自治州成立。这是包括了伊犁、塔城、阿勒泰三个地区，以哈萨克族为主体的副省级民族区域自治地方。当时在自治州境内各少数民族聚居的地方，已先后建立起 5 个相当于乡级、6 个相当于区级、2 个相当于县级的，由蒙古、锡伯、回、柯尔克孜、达斡尔等民族实行区域自治的地方。

1　中国少数民族自治地方概况丛书：《焉耆回族自治县概况》，乌鲁木齐：新疆人民出版社，1986 年，第 35 页。

由于伊犁、塔城、阿勒泰三地区中哈萨克族人口占到总人口的40%左右，占全国哈萨克族人口的85%（1953年），地理位置毗连，又都是三区革命时的根据地，实行民族区域自治，将更有利于加强各民族的团结合作和促进三区经济、文化的发展，因此，中共中央新疆分局和新疆省人民政府报经中央正式批准，建立了辖24个县市的伊犁哈萨克自治州[1]。新疆省级以下民族区域自治由小到大逐步实现，建立省级自治区的条件日趋成熟。

在推行民族区域自治的实践中，自治政府的设置也趋于合理与规范化。根据1952年的《中华人民共和国民族区域自治实施纲要》，民族区域自治地方的初级阶段一律称为自治区，分为省级、行署级、专署级、县级、区级、乡级共6级。由于名称相同易造成混乱，且区、乡政权因人口太少、地域太小，实际不可能行使自治权利，1954年7月23日，中共中央新疆分局转发了中共中央统战部《关于县以下民族自治地方暂缓建立和改变等问题的指示》，确定全国民族自治机关的行政地位为自治区、自治州、自治县3级，县以下的民族自治区不再新建，已经建立的将改为民族乡。9月颁布的《中华人民共和国宪法》确定了民族区域自治地方使用"自治区""自治州""自治县"称谓，分别相当于省、专区、县一级行政区域。1955年2月，省人民政府对省内各自治区名称作了统一规定，除伊犁哈萨克自治州人民委员会名称不变外，4个相当于专区级和6个相当于县级的自治区人民政府分别改为自治州、自治县人民委员会。

1955年9月12日，第一届全国人民代表大会常委会第21次会议通过了《撤销新疆省建制、成立新疆维吾尔自治区的议案》。

1　中国少数民族自治地方概况丛书：《伊犁哈萨克自治州概况》，乌鲁木齐：新疆人民出版社，1985年，第62页。

9 月 30 日，新疆省第一届人民代表大会第二次会议选举产生了新
疆维吾尔自治区人民委员会组成人员，正式成立中华人民共和国
新疆维吾尔自治区，撤销新疆省建制。赛福鼎·艾则孜当选为新疆
维吾尔自治区主席。副主席 3 人，分别为高锦纯（汉族）、伊敏诺
夫（维吾尔族）、帕提汉·苏古尔巴也夫（哈萨克族）。37 个人民
委员会（即人民政府）委员来自 11 个民族。10 月 1 日，乌鲁木齐
市各族各界 6 万多人隆重集会，庆祝中华人民共和国成立 6 周年
和新疆维吾尔自治区成立，赛福鼎·艾则孜宣布新疆维吾尔自治区
成立。至此，新疆完成了区、州、县三级民族自治地方的建立和
民族自治机关的设立工作。至今新疆仍是全国 5 个自治区中唯一
的三级自治地方俱全的民族自治地方。

新疆另外 12 个世居民族中，当时除乌孜别克、塔塔尔、俄罗
斯和满族因人数较少、居住分散，没有建立自治单位外，其他民
族都建立起自治地方。1956 年，区、乡级民族自治区经调整，改
建为民族乡。目前，全疆共有包括哈萨克、回、柯尔克孜、蒙古、
塔吉克、锡伯、乌孜别克、达斡尔、塔塔尔等 9 个民族成分的 42
个民族乡，加上维吾尔族，有 10 个民族建有各级民族自治地方或
民族乡。

3. 关于新疆维吾尔自治区的名称

根据维吾尔族和其他各少数民族的情况，维吾尔族在新疆应
当建立一个省一级的民族自治区。1955 年 2 月，新疆省民族区域
自治筹备委员会建立，正式开始建立省级自治区的筹备工作。全
省各族群众就建立省级自治区的问题进行了广泛的讨论，拥护在
新疆建立维吾尔族的省级自治区，但在自治区的名称问题上发生
了分歧，主要集中在是否用"新疆"一词以及是否用"维吾尔"
族称。

在 1 年左右的时间里，各族各界人士在各级人民代表会议和政治协商会议以及其他一些专门会议上，充分讨论，反复酝酿，逐步取得一致认识：（1）已经建立的自治州、自治县都同时标明了地名和民族名称，维吾尔族是新疆最大的一个民族，建立省一级的民族自治区应当冠以维吾尔族的族称，这完全符合《民族区域自治实施纲要》关于确定民族自治地方名称的原则。称"新疆自治区"虽然有利于维吾尔族团结境内其他各民族，但它没有表明是哪个民族在实行自治。（2）"斯坦"一词容易同历史上分裂主义分子所制造的"东突厥斯坦"相混淆，有些独立国家的名称使用"斯坦"，如巴基斯坦，用"斯坦"有可能被误解为独立的国家，同时"斯坦"一词不能确切反映新疆的情况，新疆是 13 个民族居住的地方，仅仅说是"维吾尔斯坦"不利于民族团结，而且"斯坦"也不符合中国的民族习惯，因此不用"斯坦"。（3）"新疆"一词取"故土新归"，在当时有"新的疆土"之意，但并无贬意；而且新疆一词作为地理名称已经为中外熟知，应该继续使用。（4）"新疆维吾尔自治区"这一名称能够体现维吾尔族在新疆团结各民族实行区域自治，有利于维吾尔族树立团结其他民族共同建设新疆的责任感。最后，按照新疆各民族绝大多数干部和群众的意愿，中共中央新疆分局确定了"新疆维吾尔自治区"这个名称并上报中共中央批准[1]。

新疆是一个多民族聚居区，各民族交错杂居，不可能以某个民族聚居区为唯一基础实行区域自治，而是以一个人口较多的少数民族为基础，包括若干人口较少的民族建立起自治地方。如此从自治区到自治州、自治县的多层次格局，为各少数民族根据各

---

1 张尔驹：《中国民族区域自治史纲》，北京：民族出版社，1995 年，第 191–192 页；《当代中国的民族工作》（上），北京：当代中国出版社，1993 年，第 224 页。

自不同情况充分享有自治权利提供了基本保证。也只有各民族齐心协力、团结合作，才能建设好新疆。有人以为新疆维吾尔自治区就是"维吾尔族的地方"，这是片面和错误的。在新疆推行民族区域自治的过程中，中央曾多次强调实行区域自治的民族应该帮助和照顾区域内其他民族，促进各民族团结。1957 年国务院总理周恩来曾对新疆维吾尔自治区的名称问题有过明确论述："我们采取的是适合我国情况的有利于民族合作的民族区域自治制度。我们不去强调民族分立。现在若要强调民族可以分立，帝国主义就正好来利用。即使它不会成功，也会增加各民族合作中的麻烦。例如新疆，在解放前，有些反动分子进行东土耳其斯坦之类的分裂活动，就是被帝国主义利用了的。有鉴于此，在成立新疆维吾尔自治区时，我们没有赞成采用维吾尔斯坦这个名称。新疆不仅有维吾尔一个民族，还有其他 12 个民族，也不能把 13 个民族搞成 13 个斯坦。党和政府最后确定成立新疆维吾尔自治区，新疆的同志也同意。称为新疆维吾尔自治区，'帽子'还是戴的维吾尔族，因为维吾尔族在新疆是主体民族，占 70% 以上，其他民族也共同戴这个帽子。""有一个民族合作的意思在里面。要讲清楚这个问题。"[1]

三、当代新疆的民族分布状况

2011 年末统计数据显示，新疆总人口为 2208.71 万人，包含着 47 个民族成分。其中，维吾尔族占总人口的 46.4%；汉族占 39.3%；哈萨克族占 7.08%；回族占 4.50%；柯尔克孜族占 0.87%；

---

1 周恩来：《关于我国民族政策的几个问题》，载国家民族事务委员会政策研究室《中国共产党主要领导人论民族问题》，北京：民族出版社，1994 年，第 175 页。

蒙古族占 0.85%；塔吉克族占 0.21%；锡伯族占 0.20%；满族占 0.12%；乌孜别克族占 0.08%；俄罗斯族占 0.06%；达斡尔族占 0.03%；塔塔尔族占 0.02%；其他民族占 0.59%。

维吾尔族 新疆的主体民族，人口 1037.04 万。分布于全疆各地，多集中在南疆和田、喀什、阿克苏、吐鲁番等地区和克孜勒苏柯尔克孜自治州、巴音郭楞蒙古自治州及乌鲁木齐市、伊犁州等地。"维吾尔"是本民族的自称，含义是"团结""联合"。有经营农业的传统，多从事农业，部分从事商业、畜牧业和手工业。现代维吾尔族主要是一个农业民族，其经济文化类型属于绿洲灌溉农业类型。语言属阿尔泰语系突厥语族，文字系以阿拉伯字母为基础的拼音文字，普遍信奉伊斯兰教。

汉族 分布在全疆各地，人口 844.42 万；主要集中在北疆。在城镇和生产建设兵团、工矿区所占人口比例较大。汉族是农业民族，另有从事其他各行经营者。语言属汉藏语系，拥有新疆地方口语方言。因来源于内地各省市，逐渐形成独具特色的新疆汉文化。

哈萨克族 主要分布在今天的伊犁哈萨克自治州、木垒哈萨克自治县和巴里坤哈萨克自治县以及乌鲁木齐、昌吉等地的天山草原，人口 154.26 万。历史上因为反抗和摆脱乌孜别克汗的统治而东走，所以得名"哈萨克"，意为"避难者"或"脱离者"。主要从事畜牧业生产，现在已由逐水草而居的游牧生活走上定居或半定居的农牧结合的生产生活模式。语言属阿尔泰语系突厥语族。文字系以阿拉伯字母为基础的拼音文字，普遍信奉伊斯兰教。

回族 分布在今天的昌吉回族自治州、焉耆回族自治县以及伊宁市、霍城县、乌鲁木齐市、吐鲁番地区，人口 100.34 万。元朝时，即有在西域屯田、放牧的回回人；清朝、民国和新中国的不同历史时期，都有从中国西北的陕西、甘肃、青海等地迁居而来的回族。多为农、牧兼营，居住在城镇者多经营饮食，部分从事手工业。通用汉语言文字，保留部分阿拉伯语和波斯语词汇。其语言基本上保持着陕、甘、宁、青等省区回族地方语言的特色，普遍信奉伊斯兰教。

柯尔克孜族 聚居于今天的克孜勒苏柯尔克孜自治州，部分散居乌什、阿克苏、莎车、英吉沙、塔什库尔干、皮山等县和北疆的特克斯、昭苏、额敏、博乐、精河、巩留等县的牧区，人口19.40万。"柯尔克孜"是本民族的自称。主要从事畜牧业，部分兼营农业。语言属阿尔泰语系突厥语族，使用阿拉伯字母为基础的拼音文字。主要信仰伊斯兰教，少数信仰北传佛教。

蒙古族 聚居于今天的巴音郭楞蒙古自治州、博尔塔拉蒙古自治州及和布克赛尔蒙古自治县，部分居住于伊犁、昌吉、哈密和乌鲁木齐等地，人口17.89万。"蒙古"是蒙古族的自称。从事畜牧业，部分转事农业。语言属阿尔泰语系蒙古语族，使用托忒蒙文和胡都木蒙文。多信仰北传佛教。

塔吉克族 聚居帕米尔高原，素有"世界屋脊的居民""云彩上的人家"之称。多数生活在今天南疆的塔什库尔干塔吉克自治县，部分分布于莎车、泽普、叶城、皮山等县的高寒地带，人口4.73万。"塔吉克"是民族自称，含有"王冠"之意。从事畜牧业，兼营农业，种植耐寒作物。语言属印欧语系伊朗语族，普遍使用维吾尔文。信奉伊斯兰教。

锡伯族 聚居于今天的伊犁察布查尔锡伯自治县和霍城、巩留等县，人口4.27万。"锡伯"是本民族的自称。公元1764年从东北征调来伊犁地区驻防、屯田、定居。语言属阿尔泰语系满洲—通古斯语族满语支，有在满文基础上发展形成的锡伯文字。历史上信仰多种神灵，主要信奉"喜利妈妈"（保护家室平安的神）和"海尔堪"（保护牲畜的神），也有信仰萨满教和北传佛教的。

满族 散居新疆各地。多数集中于今天北疆的伊犁哈萨克自治州、昌吉回族自治州和乌鲁木齐市，人口2.64万。多属清朝被调派驻防的满洲八旗官兵的后代。曾多聚居屯驻、戍守边疆；后从事屯垦农业生产，居住在城镇者也兼营其他行业。原用语言属阿尔泰语系满洲—通古斯语族满语支，现改用汉语言文字，多兼通维吾尔等几个民族的语言文字。曾长期信奉萨满教。

乌孜别克族 散居于今天南北疆各地的城镇，主要在伊宁、喀什、乌鲁木齐、塔城、莎车等地，人口1.74万。1987年7月2日，在木垒哈萨克自治县大南沟乡成立了乌孜别克民族乡。多数居住在城市，从事商业、手工业；少数在农村、牧区，从事畜牧业和农业。语言属阿尔泰语系突厥语族，文字是阿拉伯字母为基础的拼音文字，语言与维吾尔、塔塔尔族接近。使用维吾尔语言文字，北疆牧区的少数人也使用哈萨克语言文字。普遍信奉伊斯兰教。

俄罗斯族 散居于今天的伊犁、塔城、阿勒泰、乌鲁木齐等地，人口1.16万。最早是在19世纪20年代后由沙俄陆续迁来；俄国十月革命前后，陆续又有不少人迁入定居。曾被称为"归化族"，聚居的村庄被称为"归化村"。新中国后改称俄罗斯族。居住在城镇者多从事工商业、运输业和服务业，居住在农村的多从事农业、园艺业和养殖业。语言属印欧语系斯拉夫语族，使用俄罗斯语文，多信奉东正教，少数人信奉新教（即基督教）和天主教。

达斡尔族 分布在今天的北疆塔城地区，人口6884人。新中国成立后，在塔城市建有阿西尔达斡尔民族乡。"达斡尔"是本民族自称，汉文史籍中有"达胡尔""达呼尔""达糊里""打虎尔"等不同的音译，汉文意译为"开拓者"。多属18世纪60年代清朝从东北索伦地区调遣来的"索伦营"驻防军的后代，因此曾被称为"索伦人"，新中国成立后恢复原有的名称。经营农业者居多，部分兼营畜牧业。语言属阿尔泰语系蒙古语族，无本民族文字，曾用满文，现普遍使用汉文。主要信奉萨满教，少数则信奉北传佛教。

塔塔尔族 分布在今天的乌鲁木齐、昌吉、奇台、阿勒泰等地，人口4950人，1989年7月25日在奇台县大泉沟成立了中国唯一的塔塔尔民族乡。原属蒙古部落，"达达""鞑靼"等曾是历史上的不同译音。15世纪后由西征的蒙古人与欧亚平原的钦察人、伏尔加河流域的保加尔人相互融合发展而成。新疆塔塔尔民族多系19世纪陆续从俄国喀山及中亚谢米列契、斋桑等地迁居，或前来经商、谋业留居。多经营商业，少数从事农业、牧业、手工业。语言属阿尔泰语系突厥语族，文字原为西利尔字母为基础的拼音文字。普遍信仰伊斯兰教。

四、各民族共同当家作主

1. 各民族自主管理地方事务

新疆维吾尔自治区成立后，各级自治机关在历届人民代表大会代表组成以及干部配备上，都坚持各民族共同参政议政、共同管理地方事务的原则。根据《中华人民共和国宪法》《民族区域自治法》及有关法律，各民族参加国家及地方事务管理的权利得到有效的保证，如各民族年满18周岁的公民都享有选举权与被选举权；全国人民代表大会常务委员会给各省区分配少数民族代表名额；每一聚居的少数民族都应有代表参加当地的人民代表大会；自治地方中某些重要职务严格限定要由实行区域自治的民族的公民担任等。同时，新疆也有一些地方性的法规、决议、决定，保证各民族共同当家作主，如选举各级人民代表大会常务委员会及各级人民政府领导成员时实行差额选举的办法，是哪个民族成员落选就补选哪个民族成员[1]；县、乡两级人民代表大会少数民族代表候选人名单由选举委员会根据多数选民意见及当地具体情况确定，选举时，各民族的候选人在本民族中差额选举[2]，以此保持各民族人大代表以及领导干部的一定比例。自治区第十届人民代表大会共有代表550名，有13个民族的代表，其中少数民族代表占到66%，比少数民族人口在新疆总人口中的比重高出6个百分点。新疆各民族群众还享有参与管理国家大事的权利。新疆出席第八届全国人民代表大会的代表共58名，由11个民族成分组成，其中少数民族代表62.1%；出席第十届全国人民代表大会的少数民族代表占新疆代表总数的61.7%。新疆的少数民族和汉族人士在全国人大常委会、国务院和全国政协的领导岗位上也有任职。

中国政府一直把选拔、培养和使用少数民族干部作为实行民族区域自治政策的关键。新疆和平解放初期，少数民族干部数量很少，1950年全疆仅有3000名。为了迅速扩大少数民族干部队伍，政府先后在全国建立民族学院以及各类干部学校，将在实际工作中表现突出和有一定文化程度的少数民族干部选拔出来，送去学习，提高他们的理论水平、文化程度与工作能力。一大批少数民族优秀干部迅速地成长起来。到1955年新疆维吾尔自治区成立时，

1　中共新疆维吾尔自治区委员会办公厅、新疆维吾尔自治区人民政府办公厅：《新疆辉煌50年》(上卷)，乌鲁木齐：新疆人民出版社，1999年，第77页。
2　1989年《新疆维吾尔自治区人大常委会关于修改〈新疆维吾尔自治区县级以下人民代表大会代表直接选举实施细则〉的决定》，载新疆维吾尔自治区民族宗教事务委员会编《新时期民族与宗教政策法规选编》，乌鲁木齐：新疆人民出版社，1999年，第60页。

全疆有少数民族干部 4.6 万，1965 年为 6.7 万，1975 年为 9.3 万，1985 年为 19.2 万，2004 年达到 33.9 万，占当时全区干部总数的51.6%，是 1955 年自治区成立时的 7.4 倍。

按照《民族区域自治法》，目前自治区的政府主席、各自治州的州长、自治县的县长一直由实行民族区域自治的民族的公民担任；地、市的专员和市长，各县的县长，各乡、镇的乡、镇长，也均由少数民族干部担任。全疆 83% 左右的县长、乡长是少数民族干部；少数民族干部在自治区一级领导干部中占 55% 左右，在地、州、厅局级领导干部中占 43% 左右。除了各级行政干部外，少数民族专业技术干部的数量也增加很快。2011 年全疆少数民族干部达到 34.8 万人，占全疆干部总数的 52%；各类少数民族专业技术人员 25 万人，占全疆技术人员总数的 56%。同时，国家还向新疆输送了大批优秀人才。现在自治区已形成了包括政治、经济、科技、文化、教育、医疗卫生等各方面人才的各民族干部队伍，从组织上保障了各民族管理自治地方事务及本民族内部事务的政治权利。

2. 依法保障各族人民合法权益

民族区域自治权的一个重要内容是自治机关的立法权，即依照当地的政治、经济、文化的特点和实际需要制定自治法规，包括自治条例和单行条例，以及变通执行或停止执行上级国家机关的决议、决定、命令和指示，它保证了各民族区域自治地方根据自己的具体情况管理地方事务的权利。同时自治地方还享有地方国家机关制定地方性法规的权利。从自治区人民代表大会成立至2003 年 1 月，人大常委会共颁布实施的自治法规、地方性法规和具有法律效力的决议、决定共 267 项，仅 1979—1995 年就有 145项。这些法规和决议、决定涉及到法制建设、经济建设、资源管理、环境保护、科技、教育、文化、卫生、社会治安、社会保障、民族宗教等诸多领域。

地方立法适应新疆的实际情况，保障了新疆各民族群众的权益。首先，对不完全适应自治区实际情况的上级机关的法律规定进行变通，或根据具体情况增加补充性规定。如：1980 年《中华人民共和国婚姻法》规定中国公民的结婚年龄，男不得早于 22 周岁，女不得早于 20 周岁。新疆一些少数民族结婚年龄偏早是历史上长期沿袭下来的习惯，将婚龄很快提高到《婚姻法》规定的年龄较为困难[1]。1980 年自治区五届三次人代会通过了《新疆维吾尔自治区执行〈中华人民共和国婚姻法〉的补充规定》，将少数民族公民的结婚年龄变通为男不得早于 20 周岁，女不得早于 18 周岁。在 1996 年颁布的《新疆维吾尔自治区实施〈中华人民共和国消费者权益保护法〉办法》中补充规定，在自治区境内生产并销售的商品，其包装和说明书上应有少数民族、汉族文字；经营者在其经营场所悬挂和在食品包装、装潢上标注"清真"字样或标记，必须经县级以上人民政府民族事务管理部门批准。

其次，国家法律、行政法规涵盖不全或国家尚未立法，根据自治区域内具体情况和特有问题制定单行条例。如：1993 年施行的《新疆维吾尔自治区语言文字工作条例》保障各民族使用和发展自己语言文字自由的权利，并提倡各民族互相学习语言，促进语言文字的科学研究和规范化工作。1996 年第二次修正的《新疆维吾尔自治区扫除文盲条例》就对使用汉语言文字与使用少数民族语言文字扫盲的标准进行了明确规范。

在地方立法过程中，考虑到不同民族、不同区域的具体情况

---

1 据 1990 年第四次全国人口普查有关数据计算，近一半新疆少数民族妇女的初婚年龄在 20 岁以下。

进行了区别对待。如实行计划生育、控制人口增长是中国的一项基本国策，在中国内地，普遍实行一对夫妇只生育一个孩子。新疆汉族人口的计划生育工作是在 1975 年开始的，1983 年在修改的《新疆维吾尔自治区执行〈中华人民共和国婚姻法〉的补充规定》中提出，少数民族也要实行计划生育，但与汉族有所区别，"对汉族要求要严，对少数民族要适当放宽"。1992 年颁布的《新疆维吾尔自治区计划生育办法》具体规定：城镇汉族居民一对夫妻生育一个子女，少数民族居民一对夫妻可生育两个子女；汉族农牧民一对夫妻生育一个或两个子女，少数民族农牧民一对夫妻可生育三个子女，少部分符合规定的还可以再生育一个子女。这种区别对待的政策，使有关法规更具有可行性。

3. 各民族群众享有平等权利

在中国，各民族享有平等的权利。《中华人民共和国宪法》规定："中华人民共和国各民族一律平等，国家保障各少数民族的合法权利和利益，维护和发展各民族的平等、团结、互助关系。禁止对任何民族的歧视和压迫，禁止破坏民族团结和制造民族分裂的行为。"民族平等是中国处理民族问题的一个基本原则，是各民族人民当家作主的基本保证。在新疆，民族平等不仅表现在各民族享有平等的政治权利，而且在使用和发展本民族语言文字、保护和发展本民族传统文化、保持或改革本民族风俗习惯等方面都享有平等自由的权利。同时，60 多年来，大量内地人口迁往新疆，使新疆人口的民族成分大大增加，目前新疆已有 47 个民族。这些在新疆生活时间较短、人口较少的散杂居民族，也与 13 个世居民族一样平等享有各种权利。

新疆是多民族语言文字地区，目前，13 个世居民族使用 10 种语言、8 种文字，汉语和维吾尔语是主要的族际交际语，也是自治区法定的通用语言，哈萨克语在北疆使用也很普遍。根据国家和自治区的有关法律、法规，在自治区政府及各部门发出的文件、布告、证件、表册上，都应使用维吾尔、汉文两种文字，各自治州、自治县的行政公文同时还使用实行区域自治民族的通用文字。凡有少数民族参加的会议，一般都要进行翻译。公共场所用字以及招工、招干、招生、技术考核、职称晋级考试等均使用当地通用的少数民族语言文字及汉语文，即使是街道普通小店挂出的店名也必须用民、汉两种文字书写。每个人在日常生活、生产劳动、通讯联系中，都可以自由地使用本民族的语言文字，有权使用本民族的语言文字进行选举或诉讼。新闻出版、广播、电视、电影等广泛使用少数民族语言文字。新疆各报社、出版社出版维吾尔、汉、哈萨克、蒙古、柯尔克孜和锡伯 6 种文字的报纸、图书和课本，其中图书与音像制品中少数民族语文的占到 70% 以上。新疆人民广播电台从新中国成立初期开始广播的第一天起，就同时采用维吾尔语和汉语播音，以后又增加了哈萨克语、蒙古语和柯尔克孜语播音。

在各类教育中均有多种少数民族语言教育，特别是中小学教育阶段，分别使用了维吾尔、汉、哈萨克、蒙古、柯尔克孜、锡伯、俄罗斯 7 种语言进行教学。2000 年，全疆单独设置的使用少数民族语言授课的民族中小学有 5914 所，占全疆中小学总数的 70%。每年一度的全国高等院校招生考试中，新疆使用维吾尔、汉、哈萨克、蒙古等多种文字的试卷，并对报考大、中专院校的少数民族考生实行择优录取与适当照顾相结合的办法，降低录取分数线，保证一定比例的各民族考生能够接受高等教育。同时，对贫困学生实行免收学杂费、书本费的照顾，在牧区设立由国家和地方政府补贴的寄宿制学校，保障各民族、各阶层的儿童都能享有平等接受教育的权利。

各民族都有保持或改革本民族风俗习惯的自由，这是中国政府的一贯政策。各级政府及有关部门还制定了一系列具体政策、法规，尊重和照顾少数民族饮食、衣饰、年节、婚姻、丧葬等方面的习俗。譬如，要求保证各民族特需食品的生产和供应，尤其注意照顾 10 个普遍信仰伊斯兰教、食用清真食品的民族，国家要求各地区在交通要道以及有穆斯林职工的单位设立"清真食堂"或"清真灶"；供应这些民族的牛羊肉，要按照民族习惯进行宰杀与处理，并要单储、单运、单售；大、中城市和回民较多的小城镇要保留一定数量的清真饭馆，并注意培养本民族的厨师和服务员。各民族可以自由地按本民族的传统欢度节日，各地人民政府根据当地民族的年节习惯，制定放假办法，保障节日特殊食品的供应。在新疆，每年的肉孜节和古尔邦节，普遍信仰伊斯兰教的各民族人民可以享受到节日的假期，俄罗斯族的圣诞节、复活节也有法定的假期。不同民族有不同的丧葬习俗。目前在中国，除在汉族中推行火葬外，其他民族的丧葬习俗都得到了尊重。如信仰伊斯兰教的民族都有土葬的习俗，国家为此划拨专用土地，建立公墓。国家及各级政府部门重视进行尊重各民族风俗习惯的宣传教育，同时高度关注大众传播媒介中侵犯少数民族风俗习惯的事件，要求新闻、出版、文艺界和从事学术研究的人员正确认识和尊重少数民族的风俗习惯。对有意歪曲少数民族风俗习惯、伤害少数民族感情、情节严重、造成恶劣后果的，要追究党纪、政纪直至法律责任。《中华人民共和国刑法》中把"侵犯少数民族风俗习惯罪"归入"侵犯公民人身权利、民主权利罪"。当然，随着社会的发展，各民族的风俗习惯也在发生变化，但是否改革或通过什么方式改革风俗习惯，只能由本民族自己决定，国家仅提供政策支持与帮助。

平等团结的民族政策以及宽松的社会环境，使一些过去因民族歧视而被迫隐瞒或更改自己民族成分的人自愿重新恢复本民族成分。1982—1988 年，新疆就办理恢复或改正民族成分共 3844 户、11468 人。

五、各民族的平等发展与共同繁荣

1. 国家的支持和投入

新疆地大物博，自然资源丰富，但在新中国成立前，由于落后的封建生产关系阻碍了生产力的发展，加之近代历届政府无能，封闭保守，战乱频仍，新疆的经济发展极为缓慢，物质产品匮乏，各族人民生活十分贫困。当时，农业生产技术落后，农作物产量很低。新中国成立前夕，新疆粮、棉、油的单产分别为 65 公斤、10 公斤、29 公斤，人均占有粮食 195 公斤。畜牧业生产经营方法粗放，牧民过着逐水草而居的艰苦的游牧生活。近代工业几乎是空白，使用机器生产的工厂仅有 14 个，而且规模很小，其他均为手工作坊或手工工厂。1949 年，新疆工农业生产总值仅 4 亿多元，其中工业产值 0.98 亿元，占 22.5%。全疆没有一寸铁路，只有几条简易公路，交通运输主要依靠骆驼、毛驴驮运。民航只有名存实亡的 3 个航站（哈密、迪化、伊犁）和联接 3 个站的 1 条航线。

新疆和平解放后，新疆各族人民迫切要求加快经济发展速度，改变贫困落后的状况。20 世纪 50 年代初期，在极其艰苦的环境和条件下，中国共产党领导新疆各族人民进行了伟大的社会变革，建立起社会主义制度，解放了生产力，人民的生产积极性和创造性得到空前的提高，国民经济迅速得到恢复和发展，1952 年，新疆工农业总产值达到 10.7 亿元。

　　但是，由于新疆生产力发展水平较低，基础差，要想迅速改变贫穷落后的面貌，仅靠自己的努力是很困难的。中国民族区域自治的一大优势，就是自治机关可以自主发展地方经济、文化，上级国家机关可以动员各方面的力量予以帮助和支持，使各民族平等发展，共同繁荣。60 多年来，中国政府一直把加速发展少数民族地区的经济作为工作的重要内容，从财力、物力上大力帮助新疆发展。在国家的大力支持下，新疆进行了大规模的投资建设，1950—2001 年，全社会固定资产投资累计完成 5015.15 亿元，其中中央投资 2662.23 亿元，占同期全社会投资的 53.1%；累计建成投产项目 9 万多个，其中包括近 200 个大中型项目和一大批对新疆经济发展有重大影响的项目，为支持新疆经济的持续增长奠定了扎实的基础。据初步统计，从新疆维吾尔自治区成立的 1955 年到 2004 年，中央政府给新疆的财政补助累计达 1804.92 亿元。特别是 1996 年以来，随着中央政府财力的增强和西部大开发战略的实施，中央政府给新疆的一般性财政补助逐年增长：1996 年为 50.07 亿元，1998 年为 80.12 亿元，2000 年为 119.92 亿元，2002 年为 217.95 亿元，2004 年为 282.71 亿元。中央政府还通过各种专项财政转移支付、民族优惠政策财政转移支付以及国际金融组织和外国政府贷款，加大资金的投入和支持。

　　为了迅速改变新疆生产落后、人才缺乏的局面，20 世纪 50 年代以来，大批来自中国内地的大中专毕业生、支边青年、转业军人到新疆参加开发建设。有不少单位为了支援边疆，告别了生产和生活条件比较优越的大城市，举厂西迁，在新疆安家落户，例如，上海益华钢铁厂、上海富华针织厂、天津市第四建筑公司等等。近年来，党和政府又组织内地经济较为发达的省区对口支援新疆，范围涉及工业、农业、商贸、科技、人才、文教、卫生等各个领域。1999 年国家决定开始实施西部大开发的战略，中央政府进一步加大对西部的资金投入，并对西部实施一系列优惠政策，从而进一步促进了新疆各民族的发展与繁荣。

2. 社会事业全面发展

中央及内地省区的支援和帮助为新疆的发展奠定了坚实的物质基础，也鼓舞了新疆各族人民建设美好家园的信心。在各级党委和政府的领导下，通过各族人民的艰苦奋斗，新疆的经济建设取得了辉煌的成就。2012 年，新疆国内生产总值 7530 亿元，比1955 年增长 144 倍。经济结构趋于合理，以农业为主的第一产业、以工业为主的第二产业、以服务业为主的第三产业的产值分别占国内生产总值的 17.5%、47.3% 和 35.2%，过去单一的农业生产方式得到了根本的改变。

经济的飞速发展为社会事业的建设提供了有力的物质保证。60 多年来，新疆的教育、医疗卫生、扶助贫困人口等各项社会事业全面发展，各族人民的生活质量明显提高。

新疆和平解放以前，教育发展水平很低。1949 年全疆 400 多万人口仅有 1 所高等学校，300 多名在校生，各类中等学校 50 所，小学 1355 所，在校学生总计为 20.4 万人。5 名学龄儿童中只有 1人能够进入学校接受教育，而且学校的校舍简陋，办学条件很差。全疆 90% 的人都不识字。2012 年，新疆的高等学校已发展到 42 所，各类中等学校 1751 所，小学 3535 所，特殊教育学校 19 所，在校学生总数达 457.37 万人，其中少数民族在校学生 282.91 万人，占全区在校学生总数的 61.9%。学龄儿童入学率达到 99.8%，各民族少年儿童都有接受教育的权利与机会。成人教育也成效显著，青壮年文盲率已降至 2% 以下，复盲率控制在 5% 以下。教育的发展使各族劳动者的文化素质显著提高。与 1990 年相比，2010 年全疆每 10 万人中接受过大学教育的由 1846 人上升为 10635 人。

2012 年，全疆有卫生机构 14473 个，比 1949 年增长 267 倍；有卫生技术人员 10.9 万人，每万人拥有医生数名列全国前茅。农村已基本形成县、乡、村三级医疗保健网。地方病及传染病的防治工作也取得了重大的成绩。全疆大规模的改水防病工程已经使 800 多万人受益，各类传染病发病人数下降，一些恶性传染病，如天花在全疆已绝迹，霍乱等得到了有效控制。医疗服务系统日渐完善，加之生活水平普遍提高以及广泛开展群众性的体育健身活动，各族人民的健康水平大幅度提高。到 2012 年，新疆的人口死亡率降至 4.48‰，平均预期寿命从 1949 年的不足 30 岁提高到 2010 年的 72.35 岁。同时，优生优育、降低生育水平、提高生育质量的思想广为传播，全疆的人口出生率从 1949 年的 30‰降到 2012 年的 15.32‰，由于死亡率的大幅度下降，人口自然增长率由 9.2‰提高为 10.84‰。

帮助各族贫困人口走上共同富裕的道路是各级政府不懈的追求。新疆的贫困人口主要分布在边远地区、高寒地区、缺水地区和地方病高发区，这里自然环境较差，文化教育落后，少数民族人口较为集中。国家和各级地方政府通过提供专项资金、贷款、异地搬迁、技术援助、政策支持等各种方式，帮助贫困人口脱贫。2002 年，全疆的贫困人口由 1993 年的 176 万人减少至 19 万人。社会保障体系逐步建立起来，养老保险、失业保险和医疗保险制度得到广泛推行。2012 年全疆有 312.16 万职工参加了基本养老保险社会统筹，497.09 万人参加了新型农村社会养老保险，629.15 万人参加基本医疗保险社会统筹。城镇居民最低生活保障线的建立缓解了贫困者的衣食之忧。2012 年，全疆享受最低生活保障的人数有 85 万之多。为解决少数既没有劳动能力，又无人照顾的孤寡老人、孤儿以及残疾人的生活困难，政府建起了各种社会福利机构。2012 年，全疆有各类福利院 548 所，收养 2.8 万余人。

3. 各民族文化交相辉映

新疆各民族的文化艺术源远流长，独具风格。新中国成立以后，各级政府为各民族文化的发展提供有利条件，文化部门投入了大量的人力与物力，广泛搜集、整理各民族的古典文学、民间口头文学以及民间音乐与歌舞，民族传统文化重现新姿，并焕发出勃勃生机。一些著名的文学艺术作品，如维吾尔族的《福乐智慧》《突厥语大词典》《十二木卡姆》、蒙古族的《江格尔》、柯尔克孜族的《玛纳斯》等被搜集、整理后出版或搬上舞台，广为传播。建立了一批专业文艺表演团体以及艺术研究和创作机构，维吾尔、哈萨克、柯尔克孜、蒙古、塔吉克、锡伯、回等民族也都有自己的专业文艺表演团体。1958 年，新疆创办了第一所艺术学校，现已发展成为新疆艺术学院，培养了大批优秀的艺术人才。新疆歌舞艺术表演团体在全国以及世界许多国家和地区进行演出，受到了当地人民的热烈欢迎，新疆民族文化已走向了世界。各民族传统体育也重放异彩。自 1985—2004 年，新疆已成功举办了 5 次少数民族传统体育运动会，挖掘整理了少数民族传统体育项目 200多项，使一些中断多年、群众喜爱的传统项目又恢复了生机。在政府的保护与扶持下，维吾尔族的达瓦孜由过去的民间杂技发展为高水平的杂技艺术表演，年轻的阿迪力·吾守尔连创五次吉尼斯世界记录，举世瞩目。

广播、电视、出版业迅速发展。1996 年新疆建成中国各省区中规模最大、传输语种最多的卫星地面站，通过卫星同时传输汉语、维吾尔语和哈萨克语电视节目。到 2012 年，全疆广播、电视人口覆盖率已分别达到 95.34%、95.62%，基本实现了村村通广播电视，极大地丰富了各族人民群众的文化生活。1952—2012 年，新疆出版的图书由 166 种发展为 13520 种，杂志由 8 种发展为 208 种，报纸由 4 种发展为 98 种，公共图书馆由 1 家发展为 102 家，博物馆从无到有，2012 年已发展到 73 家。各种传播媒体及图书出版业广泛地应用少数民族语言文字，使各族群众都能够享受现代文化的发展成果。

新疆还建立了民族语言文字工作委员会和民族语言文字研究机构，对各民族语言文字进行科学的研究。在一些高等院校设立了民族语文专业，培养了大批从事少数民族语文教学、科研和翻译的人才。少数民族语言文字规范化、标准化、计算机信息化处理等均取得突破性进展，丰富和发展了各民族的语言文字。

六、尊重与保护宗教信仰自由

1. 废除宗教特权与剥削制度

历史上的新疆一直就是多种宗教并存的地区。至 20 世纪中期，新疆共有 6 种宗教，即伊斯兰教、佛教、道教、天主教、基督教（新教）、东正教。维吾尔、哈萨克、回、柯尔克孜、乌孜别克、塔吉克、塔塔尔等 7 个民族普遍信仰伊斯兰教，汉、蒙古、锡伯、达斡尔等民族中的一些人信仰佛教（包括藏传佛教），汉族中的一些人信仰道教、天主教和基督教。信仰东正教的主要是俄罗斯族。另外，还有一些民族如满族、锡伯族中的一些人信仰萨满教。当时，新疆信仰伊斯兰教的人口最多。

新疆解放初期，清真寺等宗教场所拥有的各种宗教土地（统称"瓦合甫"）数量相当惊人。据统计，莎车县"瓦合甫"地占土地总数的 1/3 以上，喀什著名的阿帕巴克和卓麻扎就有"瓦合甫"地约 1.6 万亩[1]。宗教人士还向教民征收名目繁多的宗教课税，同时宗教干涉文化、教育、婚姻、民事诉讼等的现象很严重。藏传佛教在全疆势力范围不大，但其权力所及，宗教的封建特权和压迫剥削制度也名目繁多。废除宗教封建特权和压迫剥削制度成为民主改革的一个组成部分。

1952—1953 年土地改革运动中，对宗教寺院的土地采取保护政策，"清真寺、麻扎、宗教学校、喇嘛庙现有土地及在乡村中属于公共所有的各种瓦合甫地及其出租的房屋，均一律保留"[2]。但土地改革及此前进行的减租反霸运动，以及 1953—1957 年进行的旨在消灭生产资料私有制的社会主义改造运动削弱了宗教封建势力及其影响。1958 年中央统战部开会研究布置了关于废除宗教特权与剥削制度的工作，12 月，批转了《民委党组关于当前伊斯兰教、喇嘛教工作的报告》。自治区党委决定，从新疆实际出发，结合各项社会改革和政治运动，发动和依靠群众，自然地逐步地废除宗教特权和封建剥削，反对宗教界的坏人坏事，肃清披着宗教外衣的敌对分子。同时强调指出：（1）坚持宗教信仰自由的原则，但共产党员不得信仰宗教。（2）要有步骤地在党内外干部和群众中进行有关宗教问题的教育，用适当方式进行辩证唯物主义和历史唯物主义教育。在全面宣传宗教信仰自由政策时，也要宣传不信教也有自由。（3）对阿訇仍然采取争取、团结、教育、改造的方针；对清真寺采取自然消亡的办法；对经文学校应取缔，但有些地方如乌鲁木齐市、喀什市、伊宁市保留几个是必要的；宗教不得干

---

1 中共新疆分局政研室：《新疆省农村封建剥削概况》，1950 年。转引自田卫疆《解放初期新疆实行社会改革的经验》，刊于《西北民族研究》1999 年第 2 期。
2 《新疆省关于执行土地改革法若干问题的规定》，自治区档案馆 1952 年 11 号 1/1 号卷，转引自田卫疆《解放初期新疆实行社会改革的经验》。

预《婚姻法》的贯彻执行，不得歧视和压迫妇女；要尊重少数民族风俗习惯。1959 年 1 月自治区党委第七次统战工作会议上确定，提出废除宗教中的封建特权和压迫剥削制度，以及反对坏人坏事的口号，主要内容有：（1）废除私盖印摩、干涉民事、鞭打教徒、擅自派阿訇、放"口唤"，歧视妇女、干涉婚姻和文化教育事业等一切封建特权；（2）废除寺院的生产资料所有制和土地出租、无偿劳役等剥削制度；（3）不得巧立名目，向群众强收财物，敲诈勒索，废除"乌守尔""扎尕提"等宗教课税；（4）废除寺庙内部的封建统治如喇嘛等级制度、打罚规定和寺庙间的隶属关系等；（5）不得强迫少年儿童念经和上经文学校，不得强迫青少年当满金，不得歧视喇嘛还乡还俗、成家立业；（6）宗教教职人员应根据条件参加力所能及的生产劳动和履行公民义务。

到 1960 年，伊斯兰教的状况发生了根本的变化，随着剥削阶级和剥削制度的消灭，伊斯兰教不再是剥削阶级利用的工具，不再有干涉国家行政、司法、教育、婚姻制度的合法权利。伊斯兰教逐步成为主要是满足穆斯林宗教信仰的组织[1]。基督教、天主教也发展成为独立自主、自办教会，实行"自治、自传、自养"。

在长期的中国革命与建设的实践活动中，中国共产党继承和发展了马克思主义的宗教观，结合中国的实际情况，逐渐形成一套处理国内宗教问题的原则和政策，简单地说，一是全面、正确地贯彻执行宗教信仰自由的政策；二是依法加强对宗教事务的管理；三是积极引导宗教与社会主义社会相适应。尊重和保护宗教信仰自由是中国共产党和中国政府对待宗教问题的基本政策，其基本内容为：（1）公民有信教或不信教的自由；（2）坚持政教分离的原则；（3）坚持独立自主、自办教会的方针；（4）在独立自主的

1　龚学增：《宗教问题概论》，成都：四川人民出版社，1999 年，第 213 页。

基础上发展宗教方面的对外友好往来；（5）争取团结和教育宗教界人士；（6）共产党员不得信仰宗教；（7）向人民群众特别是青少年进行辩证唯物主义和历史唯物主义科学世界观的宣传教育。

2. 全面贯彻宗教信仰自由的政策

中国政府历来尊重和保护公民在宗教信仰上自由选择的权利，实行宗教信仰自由政策，并给予法律上的保障。

新疆自和平解放之日起，就坚持宗教信仰自由政策，稳妥慎重地处理宗教问题。20 世纪 50 年代的各项社会运动及其宗教制度改革中，中共中央新疆分局及各级人民政府都坚持尊重各族人民信教自由的原则，要求保护寺庙教堂；将宗教教职人员与封建地主阶级区别对待；团结民族宗教上层人士；对生活困难的教职人员发给一定生活补助等。随着各个宗教摆脱封建剥削阶级的控制和利用，各族宗教教职人员与信教群众开始独立自主自办宗教，宗教进入了正常发展的轨道。"文化大革命"期间，宗教信仰自由政策受到严重破坏，宗教活动场所和设施遭到很大破坏。20 世纪 70 年代末，中国政府重新落实了宗教政策，在保障公民宗教信仰自由权利方面做了大量的工作。

目前，新疆各族信教群众及宗教界人士充分享受到宗教信仰自由的权利。主要表现在：（1）批准设立适量的宗教活动场所与教职人员，以适应各族信教群众正常宗教活动的需要。全疆已批准的各类宗教活动场所 2.41 万座，其中伊斯兰教活动场所 2.39 万座，还有喇嘛庙、汉传佛教寺院、基督教堂、天主教堂、东正教堂等。政府还出资整修喀什艾提尕尔大清真寺等著名宗教场所。全疆共有各教教职人员 2.9 万人，其中伊玛目以上的伊斯兰教教职人员有 2.85 万人。（2）恢复和建立各级宗教团体。全疆各级宗教团体已经达到 88 个，其中自治区级 2 个（伊斯兰教协会与佛教协会各

1个)，地、州、市级 17 个（伊斯兰教协会 13 个、佛教协会 3 个、基督教"两会"1 个)，县市级 69 个。(3）宗教界人士享有参与讨论国家大事的权利，一些爱国宗教人士在国家和地方的各级政协、人大中担任领导职务，不少人被选为各级人大代表或政协委员。对一些生活困难的宗教人士，政府适当发放生活补助费，全疆领取定期、不定期生活补助费的约 5000 人，全年生活补助费约 300 万元。(4）为了满足信教群众学习宗教经典和宗教知识的需要，新疆还出版、发行维吾尔文、哈萨克文、汉文等多种文字和版本的《古兰经》《布哈里圣训实录精华》《新旧约全书》等宗教典籍。为方便信教群众，各地还批准建立了一些专营宗教书刊的销售点。(5）为保证宗教活动的正常开展，自治区于 1987 年成立了新疆伊斯兰教经学院，1999 年成立了经文学校，对在任神职人员进行正规培训和短期培训。从 1990 年起，各地、州、市也相继开办了伊斯兰教经文班，为各个清真寺培养年轻爱国宗教神职人员。一些著名爱国宗教人士也开始自带学生。由此缓解了宗教神职人员不足的状况，同时遏制了私办经文学校的违法宗教活动。出境朝觐的人员也日益增多。(6）开展宗教方面的国际友好交往活动。除接待来访人士外，全疆每年到麦加朝觐的穆斯林都在数千人左右，并多次派人参加国际性宗教学术活动。

同时，各级政府坚决保护不信教的自由，要求对于不信教者不得有任何歧视行为，并坚持不断地向各族群众特别是广大青少年进行科学世界观的教育，引导他们学习掌握科学知识，反对封建迷信和伪科学。广大宗教界人士和信教群众在依法享有宗教信仰自由的同时，也承担着法律规定的义务，拥护中国共产党的领导和社会主义制度，积极参与国家建设，协助政府在落实宗教政策、进行宗教文物保护、维护社会稳定和民族团结、反对民族分

裂主义和非法宗教活动、开展国内外文化友好交往活动方面做了
大量的工作。新疆各宗教正在走上与社会主义社会相适应、相协
调的道路。

3. 依法加强宗教事务管理

政教分离与政教合一相对应，指宗教不得干预国家的行政、
司法和教育，国家对各种宗教一视同仁，并保护正常的宗教活动。
新疆历史上伊斯兰教与地方政权长期存在着密切的联系，在政治、
经济、教育等社会生活方面有相当影响。通过 20 世纪 50 年代的
民主改革和宗教制度的改革，废除了宗教封建特权和宗教压迫剥
削制度，实现了政教分离，宗教信仰成为公民个人的私事，人们
开始真正享有宗教信仰自由的权利和接受科学文化知识的权利。

按照政教分离的原则，宗教必须与国家政权相分离，宗教不
参与国家政治生活，国家依法管理宗教事务。其主要内容为：（1）
国家的政策、法律由政府行政部门和司法部门制定实施，宗教组
织或宗教教职人员不得干预；宗教的内部事务由各宗教组织按照
自己的章程和规定进行处理，国家不加干预。（2）宗教没有超越
宪法和法律的特权，不能干预国家行政、司法和教育等国家职能
的实施。宗教方面涉及国家利益和社会公共利益的事项和活动，
必须纳入合法管理的范围。宗教团体承担法律所赋予的义务。（3）
国家切实保障宗教信仰自由，保证各项宗教活动的有序进行，保
护宗教团体的合法利益。为此，国家以及自治区政府按照法律程
序，制定了许多必要的规定、办法来规范对宗教的管理，如《中
华人民共和国境内外国人宗教活动管理规定》《新疆维吾尔自治区
宗教活动场所管理暂行规定》《新疆维吾尔自治区宗教活动管理暂
行规定》《新疆维吾尔自治区宗教事务管理条例》等等。（4）不允
许恢复已被废除的宗教封建特权和宗教压迫剥削制度，不允许利

用宗教反对党的领导和社会主义制度、损害国家和社会的利益、妨碍其他公民的合法权利。

宗教与教育完全分离，是政教分离的另一基本内容和要求，也是由中国的教育性质决定的。学校教育和社会公共教育的权利属于国家，不允许宗教参与，也不允许宗教干预。《中华人民共和国义务教育法》《中华人民共和国教育法》都明文规定："不得利用宗教进行妨碍义务教育实施的活动。"对宗教不得干涉教育的政策也很多，如在普通学校内，不得向学生宣传宗教，灌输宗教思想；不得强迫学生信仰宗教；不得停课集体进行宗教活动；不得开设或讲授宗教课；不得利用宗教干扰或破坏学校的正常教学秩序；等等。宗教团体根据需要，经国家或地方人民政府批准，可以开办宗教院校或经文班（点），培养宗教教职人员。经文学校曾经是向穆斯林子女传授宗教知识的主要场所。20 世纪 80 年代以后，少数人私办经文学校，吸引一些学龄儿童弃学念经，损害了他们的身心健康，对少数民族教育事业的发展、科学文化水平的提高都是有害的，也构成了宗教对教育事实上的干预。政府对此予以制止。

18 岁以下的青少年是未成年公民，他们的生理和心理都尚未成熟，信教还是不信教，应由他们长大成人后自己决定。在此之前，法定监护人可以引导未成年人的信仰，对其进行某种形式的宗教教育，并监护他们参加宗教活动，这与国际公约精神相一致。2009 年 12 月 1 日开始实施的《新疆维吾尔自治区未成年人保护条例》第三十四条规定，任何组织或者个人不得引诱、强迫未成年人参加宗教活动，不得利用宗教进行妨碍义务教育活动。中国《社会力量办学条例》第五条规定，社会力量不得举办宗教学校和变相宗教学校。同时，按照法律规定，宗教团体不能举办普通学校。新疆维吾尔自治区出台的有关法律法规也明令禁止地下违规讲经点的设立。对于组织或强迫未成年儿童、青少年参加地下讲经点的违规活动，以及假借讲经点，进行煽动、蛊惑，灌输宗教极端思想，传播分裂国家的反动思想，这是法律绝对不允许的，需要坚决予以取缔。

宗教不能干预司法，不能干预社会生活。宗教作为一种社会文化，不同程度地影响着各民族风俗习惯的形成和演变。在维吾尔、哈萨克、回等民族中，其婚丧仪式、饮食禁忌、节日等许多风俗习惯都来源于伊斯兰教。以结婚为例，过去维吾尔等民族在婚礼前要举行证婚仪式，请宗教人士给新婚者念"尼卡"（证婚词），并询问双方是否愿意结成夫妻，由此认定该婚姻符合伊斯兰教法。后来此仪式演变成一种风俗习惯被延续下来，并与国家法律并行不悖。根据《中华人民共和国婚姻法》的有关规定，符合结婚条件的男女双方必须履行相应的法律手续，亲自到婚姻登记机关进行结婚登记，取得结婚证，即确立夫妻关系。故宗教人士一般在证婚前，先要求看过结婚证，证实该婚姻已被法律承认，再念"尼卡"。但也有少数人声称结婚只要念"尼卡"就行了，不用得到法律的承认，甚至不给取得结婚证的人念"尼卡"，干涉《婚姻法》的执行，由此也造成了一些早婚、重婚现象的发生。1985年公布施行的《新疆维吾尔自治区保护妇女、儿童合法权益的若干规定》中明确指出："禁止宗教干涉婚姻。以宗教仪式代替结婚登记的，宣布无效。"

目前，新疆大部分地区的宗教活动基本正常。但是在一些地方，也有利用宗教干预行政、司法、教育、婚姻、计划生育，干涉他人宗教信仰自由，强迫不信教的人信教，恢复已被废除的宗教封建特权和压迫剥削制度，强征宗教课税，不经政府管理部门批准新建宗教活动场所，开办地下经文学校等现象，严重影响了当地社会的稳定和经济发展，也影响了正常宗教活动的进行。

七、民族关系的协调发展

1. 协调民族关系的政策机制

新疆自古以来就是多民族聚居区，民族之间的交往古已有之，但在以生产资料私有制为基础的阶级社会，统治阶级实行民族压迫政策和阶级压迫政策，伴随着民族之间的隔阂、歧视与仇恨，冲突和战争不断发生。1949 年中华人民共和国成立后，实行了民主改革和社会主义改造，废除了延续几千年的民族压迫和阶级剥削制度，全面贯彻中国共产党的民族平等和民族团结政策，实行民族区域自治制度，从而使新疆各民族之间的关系发生了根本的变化，平等、团结、互助的社会主义民族关系逐步建立。

中国政府历来认为，民族平等是民族团结的前提和基础，民族平等和民族团结作为解决民族问题的基本原则和根本政策，在中国的宪法和有关法律中得到明确规定。在新疆，各族人民平等享有法律所规定的公民权等一切民主自由权利，如选举权与被选举权、宗教信仰自由权、接受教育权、使用和发展本民族语言文字权、保持或改革本民族风俗习惯权等，并通过民族区域自治制度享有管理民族内部事务的权利。民族关系的改善关键在于各民族能否最终走上共同富裕之路。中央政府采取一系列有利于促进少数民族经济、文化发展的政策和措施，并动员和组织汉族发达地区支援少数民族地区，以缩小少数民族地区与汉族地区之间以及各民族之间存在的差距。同时，协调各民族间的关系作为一项持续不断的工作，得到各级政府部门的高度重视以及各族群众的关注和参与。自治区各级领导部门把是否模范地执行民族政策、增强民族团结，作为选拔干部、考核干部政绩的一项重要内容。对于民族关系方面出现的问题，要求严格运用法律手段进行规范和调整，慎重对待，妥善处理。

新疆各级政府在改善民族关系方面做了全面细致的工作。1951年政务院发布了《关于处理带有歧视或侮辱少数民族性质的称谓、地名、碑碣、匾联的指示》，规定对历史上遗留下来的、带有歧视和侮辱少数民族意思的地名、碑碣、匾联等予以禁止、更改、封存或收管。1954年2月，经政务院批复同意，新疆省人民政府更改了一批歧视少数民族的地名，如"迪化"被改为"乌鲁木齐"，"镇西"被改为"巴里坤"，"巩哈"被改为"尼勒克"等，改变后的名称大多是恢复当地民族语文地名。在政府的帮助下，一些在和平解放前深受战乱、灾荒之苦被迫离乡背井的少数民族群众重又回到了离别数十年的家乡。20世纪30年代，新疆万余名哈萨克族人被迫东迁至青海、甘肃等地，以后一部分人陆续迁返。1988年，原由西藏那曲地区迁入新疆和静县定居的藏族同胞900余人也分三批迁返西藏。

对各族干部和群众进行深入持久的民族团结思想教育，宣传民族政策，营造民族团结舆论环境是保持民族关系协调的重要手段。1982年，新疆在全国各省、市、自治区一级率先召开了民族团结进步先进集体和先进个人表彰大会，以后又分别于1987年、1995年、2000年、2008年、2010年召开了第二次至第六次民族团结进步表彰大会，各地、州、市、自治区各部门、新疆军区和生产建设兵团各师也进行了民族团结表彰工作。1997年，在《新疆维吾尔自治区创建民族团结进步模范单位、争当民族团结进步模范个人活动管理办法》中，规定表彰活动将作为一种制度行为定期进行。这种自下而上大张旗鼓的评比及表彰活动，为全社会树立了可供效仿学习的民族团结典型，同时总结了民族团结的经验，宣传了党的民族政策，使民族团结形成强大的社会舆论和良好的社会风尚。民族团结进步表彰活动是新疆民族工作的一大创举，并逐步推及到全国。到目前为止，全疆共有 60 多个县（市）被选为民族团结模范县（市），有 984 个民族团结进步模范单位和 1778 名模范个人受到自治区的表彰，有 190 个模范单位和 270 名模范个人受到国务院的表彰，其中有坚持行医几十年，为少数民族病员无偿献血 30 余次的好医生吴登云；千辛万苦供养 6 个不同民族（维吾尔、回、汉）的孩子，被誉为"帕米尔高原上的好妈妈"的阿图什市维吾尔族妇女哈力旦，等等，他们已成为各族人民学习的楷模。

在 1982 年民族团结进步表彰大会上，受表彰的单位和个人向全疆各族人民发出了将每年的 5 月作为"民族团结教育月"的倡议，得到了各级党委、政府及各界人士的积极支持。1983 年 5 月新疆首次开展"民族团结教育月"活动，至 2013 年已持续了 30 年，形成为一种由政府直接领导的制度化的行为。在"民族团结教育月"中，全社会营造起强大的宣传舆论声势，并开展各种团结互助活动。同时经常性的教育也不松懈。1983 年以来，从幼儿园、小学、中学到大学，普遍坚持进行民族团结的思想教育。

通过各种法律、法规、政策的保证，各级政府部门的倡导与努力，自治区党委提出的"人人都有民族团结的思想，人人都讲民族团结，人人都懂民族政策，人人都做民族团结的好事"逐渐成为各族人民的行动准则，"汉族离不开少数民族，少数民族离不开汉族，各少数民族也互相离不开"的"三个离不开"思想深入人心，加强各民族的团结、维护社会安定、促进国家统一成为各族人民的共同心愿。

2. 民族关系的现状

1949 年新疆和平解放之时，新疆主要拥有 13 个民族，以后许多内地省区的人口迁移进疆，目前新疆居民中共有 47 个民族成分。民族关系是随着民族之间的交往而出现的，混杂居住、一同工作和生活为各民族间的密切接触提供了彼此相互了解、沟通的平台。长期以来，共同的社会制度、共同的政治经济组织、共同的社区生活使不同民族成员结成了同志、同事、邻居和朋友这样一些稳定的人际关系，彼此友好相处。自 20 世纪 70 年代末中国实行改革开放政策以后，随着国内市场经济逐渐形成，新疆与内地之间，疆内各区域、各民族之间经济、文化的交流，人口的流动愈来愈频繁，各民族经济利益上的共同性日益增长，各民族杂处的特征更为突出，多民族社区不断增多，彼此间的了解与友谊也大大增强。同时，改革开放和商品经济的发展，开阔了人们的视野，打破了保守、封闭的思想观念，当地文化的包容性增强，各民族文化中的共性在增多，平等、团结、互助的社会主义民族关系不断得到巩固和发展。

共同的经济生活将各民族的利益更加紧密、直接地联系在一起。受到传统生产、生活方式的影响，维吾尔族与回族人在经商方面、汉族人在种植蔬菜方面、哈萨克族人在放马牧羊方面各有所长，统一的市场和相同的生产目的——盈利，把各个民族组织起来，实现共同发展。20 世纪 90 年代初，有 100 余户汉族农民自发来疆并在维吾尔族人口聚居的民丰县定居，当地各级政府帮助他们解决住房、用水、用电、子女入学等问题，维吾尔族农民主动为其中的贫困户、缺粮户捐钱捐物，后来这些汉族农民带头进行科学种田，传播利用塑料大棚种植蔬菜等方面的农业生产技术，改善了自己的生活状况，也促进了当地经济的发展。1998 年开始，和田数百名维吾尔族青年农民来到阿克苏兵团农场，为汉族种棉户采摘棉花，作为增加收入、脱贫致富的一条途径。

语言是人们相互交流、沟通最主要的工具。在新疆，各民族群众之间互相学习语言的现象很普遍，少数民族群众大多数都兼通维吾尔语，并普遍学习、使用汉语普通话及规范汉字。为了加强新疆与内地的联系，促进各民族、各地区经济、文化的交流与发展，目前，在用少数民族语言授课的学校，小学高年级或中学都设置了汉文课程，推广普通话。越来越多的民族学生掌握了汉语文，到内地著名学府接受科学文化知识的教育，成长为各类专业技术人才。许多汉族干部，特别是在少数民族聚居地区工作的汉族干部，普遍学习并使用当地少数民族通用的语言文字。有的民族，如锡伯族，很多人兼通汉、维吾尔、哈萨克等多种语言；塔塔尔族人也大都兼通维吾尔、哈萨克语文。新疆的双语人很多，懂三种、四种语言的人也不鲜见。在长期交往的过程中，各民族语言词语相互借用的现象也很多，少数民族语言中有不少汉语借词，汉语中也有少数民族语借词，尤其是维吾尔语借词。

各民族在生活习俗上既相互尊重，又彼此影响，逐渐形成有特色的新疆区域习俗。以饮食习俗为例，在新疆，不论是工作会餐还是朋友聚餐，只要其中有穆斯林，大家一般都选择清真餐厅。新疆也形成了自己的地方饮食口味——酸、辣、咸，以及特有的孜然香味，一些民族的风味饮食已成为各民族普遍喜爱的佳肴，如抓饭、烤肉、烤馕、清炖羊肉、拉面、汤面片、炒面等。过去，新疆的维吾尔、哈萨克、蒙古等民族很少吃蔬菜，现在汉族的各式炒菜（主要为川味）也摆上了他们的餐桌。受到当地信仰伊斯兰教的少数民族生活习俗的影响，久居新疆的汉族老户普遍喜欢吃羊肉，而不喜欢甚至不吃猪肉。各民族共同欢度节庆也是新疆的一个地区特色。在信仰伊斯兰教民族的古尔邦节、肉孜节，不信仰伊斯兰教的其他民族也向过节的民族群众问好祝福。在春节这个汉族传统节日期间，许多少数民族干部群众也到汉族同事家里拜年问候。

近些年，世界各地民族纷争不断，民族仇杀时时发生，但在中国，在新疆，60多年来始终保持着安定团结的社会政治环境，没有发生过大的民族纠纷，各民族之间相互尊重、相互信任，经济发展，社会繁荣，人民安居乐业。这充分证明中国民族政策的成功。

3. 当前民族关系中存在的问题

由于民族之间差别的存在，新疆的民族关系在总体上协调发展的同时，民族之间的矛盾与问题仍不可避免地存在着。首先，地区间、民族间在发展中存在的某些结构性的不平衡对民族关系有负面影响。由于历史上发展相对落后以及自然环境、地理位置等客观因素，近60年来，西部少数民族地区的社会经济虽然已有很大的发展，但与东部沿海地区相比，仍处于相对落后的水平，无论是经济总量还是人均水平都有很大差距，特别是改革开放以来，这种差距进一步扩大。同时，各民族间，主要是一些少数民族与汉族相比，整体上文化程度、技术素质相对较低，家庭人口多，负担较重，故在就业、升职、上学等竞争中处于相对弱势地位，一些人因此心理不平衡。逐步克服民族间发展中的不平衡状态，是解决中国民族问题的一项长期任务。目前正在大规模进行的西部大开发，也正是要解决少数民族人口较为集中的西部的发展问题。

其次，民族意识增强及经济、文化一体化过程对民族关系的影响。随着市场经济的建立，社会开放程度的加深，民族之间的交往更为广泛深入，由此各民族的自我认同普遍增强，对本民族的权益表现出更多的关注，民族意识逐步增强。民族意识的增强在推进民族自尊、自强，维护本民族利益的同时，也使一些人过分强调自身的特点和利益，对其他民族的排拒情绪增大。另一方面，经济、文化一体化过程与民族意识增强也发生矛盾。整个社会的经济一体化在逐渐形成，统一的竞争环境及对效益的追求，使一些民族某些传统产业趋于消失，国家对少数民族的某些优惠政策不再适用；文化的普同性增加，使某些民族传统文化逐渐衰退甚至消失。一些人对这种一体化过程不能理解，不愿接受，甚至认为是"汉化"的作用，对民族关系有一定的消极影响。

在新疆，民族关系方面存在的矛盾，一般被作为人民内部矛盾，主要以教育疏导的方式，通过耐心细致的思想教育和反复的协商缩小事态的影响面，同时严格依法办事，采用法律程序解决问题。在处理民族关系事件时，注意分清几个界限：首先严格区分民族分裂活动与影响民族关系事件的界限，尽管分裂主义分子有时打着民族或宗教的旗号，但他们绝不能代表某个民族或某种宗教。其次注意区分刑事犯罪活动与影响民族关系事件的界限，公民犯法是公民个人的事情，不能与他所从属的民族随意挂钩，改变事情的性质。第三，注意一般民事纠纷与影响民族关系事件的区别，不同民族公民之间的一般冲突和民事纠纷是公民个人之间的冲突，要用调解民事纠纷的办法来解决，这使大多数影响民族关系的事件能够得到妥善处理。

虽然影响民族关系的不利因素仍会继续存在，在局部地区有时可能会发生某些矛盾、某些冲突，这些矛盾和冲突甚至可能会以较激烈的方式出现。但从总体上说，新疆民族关系的发展趋势会越来越好，各民族对祖国的向心力以及民族间的凝聚力将进一步增强，社会主义的民族关系将进一步巩固，各民族将逐步实现共同繁荣、共同发展和共同富裕。这是新疆各族人民的共同心愿，也是新疆获得进一步发展的必由之路。

第七章

区域经济的现代化

一、工业化的逐步确立

新中国成立以后，为了使新中国在较短的时间内尽快富裕、强大起来，中国政府十分重视工业的发展。20 世纪 50 年代以来，特别是 70 年代末改革开放以来，新疆和全国一样，随着国民经济的长足发展，工业现代化进程也一步一步迈出新的步伐。在进入21 世纪后，新疆的工业发展面临一系列新的机遇和挑战，因此，要进一步把握机遇，迎接挑战，积极稳妥地继续推进新疆工业的现代化进程。

1. 新疆工业的巨大变化

旧中国，新疆的现代工业几乎是一片空白。直到 1949 年新疆和平解放前，全疆仅有官办"工业"企业 14 家，产值 170 多万元，职工总数不到 1100 人。

新中国成立后，在中央政府和兄弟省区的大力帮助下，在自治区党委、人民政府的正确领导下，经过新疆各族人民、生产建设兵团及驻疆部队广大干部战士的共同努力，新疆的现代工业从无到有、从小到大，现已建成门类比较齐全的现代工业体系。

新中国成立以来，新疆现代工业的发展经历了一次又一次历史巨变。1952—1978 年的前 26 年，工业总产值年均增长速度为

11.7%；1978—2004 年的后 26 年为 16.4%。

2011 年，全疆工业总产值为 7105.31 亿元，其中规模以上工业企业 1738 个，工业总产值 6720.85 亿元，销售产值 6599.7 亿元，工业产销率为 98.2%。

2011 年新疆规模以上工业企业单位及工业总产值

项目	企业单位数（个）	占比（%）	工业总产值（万元）	占比（%）
总　　计	1738	100	67208461.8	100.0
按登记注册类型分				
内资企业	1663	95.7	65799794.1	97.9
国有企业	110	6.3	5809723.1	8.6
集体企业	13	0.7	251908.8	0.4
股份合作企业	11	0.6	311914.2	0.5
联营企业	7	0.4	32976.7	0.0
有限责任公司	768	44.2	19854341.5	29.5
股份有限公司	80	4.6	31750976.9	47.2
私营企业	674	38.8	7787952.9	11.6
港、澳、台商投资企业	28	1.6	477108.8	0.7
外商投资企业	47	2.7	931558.9	1.4
在总计中：国有控股企业	459	26.4	48665888.6	72.4
按轻、重工业分				
轻工业	632	36.4	7994906.1	11.9
以农产品为原料	587	33.8	7666923.1	11.4
以非农产品为原料	45	2.6	327983.0	0.5
重工业	1106	63.6	59213555.7	88.1
采掘工业	262	15.1	19142060.1	28.5
原料工业	443	25.5	33469328.7	49.8
加工工业	401	23.1	6602166.9	9.8

（续表）

项目	企业单位数（个）	占比（%）	工业总产值（万元）	占比（%）
按企业规模分				
大型企业	73	4.2	41836437.0	62.2
中型企业	290	16.7	13049571.9	19.4
小型企业	1239	71.3	11511915.5	17.1
微型企业	136	7.8	810537.4	1.2

新疆的工业有了长足的发展，主要工业产品产量都有了大幅度增长，特别是与新疆基础设施建设有关的产品，如钢、钢材、水泥，以及与生产、生活有关，或新疆具有资源优势的产品，如原煤、原油、纱、布等，发展速度迅猛。

1952—2011 年新疆主要工业产品产量

	1952 年	1978 年	2004 年	2011 年	2011/1978	2011/1952
纱（万吨）	0.0458	2.8	29.14	39.91	14.3	871.4
布（亿米）	0.033	1.56	1.4	7.30	4.7	221.2
机制纸（万吨）	0	1.99	26.31	42.29	21.3	
糖（万吨）	0	2.08	37.26	46.11	22.2	
原煤（万吨）	43.73	1079.01	3749.4	11991.71	11.1	274.2
原油（万吨）	5.21	355.05	2253.02	2615.03	7.4	501.9
天然气（万立方米）	0	25100	574805	2353798	93.8	
发电量（亿千瓦小时）	0.05	21.17	266.3	875.19	41.3	17503.8
钢（万吨）	0.07	8.46	249.13	892.98	105.6	12756.9
成品钢材（万吨）	0.06	6.83	238.52	985.14	144.2	16149
水泥（万吨）	0.18	78.15	1213	3171.71	40.6	17620.6

新疆工业发展的特点是：

（1）工业增长速度较快。

（2）国有经济占的比重大。

（3）大、中型工业企业少，而工业产值占的比重高；小型工业企业单位数量多，而工业产值占的比重较小。

（4）重工业占的比重大，而在重工业中，采掘工业和原材料工业占的比重大，加工工业占的比重小；轻工业占的比重小，而在轻工业中，以农副产品为原料的轻工业产值占的比重大。

2. 新疆现代工业发展的进程及速度

新疆的现代工业得到了飞速发展，但同全国一样，1978年改革开放前的20年里，工业的发展曾受到"左"的指导思想的影响，特别是受到"文化大革命"的严重冲击。在计划经济体制的影响下，新疆工业的发展在较长的时期内受到"重速度、轻效益；重基建、轻改造；重产值、轻管理"的影响，走过了一条曲折发展之路。直到改革开放后，才进入工业发展的"快车道"。

新疆现代工业的发展从大的方面可分为两个阶段：改革开放前和改革开放后。其中，改革开放前30年又可分3个时期，即：国民经济恢复时期和"一五"时期（1950—1957年）；"二五"和国民经济三年调整时期（1958—1965年）；"四五"及"五五"前期即"文化大革命"时期（1966—1976年）。改革开放后也可分为2个小阶段，即：调整和整顿时期，"六五"时期为第一阶段（1978—1985年）；"七五""八五"至今为第二个阶段。

国民经济恢复和第一个五年计划时期。这是新疆现代工业起步和打基础阶段。新疆和平解放后，首先是由王震将军率领的驻疆部队一手拿枪，一手拿镐，开始了新的大生产运动。他们不仅开荒种田，而且还办起了一批磨坊、油坊及缝纫、修理等工厂。

1950—1952 年的三年恢复时期，除国家拨给的 1 亿元工业建设投资外，绝大部分资金是依靠驻疆人民解放军广大指战员节衣缩食筹集的。他们在十分困难的条件下，很快建起了六道湾煤矿、七一棉纺织厂、八一钢铁厂、十月汽车修配厂等一批现代工业企业。到 1952 年，全疆工业企业已发展到 771 个，工业总产值达到 2.2 亿元。

进入"一五"时期后，中央政府提出："新疆今后建设计划，必须从现实出发，照顾到将来的发展。估计铁路修到新疆还需 10 年左右时间。在此以前，新疆经济建设的方针，应抓紧发展农牧业，以及与此相适应的交通运输和内外贸易事业；工矿业方面，除办某些必需与可能的小型工业外，把重点放在资源勘察和干部培养工作上，以便在铁路到达前两三年，能有充分的资料可供大规模工矿业建设制定具体计划。"[1] 正是根据中央政府这一精神，"一五"时期，新疆在优先抓好农牧业生产发展的前提下，稳步促进新疆工业的发展，把工业发展的重点放在能源工业这样的基础工业上。三年国民经济恢复时期，农业投资占基建总投资的 50.37%，而工业只占 30.76%，运输和邮电业占 5.6%。进入"一五"时期，对农业的投资仍是重点，占基建总投资的 28.86%，工业则占 27.77%。其中，重工业占 22.66%，在重工业投资中，仅能源工业投资就占了 15.6%；交通邮电业投资占 8.1%。

事实证明，这一时期新疆工业发展的总体指导思想是正确的。首先，把发展经济和工业生产的重点放在保证供应、最大限度地改善各族人民群众和驻疆人民解放军的生活上。其次，把发展经济的重点放在与人民生活息息相关的农牧业上；而在工业发展中，一方面大力兴办各种小型的农副产品加工、机械修理、小五金工

---

1 《王恩茂文集》上册，北京：中央文献出版社，1997 年版，第 222 页。

厂，另一方面，又不失时机地、有步骤地开展现代工业建设，而工业建设的重点又放在发展现代工业所必需的能源工业上。同时，对交通运输、通讯等社会基础设施的建设，对资源勘探、经济建设人才的培养，也给予了高度重视。

这一时期，工农业总产值年均增长 10.4%，其中，农业增长 7.1%，工业增长 23.3%。国民经济恢复和"一五"时期的 8 年，是新疆工业发展比较快、比较协调的历史时期。

"二五"时期和"国民经济三年调整"时期。这是新疆工业在曲折和调整中稳步发展的历史时期。和全国一样，1958 年掀起的"大跃进"运动给稳步发展的新疆国民经济，特别是工业发展带来严重的干扰，造成基本建设规模急剧膨胀，资金、物资极度短缺，导致建设周期拖长，工程质量下降，大批建设项目被迫中途下马，投资浪费严重；而且，一度造成工农业生产滑坡，吃、穿、用等商品供给紧张，严重影响到人民生活水平。但在看到失误的同时，也应当肯定各族群众在这场运动中所表现出的投身社会主义建设的热情的确是空前的。同时，"大跃进"期间所投入的财力、物力，新建、扩建的企业和事业，新增的生产能力，也为进一步发展自治区的经济建设和社会各项事业打下了一定的物质基础。1961—1962 年，自治区党委和人民政府根据中央提出的"调整、巩固、充实、提高"的指导方针，对国民经济特别是工业发展进行了全面调整。1965 年又按照中央政府的部署继续进行调整：压缩了基本建设战线，调整了农轻重、积累与消费、扩大再生产与简单再生产、经济建设与人民生活的比例关系，使国民经济和工业发展重新步入健康发展的轨道[1]。

---

[1] 新疆维吾尔自治区党委宣传部、新疆维吾尔自治区统计局：《新疆四十年（1955–1995）》，北京：中国统计出版社，第 328、350 页。

兰新铁路的建成和克拉玛依油田的开发，是这一时期影响和决定新疆现代工业发展的两件大事。

经过数十万铁路职工近 10 年的艰苦奋斗，1962 年 12 月 9 日，兰新铁路铺轨到新疆首府乌鲁木齐市，结束了新疆没有铁路的历史。兰新铁路的建成从根本上改善了新疆的投资环境，为新疆现代工业的大规模建设与发展奠定了坚实的物质基础。

而克拉玛依油田的开发则拉开了新疆大规模工业建设的序幕。1955 年 1 月，中央政府决定对克拉玛依地区进行钻探。当年 7 月 1 日第一口探井开钻，并于 10 月 29 日完井出油，标志着新中国第一个大油田的诞生。1960 年原油产量达到 163.67 万吨，占当年全国原油产量的 39%[1]。

这一时期，重工业基本建设投资 12.48 亿元，前五年与后三年的投资额分别为 9.55 亿元和 2.93 亿元。除对老企业进行扩建外，新建了红山嘴电站、哈密三道岭露天煤矿、独山子炼油厂、乌鲁木齐第二钢铁厂、新疆锂盐厂、新疆烧碱厂等一批大中型工业企业。新增主要生产能力：炼铁 36.4 万吨，炼钢 17.76 万吨，轧钢 14.6 万吨，原煤 322.17 万吨，发电机组容量 13.56 万千瓦，原油 242.60 万吨，水泥 39.63 万吨。1965 年全疆重工业产值达到 6.5 亿元，占工农业总产值的 17.9%。与此同时，新疆轻工业也有所发展，创建了毛纺、制糖、造纸、卷烟工业，扩大了日用品工业的生产能力。这个阶段，轻工业基本建设投资 3.03 亿元，前 5 年和后 3 年分别为 2.36 亿元和 0.67 亿元。除扩建老厂外，新建了八一棉纺厂、喀什棉纺厂、奎屯卷烟厂、新疆五金材料厂等一批大中型企业。新增主要生产能力：棉纺锭 18.1 万锭，毛纺锭 0.87 万锭，

1　新疆维吾尔自治区党委宣传部、新疆维吾尔自治区统计局：《新疆四十年（1955–1995）》，北京：中国统计出版社，第 273 页。

机制糖 3.57 万吨，机制纸 0.88 万吨，卷烟 2 万箱，灯泡 180 万只。1965 年，轻工业总产值达 7.5 亿元，占同期工农业总产值的 20.6%[1]。

回顾这一历史时期工业的发展，有许多值得吸取的经验和教训。在工业发展中，一定要从新疆的实际出发，既要积极争取中央政府财力的大力支持，又要从地方的财力、人力、物力的实际情况出发，坚持积极而又稳妥的精神，正确处理农业、轻工业、重工业关系，在加快基础工业部门和社会基础建设的同时，要适当加快轻工业的发展。

"文化大革命"时期和粉碎"四人帮"后的徘徊时期。"文化大革命"和粉碎"四人帮"后的"跃进"，对新疆国民经济和工业发展造成了巨大的创伤。这期间，工业总投资 19.74 亿元，主要进行"小三线"和"大三线"建设，建成一批军工企业和"五小"工业。由于"文化大革命"的破坏，工农业总产值年均增长 2.1%，农业总产值年均下降 0.73%，工业总产值年均增长 5.0%；其中，重工业为 7.33%，轻工业为 2.6%。这一时期是新疆工业发展最慢的历史时期。

在改革开放中新疆现代工业蓬勃发展。改革开放以来，是新疆工业持续、协调、高速发展的时期。改革开放，社会主义市场经济体制的逐步建立，为新疆工业发展注入了新的活力；第二亚欧大陆桥的贯通，沿边开放战略的实施，石油开发战略西移，以及良好的周边环境和区内社会、政治的稳定，给新疆工业的发展带来了良好机遇，成为这一时期新疆工业发展的重要条件和基本保证，使新疆的现代工业步入了一个持续、协调、高速发展的新

---

1 阿不来提·阿不都热西提、韩学琦：《新疆建设 40 年》，乌鲁木齐：新疆人民出版社，1995 年，第 11-12 页。

阶段。

随着新疆区域经济由粗放经营向集约经营的转变，工业企业技改速度大大加快，从 1978—2001 年，企业技术改造投资累计 660 亿元。陆续建成投产了乌鲁木齐石化总厂、塔里木油田、吐哈油田、玛纳斯电厂、新疆水泥厂 4 号窑、独山子石化总厂乙烯工程等一批技术先进的现代化大中型工业项目；与此同时，加强了对老企业的技术改造，使八一钢铁厂、七一棉纺织厂、十月拖拉机厂、新疆联合收割机厂、乌鲁木齐铝厂等一批老企业焕发出青春和活力[1]。

3. 工业结构变动趋势及其基本经验

新疆工业发展进程中农、轻、重结构的变动趋势。新中国成立以来，在新疆区域经济中农、轻、重结构发生了重要变化。

（1）三年国民经济恢复时期和"一五"时期，由当时经济工作的重点和特定的经济环境所决定，只能将经济建设的重点放在发展农业上，因此，农业在国民经济中所占的比重一般在 70% 以上；在大力发展农业的基础上，优先发展以农副产品加工为主的轻工业，轻工业在工业中所占的比重一般在 60% 以上；而重工业发展的重点则放在以能源为中心的采掘工业上，一般约占工业总产值的 50% 左右。这一变动显示出随着国民经济的逐步恢复和工业生产的发展，新疆的国民经济逐步由落后的一元经济向二元经济过渡的趋势。

（2）从"二五"时期开始，经过三年国民经济调整时期，一直到"七五"末期，虽然受到八年"大跃进"的冲击和"文化大革命"的破坏，经济发展波动较大，但是从区域经济的成长阶段

---

1 新疆维吾尔自治区统计局：《天山雄姿惊世界，大漠戈壁起宏图——改革开放 20 年新疆社会经济发展概览》（内部资料），第 92-93 页。

看，仍应是农业经济同工业经济二元经济稳定协调发展的时期，也是轻工业和重工业稳定协调发展的时期。这一时期，农业在国民经济中所占的比重，随着资源开发深度的提高逐步降低，但仍保持在 45% 左右，而工业在国民经济中所占的比重则在 55% 左右。同工、农业结构关系相适应，在这一时期的工业结构中，轻工业在工业中所占的比重逐年下降，而重工业的比重逐渐提高；在重工业中，采掘工业的比重逐渐下降，而加工工业的比重则稳步上升。

（3）从总体上看，新疆经济仍处在一个二元经济的成长阶段，即由发展极不平衡的二元经济向日趋成熟的二元经济过渡。但是，自"八五"时期以来，随着中央对开发新疆战略资源的投资力度的加大，特别是随着新疆三大油田的开发和石油化工工业的发展，新疆区域经济结构和工业结构变动又出现新的成长趋势。整个区域经济结构经过不断调整，结构逐步优化、升级：工业在整个区域经济中所占的比重，在原来的基础上继续攀升，超过了 60%；工业结构向着重化工型结构过渡，以石油及石油化工为核心的重工业产值在整个工业总产值中的比重超过 50%，并继续攀升。

主要工业部门结构变动的趋势。新中国成立以来，新疆主要工业部门的结构发生了重大变动。在不同历史时期，在新疆工业总产值中由高至低占比重前十位的工业部门如下。

"一五"末：纺织工业占 26.22%，食品占 18.32%，有色金属占 9.19%，缝纫占 7.09%，石油占 7.01%，森林工业占 6.49%，机械占 5.94%，皮革占 5.25%，煤炭占 2.88%，建材占 2.17%。

"三年国民经济调整时期"结束时：纺织占 23.22%，石油占 20.09%，食品占 18.44%，机械占 9.09%，建材占 4.59%，煤炭占 4.44%，森工占 3.34%，缝纫占 3.01%，黑色金属占 2.53%，化学工业占 12.40%。

"五五"末期的1980年：石油占22.94%，铝工业占19.07%，机械占13.15%，纺织占12.38%，建材占6.49%，煤炭占6.08%，化学工业占3.47%，电力占3.20%，缝纫占2.20%，黑色金属占2.20%[1]。

"七五"末期的1990年：纺织占22.65%，石油占21.20%，食品占16.02%，机械占9.33%，化学占5.64%，建材占5.28%，电力占3.25%，黑色金属占3.25%，煤炭占3.00%，有色金属占2.41%。

1994年：石油占30.55%，纺织占22.34%，食品占13.05%，机械占6.14%，建材占6.08%，黑色金属占4.56%，化学占3.96%，煤炭占3.16%，电力占2.76%，有色金属占2.06%。

2004年：石油开采业占32.2%，石油加工业占21.5%，钢铁工业占7.2%，电力和热力占6.1%，农副产品加工业占4.3%，纺织业占3.7%，化学工业占3.4%，非金属矿物制品业占3.4%，食品制造业占2.4%，塑料制品业占1.9%。

2012年：石油工业占47.31%，化学工业占9.58%，电力工业占8.79%，煤炭工业占4.83%，有色工业占3.56%，钢铁工业占3.30%，装备制造工业占1.94%，农副食品加工工业占1.52%，纺织工业占1.38%，汽车工业占0.16%。

4. 工业布局结构的变化

调整新疆工业布局的指导思想。由于历史的原因，20世纪60年代以前，新疆的工业主要集中在北疆的乌鲁木齐、石河子、奎屯、克拉玛依一带，在有限的投资情况下，当时只能把投资重点放在开发和投资环境都比较好的天山北坡经济核心地带，以增加新疆的财政积累，为经济比较落后的南疆开发奠定坚实的物质

1　新疆维吾尔自治区统计局：《天山雄姿惊世界，大漠戈壁起宏图——改革开放二十年新疆社会经济发展概览》(内部资料)，第58-59页。

基础。

自治区党委、人民政府在"七五"和"八五"期间，有序调整地区布局，积极扶持南疆地区工业发展，按照"依托中部，南下西进，突出重点，有序展开"的指导思想，有计划地调整工业布局，以促进新疆工业以及整个国民经济的健康发展。

新疆工业布局的演变及其发展趋势。自治区成立初期，三市（乌鲁木齐、石河子、克拉玛依）一州（昌吉回族自治州）的工业总产值占全疆工业总产值的60%左右。其中，重工业主要集中在乌鲁木齐、克拉玛依和昌吉，轻工业主要集中在乌鲁木齐、伊犁、石河子。20世纪80年代以来，在继续重点发展天山北坡工业的同时，加强了其他地区的工业建设，使工业布局初步得到调整。在搞好准噶尔老油田的调整扩建、综合挖潜的同时，有步骤地对南疆的塔里木盆地和东疆的吐鲁番—哈密盆地的油气资源进行了勘探和开发，新建了泽普石油化工厂，初步改变了成品油、化肥由北疆远距离调往南疆的局面。煤炭工业在扩大乌鲁木齐、哈密等煤炭基地建设的同时，充分考虑到地域辽阔、运距长的特点，有选择地在伊犁以及南疆建设了一批中小型煤矿，初步扭转了北煤南运的局面。电力建设按照"水火并举、因地制宜"布局电源的方针，在全疆各地建成了一批大中小型电源点，并建成了以乌鲁木齐为中心，覆盖奎屯、石河子、昌吉、吐鲁番的220千伏主力电网，以及主力电网覆盖面积以外的地州（片区）、县（市）电网，保证了广大城乡的供电。原材料工业以兰新铁路沿线为依托，向四面逐步拓展，初步形成了以乌鲁木齐、独山子为中心的石油化工基地，吐鲁番、哈密盐化工基地，乌鲁木齐橡胶加工和钢铁工业基地，阿勒泰、伊犁黄金和有色金属工业基地，乌鲁木齐、昌吉、库尔勒等建材工业基地，以及巴音郭楞、哈密等非金属工业基地，促进了各地州资源优势向经济优势的转化。轻工业在发挥北疆制糖、乳制品、酿酒、皮革、烟草、塑料、玻璃工业优势的同时，在南疆着重发展了罐头、饮料、造纸、地毯、民族特需用品工业；在东疆着重发展酿酒、罐头、制盐等工业，使各地基本上都有了自己的拳头产品。纺织工业根据资源分布的特点，在北疆重点发展毛纺、棉纺和麻纺，在南疆重点发展棉纺和丝绸工业，使各地的资源都得到了不同程度的开发[1]。

2011 年新疆各地规模以上工业企业单位数和工业总产值

行业	企业单位数（个）	占企业单位数（%）	工业总产值（万元）	占总产值比重（%）
总计	1738	100.0	67208461.8	100.0
一、天山北坡区	808	46.5	44867388	66.8
乌鲁木齐市	343	19.7	19925798.7	29.7
克拉玛依市	62	3.6	16390365.6	24.4
石河子市	83	4.8	2893433.3	4.3
五家渠市	30	1.7	904472.8	1.4
昌吉州	290	16.7	4753317.6	7.1
二、北疆西北部区	395	22.7	6045260.2	9.0
伊犁州直	189	10.9	2948603.2	4.4
塔城地区	96	5.5	1742036.1	2.6
阿勒泰地区	72	4.1	988376.9	1.5
博州	38	2.2	366244	0.5
三、东疆地区	150	8.6	3540389.9	5.3
吐鲁番地区	66	3.8	2220534.8	3.3
哈密地区	84	4.8	1319855.1	2.0
四、南疆东北部区	285	16.4	11564799.2	17.2
巴州	119	6.9	7316459.2	10.9
阿克苏地区	144	8.3	3970304.1	5.9
阿拉尔市	22	1.3	278035.9	0.4

1　阿不来提·阿不都热西提、韩学琦：《新疆建设 40 年》，乌鲁木齐：新疆人民出版社，1995 年，第 8 页。

（续表）

行业	企业单位数（个）	占企业单位数（%）	工业总产值（万元）	占总产值比重（%）
五、南疆西南部区	100	5.8	1190624.5	1.8
克州	18	1.0	167746.2	0.3
喀什地区	58	3.3	796319.8	1.2
和田地区	16	0.9	146736.4	0.2
图木舒克市	8	0.5	79822.1	0.1

特别是"八五"以来，国家加大了对新疆石油的开发和投入，随着塔里木油田、吐哈油田的相继投产，新疆的区域经济布局和发展水平发生了很大变化，石油工业开发已成为区域经济发展的新的增长点。从地区工业总产值增长速度看，南疆地区已逐步赶上并超过了北疆地区。但是，从地区工业比重看，北疆地区仍占主要地位。而且，随着南疆铁路西延工程的建成、塔里木油气资源的深度开发，南疆工业必将有新的发展。"以乌鲁木齐市为中心，促南扶北，向两翼展开"的新的工业布局已展现良好的发展前景。

二、从封闭的绿洲农业向集约化农业生产过渡

在国家的大力扶持下，在自治区党委、人民政府的正确领导下，新疆农业生产不断迈上新台阶。特别是1978年改革开放以来，新疆农村一片勃勃生机，生产力得到解放，广大农牧区发生了翻天覆地的变化，农业现代化迈出了新的步伐。

1. 辉煌的成就

农业生产持续发展，农产品日益丰富，主要农产品产量大幅度增长。1949—2012年，全区粮食产量由84.77万吨增加到1273万吨，增长了14倍，除自给有余，还有余量调往内地省区和出口国外；棉花产量由0.51万吨增加到353.95万吨，增长了693倍，

新疆棉花总产量已占全国的 50% 以上，成为全国举足轻重的棉花产区；油料产量由 2.87 万吨增加到 59.04 万吨，增长了近 20 倍，人均占有油料量位居全国前列；甜菜生产从无到有，2012 年产量达 577.19 万吨，成为中国北方最大的甜菜制糖生产基地；果类总产量由 10.06 万吨增加到 1222.10 万吨，增长了 120 倍，哈密瓜、葡萄、香梨、酥梨、苹果等名特优产品享誉国内外；蔬菜面积由 9.25 千公顷增加到 322.6 千公顷，产量达到 1866.2 万吨，主要城市冬季鲜菜自给率达到 70%；无污染、无公害的绿色食品生产发展迅速，截至 2011 年底，全区已累计认证绿色有机食品 760 个。近年来，"红色产业"发展迅猛，工业番茄、枸杞等种植面积和产量均居全国第一。

农村经济全面振兴，人民生活水平显著提高。2012 年，新疆农、林、牧、渔业总产值 2276 亿元，比 1949 年增长 907.7 倍；以农副产品为原料的加工业产值占轻工业产值的比重达 85% 以上，农副产品及以农副产品为原料的加工产品的外贸出口值占总出口值的比重在 70% 以上。20 世纪 80 年代以来，原棉、棉纱、棉布出口额占外贸出口额的一半以上，其中棉花和番茄酱是出口额超过 1 亿美元的大宗出口农产品，农业为支撑新疆区域经济持续发展作出了巨大贡献。

农民人均收入有了较大增长，由 50 元提高到 2012 年的 6394 元，解决了温饱问题，粮食自给有余，饮水、住房条件明显改善，农民文化生活服务支出占生活消费总支出的比重由不足 1% 提高到 12% 以上，电视机、电冰箱、洗衣机等耐用消费品在农村基本普及，不少农民家庭已达到小康生活水平。

农业生产条件显著改善，农田基本建设取得可喜成绩。截至 20 世纪末，全疆共建成水库 460 多座，干、支、斗、农四级渠道

32万多公里，其中，防渗渠道6万多公里，各类渠系建筑物25万座，配套机电井3万余眼，防洪堤坝3200多公里，灌溉面积扩大到6000多万亩，旱涝保收农田达到5400多万亩，以水利为中心的农村"五好"(好条田、好渠道、好林带、好道路、好居民点)建设实施面积约2000万亩。"七五"以来，建成或正在建设区（省)级粮食基地县24个，国家级粮食基地县10个，国家优质棉基地县22个，糖料基地县2个，果树基地县（农场、园艺场)20个和名特优瓜果基地10个。

从1988年起，开始大规模农业综合开发，到2008年，已改造中低产田41万公顷，开垦宜农荒地26.2万公顷，改造草场3.4万公顷万亩，建设人工草料基地1.9万公顷，营造防护林和经济林3.1万公顷，改善灌溉面积35.1万公顷。

2012年，全区化肥施用量达到192.27万吨；农业机械总动力1968.27万千瓦，大中型拖拉机34.26万台，小型拖拉机33.49万台，机耕、机播、机收程度分别达到90%、80%、30%左右；农村用电量75.81亿千瓦小时。

综上所述，与1949年相比，新疆农业现代化水平有了显著提高。

农业科技教育事业不断发展。全区推广应用农业先进实用技术和科研成果数以万计，主要有：各种农作物良种栽培技术；地膜覆盖栽培技术，从瓜菜和果树育苗起步，目前，已经在棉花、玉米、甜菜、小麦等主要农作物的栽培中广泛应用；粮、棉、油、糖、果、菜、烟、麻优质高产模式栽培技术，如：两熟配套栽培技术，吨粮田栽培技术，棉花"矮、密、早"栽培技术，"亩产百公斤皮棉"栽培技术，化肥深施、带肥下种、配方施肥、平衡施肥、补钾补微量元素技术；农作物病虫草害综合防治技术、化除化控技术，生物农药、生物肥料、生长调节剂使用技术；节水灌溉技术等。全区农业科技成果推广率达到 50%，主要农作物良种覆盖面积达 90% 以上，科技进步在农村经济增长中的贡献份额达到 42%。

农业教育事业有了很大发展。已建立起包括高等农业教育、中等农业教育、各级农业干部知识更新和农民技术培训等 4 个层次的农业教育体系。目前，全区有新疆农业大学、石河子大学农学分院、塔里木大学 3 所高等农业院校，有新疆农业学校等 10 所中等农业学校。中等农业学校毕业生成为活跃在生产第一线的农业科技主力军。各级农业部门和农业院校每年开展"科技之冬"活动，举办各种专题讲座。

2. 发展的历程

新中国成立以后，新疆农业发展大体经历了 5 个发展阶段。

第一阶段（1949—1957 年）：为农村经济恢复和社会变革时期。在这一时期完成了两项具有深远意义的社会变革：一是进行土地改革，消灭了封建土地占有制，实现了耕者有其田；二是建立与发展了互助组、初级社、高级社，建立起社会主义集体所有制经济。这两项社会变革极大地调动了广大农民的生产积极性，农业生产得到迅速发展。播种面积由 1949 年的 1027.89 万亩增加到 1707.75 万亩，增长 66.14%；粮食产量由 84.77 万吨增加到 145.57 万吨，增长 71.72%；棉花产量由 0.51 万吨增加到 3.57 万吨，增长 600%；农业总产值平均每年递增 7.5%。

第二阶段（1958—1962 年）：人民公社化和"大跃进"时期。在这一时期，农村兴修水利、开荒造田达到高峰，1958—1960 年，耕地面积扩大了 1788.13 万亩。但由于人民公社实施"一大二公""共产风"等政策，使生产关系的变革超越了生产力发展水平，挫伤了农民的生产积极性，导致主要农作物产量大幅度下降。1962 年与 1959 年相比，粮食亩产减少 26 公斤，总产减少 32.16 万吨；棉花总产减少 56.1%；人均占有粮食由 304 公斤下降到 236 公斤，人均占有棉花由 8.8 公斤下降到 3.6 公斤。

第三阶段（1963—1966 年）：农村经济调整和快速发展时期。这一时期在中央政府的指导下，调整了人民公社的经济政策：把生产队作为基本核算单位，严格贯彻按劳分配原则，纠正了"共产风"，并实施了"以农业为基础"的经济发展方针。这些措施使农民重新焕发了生产积极性。这一时期，耕地基本稳定，播种面积略有增加，粮食、棉花、油料等主要农作物产量迅速上升。1966 年粮食总产 332.34 万吨，棉花总产 7.93 万吨，油料总产 8.63 万吨，农业总产值年均递增 15.8%，是新中国成立以来新疆农业发展最快的时期之一。

第四阶段（1967—1976 年）："文化大革命"十年动乱，农业经济受到大破坏时期。1976 年与 1966 年相比，粮食总产量仅增加了 2.2%，棉花总产量则下降了 36.5%，人均占有粮食下降到 290.3 公斤，新疆由余粮省区变为缺粮省区。

第五阶段（1977 年至今）：农村经济体制不断深化改革，农业结构全面调整，农业生产快速、健康发展的时期。2012 年与 1978 年相比，粮食、棉花、油料、甜菜产量分别增长 2.4 倍、63.3 倍、4.7 倍、34.3 倍，新疆农业总产值从 1978 年的 14.25 亿元增长至 2012 年的 7500 亿元；农民人均纯收入从 119 元增长至 6394 元。这一时期是历史上新疆农村经济发展最快的时期。

3. 成功的经验

新中国成立以来，新疆农业生产与建设经历了一个发展、停滞、再发展的曲折过程，既有深刻的教训，更有成功的经验。特别是 1978 年以来改革开放积累了丰富经验，主要是：

（1）调整农业和农村经济体制，深化农村改革，使生产关系适应生产力发展，是农业持续发展的根本动力。

1978 年以来，新疆坚决贯彻执行了中央制定的一系列农村经济政策，积极稳妥地推进农村改革，把调动广大农民的积极性作为制定和落实农村政策的出发点，保障农民的物质利益，尊重农民的生产经营自主权。在实行家庭承包经营的同时，适应新疆农业的特点，推行以"机耕、机播、灌溉、增产技术重大措施、病虫害综合防治"为内容的"五统一"服务，坚持"宜统则统、宜分则分、统分结合"的原则，保持了家庭承包经营的稳定与统分结合的双层经营体制的不断完善。同时，逐步突破计划经济模式，积极开展多种经营，发展乡镇企业；深化农产品流通体制改革，陆续放开了除粮棉以外的农副产品经营，充分发挥了农民的生产经营自主权，极大地调动了农民的生产积极性，农业生产和农村经济进入了前所未有的高速发展时期。农业连续 30 多年丰收，结束了农产品长期短缺的历史：粮食自给有余，建成全国大型棉花、甜菜生产基地，其他农副产品产量大幅度增加，农业综合生产能力显著提高，主要作物单产水平、人均占有量均居全国中上水平；农民生活显著改善，总体上进入温饱向小康迈进的阶段。

（2）以市场为导向，优化农村产业结构，是新疆农业持续发展的主要方向。

1978 年以来，不断调整优化农业生产结构和作物布局，在保证粮食总产稳步增长的基础上，逐步压缩了粮食作物播种面积，扩大经济作物面积，粮食作物与经济作物播种面积之比由 86:14 逐步变为 56:44，在全区形成了"南棉北粮"的生产布局。作物结构的调整，一是使粮食生产稳步增长，从 1984 年起扭转了多年吃调进粮的局面，1996 年粮食总产又突破了 800 万吨大关，人均占有粮食超过了全国平均水平；二是使棉花等经济作物的优势得以充分发挥，棉花种植面积和产量逐年上升，成为新疆农业经济乃至全区经济不可替代的支柱产业，在棉花主产区形成了"农民靠棉花致富、工业靠棉花增值、财政靠棉花增收"的格局；与此同时，香梨、哈密瓜、葡萄、啤酒花、番茄、枸杞、红花等一批独具新疆特色的农产品迅速发展，形成一定规模，成为重要的出口创汇产品。近两年，随着市场的变化，自治区党委、人民政府及时确定了"稳定棉花面积，主攻单产，提高质量，以高产优质低成本参与市场竞争"的发展思路，在稳定棉花生产的同时，进一步调整、优化种植业结构，大力发展适销对路的优质农产品和"名优特稀"产品，搞好粮食转化，发展农区养殖业和园艺业，促进农业增产、农民增收。

（3）大力推进各类先进农业技术，依靠科技提高农业生产水平，是新疆农业持续发展的根本保证。

多年来，各级农业技术推广部门坚持从当前、当地生产实际出发，加强实用技术的推广应用和基础理论的研究，实行试验、示范、推广相结合，推广各项行之有效的增产技术措施。一大批优良新品种、以"地膜覆盖"为中心的各类模式化栽培技术、病虫草害综合防治技术、机械化种植技术、低产田改良技术、节水灌溉技术在全区得到迅速推广和普及。自 1995 年 8 月新疆科技大会以来，科技推广力度明显加大。大批综合配套先进适用技术的推广应用，提高了农业生产水平。全区农业发展中科技进步的贡献率有了较大幅度提高。

新中国成立以来，特别是改革开放以来，新疆农业由弱变强的历程，充分说明了新疆农业和农村经济已具备向更高层次迈进

的基础，今后，只要各族干部、群众继续努力，新疆农业一定会
创造出更为辉煌的业绩。

三、从游牧经济向现代畜牧业生产过渡

自古以来，新疆就以丰美的草原、优良的畜种著称。作为
国家重要的草原牧区，畜牧业正在新疆大地显现着越来越旺盛
的生机。

幅员辽阔的新疆具有发展畜牧业的有利条件，草原面积达
57333 万公顷，占新疆绿地面积的 85%，其中可利用面积达 4800
万公顷，占全国可利用草场的 21.9%；发达的绿洲农业为畜牧业的
发展提供了大量的饲草料；伊犁马、新疆细毛羊及中国美利奴羊、
新疆褐牛等优良畜种更在全国享有盛誉。丰富的资源、勤劳的人
民，使畜牧业成为新疆农村经济的重要基础产业。20 世纪 50 年
代以来，新疆累计向国家提供商品肉畜 2 亿多头、羊毛 134 万吨、
各种皮张 3 亿多张，并向全国推广优良种畜 80 多万头，为新疆和
全国轻纺工业的发展，人民生活的改善及全国畜种的改良作出了
巨大的贡献。

1. 畜牧业发展的成就

牧业经济实力明显增强。1949 年新疆解放后，新疆的畜牧业
获得了长足发展。2012 年与 1950 年相比，牲畜存栏由 1135.9 万头
增长到 4333.25 万头，增长 2.8 倍；年出栏牲畜由 175.2 万头增加
到 3737.30 万头，增长 20.3 倍；肉产量由 4.93 万吨增加到 133.83
万吨，增长 26.1 倍；羊毛产量由 0.68 万吨增加到 9.09 万吨，增长
12.4 倍；牛奶产量由 2.1 万吨增加到 132.20 万吨，增长了 62 倍。

改革开放以来，畜牧业发展速度明显加快，生产效益显著提

高，如牲畜出栏率，1955 年为 15%，1978 年为 18.77%，2001 年达 71.95%，较 1978 年提高了 53.22 个百分点；1978—2004 年 26 年间，肉类产量年平均递增 10.46%，而 1949—1978 年这 29 年，年平均递增率仅为 2.25%。

生产条件有了很大改善。随着新疆畜牧业各项建设的实施，牧业生产条件有了较大的改善。在草原建设方面，到 1998 年底，新疆已累计建设人工草场 84.67 万公顷，改良草场 100 万公顷，围栏草场 78.67 万公顷，草原治蝗灭鼠面积累计达 2667 万公顷，每年冬草的打草量达到 40 多亿公斤。20 世纪 80 年代以后，新疆又根据牧区的实际情况狠抓牧民定居建设，逐步改变长年游牧的传统生产和生活方式，促进了传统牧业向现代化牧业的转化。到 2010 年，全区已实现标准化定居的牧民达 11.85 万户，占牧民总户数的 41.3%。所谓标准化定居，指通路、通电、通水，有住房、有棚圈、有饲草料基地、有院林，配套技术服务体系、文化室、卫生院、学校（幼儿园）、生活服务设施等。由于草原建设和牧民定居建设的进展，牧业抗灾能力有了明显增强。

饲料工业的发展水平是衡量饲养水平高低的一个重要标志。新疆饲料工业在近年来也有很大发展。目前，全区有饲料加工企业 300 多家，年单班生产能力达 100 多万吨。2009 年实际生产各种饲料 135.06 万吨；青粗饲料加工也有了较大发展，全区粉碎机、铡草机的保有量达到 5 万多台，年加工草料在 400 万吨以上；秸秆的青贮、氨化技术得到广泛推广，年生产青贮饲料约 400 多万吨，氨化饲草 40 万吨。长草长喂、精料整喂的落后状况已根本改变。

新疆在培育、繁育和推广良种方面做了大量的工作。继 1954 年育成中国第一个细毛羊品种——新疆毛肉兼用细毛羊之后，又相继育成了伊犁马、新疆褐牛、新疆羔皮羊、新疆军垦细毛羊、中国美利奴羊（新疆型、新疆军垦型）、新疆白猪、伊犁白猪等优良畜种。同时建成了有相当规模的种畜场20个，其中呼图壁种牛场、巩乃斯种羊场、昭苏种马场、紫泥泉种羊场被列为国家重点种畜场。这些种畜场有优良种畜45万余头，目前每年生产良种种畜达10万头。在建立优良种畜繁育基地的同时，新疆还大力推广良种，改良原有品种。目前，新疆良种及改良细毛羊已达1000万只，改良肉羊达300多万只，良种及改良牛达97.7万头，良种绒山羊达250多万只。细毛羊的个体产量及羊毛质量指标均居国内领先地位。1995年，经国家农业部组织专家实地验收，呼图壁种牛场荷斯坦牛平均年产奶量达到8773公斤，最高的305天产量达13577公斤，居全国领先水平。该场西门塔尔牛的平均单产达7019.5公斤，最高达11740公斤，为全国之冠，并进入了国际同类牛产奶量的先进行列。完整的畜禽良种繁育、推广体系，使新疆成为国家重要的家畜良种生产基地。

社会化服务体系建设初见成效。自治区党委和政府对畜牧业科技服务体系的建设给予了高度重视。在牧业专业教育方面，建成了有高等教育、中专教育和牧业职业技术教育相结合的教育培训体系，每年培养的畜牧、兽医、草原大中专毕业生达1000多人。在科研方面，除新疆畜牧科学院外，在主要牧业地州还设有畜牧科研所。在牛羊育种研究、胚胎移植技术研究及兽疫防治技术研究方面都达到国内先进水平。在科技服务方面，已完成了自治区、地州（市）、县（市）和乡四级畜牧、兽医、草原科技服务网的建设，科技服务人员达1万余人，其中具有高级职称的达300多人，具有中级技术职称的达1600多人。仅乡镇一级牧业技术人员就达8000多人，他们长期奋斗在牧业第一线，为推广科学技术、发展畜牧业生产作出了巨大的贡献。

2. 传统游牧业向现代畜牧业过渡

回顾新疆畜牧业半个多世纪以来的发展历程，新疆畜牧业的现代化水平有了显著提高，具体表现如下：

从畜牧业生产的实际出发，经济运行机制向市场化方向演变。新疆畜牧业既有与其他产业一样的共性，又有不同于其他产业的特殊性。牧区大多在边远山区，环境艰苦，交通不便，信息不灵，经济、文化都较落后；牧民居住分散，流动性大，生产经营的组织化程度低；畜产品生产周期长，大部分产品属于鲜活产品，市场应变能力弱；牲畜既是生产资料，又是生活资料，牧业生产极易遭受人为的损失。因此，必须正确认识牧业经济的特点，从有利于解放和发展生产力出发，来制定正确的政策和措施，使牧业经济走向市场。改革开放以来，从牧业的实际出发，新疆制定并实施了一系列富民政策。首先，取消了对农牧民自留畜的限制。其次，1984年后，又在农牧区普遍推行了"草场、牲畜双到户"的生产责任制，使经营者有了经营牲畜和草场的双重自主权，极大地调动了广大农牧民发展生产的积极性。再次，1988年以后，又全面放开了畜产品的经营和价格，使畜牧业生产全面与市场经济接轨，从而极大地促进了生产力的发展。

实行牧民定居，加快牧业生产、生活方式的现代化。牧民定居是对传统的牧业生产方式和牧区生活方式的一个重大改革。分散、游牧的生产、生活方式不仅抗御不了自然灾害，避免不了牲畜"夏饱、秋肥、冬瘦、春死"的恶性循环，而且不利于牧区各项社会基础设施和文教设施的建设，不利于牧区多种经营的开展和畜产品的流通，更不利于牧民生活的改善。为此，新疆从20世纪80年代开始开展了以人工草料基地为中心的牧民定居建设。在水土、交通条件较好的地方修建牧民定居点，开发饲草料基地，使牧民相对集中地定居下来，对牲畜实行冬、春季节性舍饲和半舍饲，并逐步在定居点进行交通、能源、邮电、文教、卫生等建设。在改善牧民生活质量的同时，使定居点成为牧区二、三产业及畜产品集市等发展的基点。实践证明，定居不仅增强了牧业抗灾能力，减少了牲畜冬、春季损失，而且极大地促进了牧民文化素质的提高和牧区经济的发展。

大力发展农区和城郊畜牧业，满足市场对畜产品的需求。新疆有着广阔的草原和优良的畜种，草原畜牧业是新疆的一大优势，必须坚持大发展的方针。同时，农区畜牧业也是新疆的一大优势。农区不仅拥有相当多的草场，而且有人均数量高于全国3倍的农田面积，可以为牲畜提供大量的饲草、饲料等副产品；农区不仅气候温和、交通方便、市场条件优于牧区，而且维吾尔族农民也具有饲养牲畜的传统和技术，在畜产品经销方面也具有自己的优势。要发展新疆畜牧业，必须同时发挥牧区和农区这两大优势，并使之互相结合，互相促进。

在过去相当长一段时间中，农区畜牧业一直被作为农村副业对待，发展受到严重影响，生产效益很低。随着社会主义市场经济体制的逐步建立，广大农民逐步认识到，畜牧业是他们致富的一条重要途径。近年来养殖业小区和大批养殖专业户的出现，使农区畜牧业出现了一个新局面。1998年，全区育肥出栏的近1000万头牲畜中80%来自农区，全区1万多养鸡专业户和4000多养猪专业户基本上都在农村。同年，国家级秸秆养畜示范县扩大到10个，农区饲养专业户达14万多户。无论是从牲畜存栏还是各类产品的产量来说，农区和城郊牧业已经真正成为新疆畜牧业生产的半壁江山。

积极推广适用技术，推进牧业生产技术的现代化。

（1）建立健全牧业科技研究、推广机构，培养牧业科技人员。新疆的畜牧科技事业从无到有、从小到大，不断发展完善。目前，已建成从自治区到地（州）、县（市）、乡（镇）的畜牧、兽医、草原技术推广网；在新疆已建成设有畜牧、兽医、草原、饲料、科技情报5个研究所的畜牧科学院，在阿勒泰地区和巴音郭楞、昌吉、伊犁自治州设有畜牧研究所。畜牧科研和技术推广体系已经形成，并拥有一支1万余人的包含各族各类技术人员的科研和推广队伍。由于畜牧管理、科研、推广体系比较健全，人员素质较高，又能理论联系实际，密切联系群众，所以在几十年的实践中取得一大批具有国内先进水平的科研和推广成果。新疆在重点办好国家和集体兴建的畜牧技术推广服务体系的同时，还动员和组织农牧民自建家畜配种站，并通过技术培训提出"一员变三员"的口号，使牧民既是放牧员，又是配种员、防疫员，把技术交给群众，从而使畜牧业各种实用技术在全疆得以迅速普及。

（2）培育和推广优良畜种。新中国成立后，在畜牧业生产实践中，始终把培育和推广良种牲畜作为一项重要工作来抓。从1951年开始，新疆就从苏联引进良种畜牧，进行良种繁育和对地方品种进行杂交改良。到1954年，在原有细毛羊杂种羊（即"兰哈羊"）的基础上，培养成功国内第一个细毛羊品种——新疆毛肉兼用细毛羊，结束了中国没有细毛羊品种的历史。其后，国家通过办示范配种站、动员牧民自建配种站、培训技术人员、推广良种公羊和人工授精技术等措施，大规模地开展了群众性的绵羊改良工作和马、牛的改良工作。20世纪60年代和70年代初，又在伊犁地区、塔城地区和博尔塔拉蒙古自治州建成100万只细毛羊"样板"基地，并开展了选种选配"整群"工作。1972年，在国家的支援下，引进了澳洲"美利奴"公羊，开始了中国美利奴羊的培育工作。1979 年以来，在农牧区开展了牲畜繁育改良站和冷冻精液站的建设工作，广泛推行牛、羊冷冻精液配种，还开展了牛、羊胚胎移植的研究、推广工作；此外，从德、法、奥、荷兰、瑞士、英、澳大利亚等国引进西门塔尔牛、夏洛莱牛、黑白花牛、蒙贝利亚牛、瑞士褐牛、林肯羊、萨福克羊、陶赛特羊、哈萨克半细毛羊、阿莱羊、新柯尔克孜马、顿河马、长白猪、大约克猪、杜洛克猪等一大批国外著名良种，使牲畜的良种繁育与品种改良工作逐步普及到农村、牧区和城郊。在新疆细毛羊之后，又先后育成了新疆羔皮羊、新疆褐牛、新疆军垦细毛羊、伊犁马、新疆白猪、新疆黑猪、中国美利奴羊（新疆型、新疆军垦型）、伊吾马等优良品种。随着牲畜育种和改良工作的深入与推广，牲畜的生产性能大幅度提高。呼图壁种牛场的荷斯坦牛、西门塔尔牛的平均个体泌乳量已进入世界先进行列，获农业部颁发的农业丰收奖。巩乃斯种羊场全场 2.3 万只细毛羊，平均个体净毛产量高达 3.32 公斤，毛长 9.98 厘米，创造了国内育种场细毛羊大群平均净毛单产的最高记录，获农业部颁发的农业丰收奖和全国农垦系统羊毛最高单产奖。

（3）创新、引进、推广牧业生产先进技术。除品种改良外，科学技术在畜牧业的其他领域也得到了广泛的推广和应用。如草原改良保护方面的遥感技术，中山带干旱退化草场综合改良技术，超低容量喷雾治蝗技术，草原虫害生物防治技术，兽医方面的新药研制及推广，草料加工方面的青贮、氨化、微贮技术及饲料添加剂的应用等，这些新技术的普及和推广，为新疆畜产品的增长和牧区经济的发展起到了重大的推动作用。

近年来，为了更好地用现代科学武装农牧民，自治区和各地县相继建立了一批牧业科技示范县、示范乡、示范村和示范户，并利用现场观摩、现场培训等办法，边示范试验，边推广普及，加快了新技术推广的速度。这些示范点由于遍布基层，农牧民看得见、学得上，取得了很好的效果。

丰富的资源、广阔的市场，展示了新疆畜牧业良好的发展前景。尽管目前新疆的牧业生产与国内外先进水平尚有差距，但我们相信，有国家的支持，有新疆各族农牧民及广大牧业科技工作者辛勤的劳动，随着新疆国民经济的日益发展，畜牧业必将在新疆大地更加辉煌。

四、区域经济对外交流

新疆在"全方位开放，向西倾斜，外引内联，东联西出"的发展外向型经济方针的指引下，提出了建设西北大通道，把新疆建设成全面向西开放的桥头堡，建成重要的国内外商品转口基地和向西出口的商品基地的构想，并采取了一系列切实可行的政策和措施，促进了新疆对外贸易的迅速发展。目前，新疆参与国内外经济大循环，以及全方位对外开放的态势已经基本形成。

1. 商品型、外向型经济迅速发展

进出口贸易迅速扩大。1979—2011 年，全疆累计进出口额达1373.8 亿美元，是 1950—1978 年的 28 年总和的 220.8 倍，其中出口 1000.98 亿美元，进口 372.87 亿美元，分别为前 28 年总和的265.3 倍和 152.9 倍。2012 年，进出口总额达 251.71 亿美元，其中出口 193.47 亿美元，进品 58.24 亿美元。

新疆的外贸体制改革经历了 3 个阶段：

第一阶段：1981—1987 年，是改革的探索阶段。改革的基本思路是：向外贸企业放权让利，以指导性计划替代了指令性计划，并有计划地建设了一批出口商品基地，推动了外贸的迅速起步和发展。在这 6 年里，累计进出口 14.1 亿美元，是前 28 年总和的 2.1 倍。

第二阶段：1988—1996 年，是全面推行经营承包责任制的阶段。在完成承包指标，如出口创汇、上缴外汇和出口盈亏等指标的条件下，明确了承包者与发包者的权、责、利关系，极大地调动了外贸企业出口、收汇、创利的积极性。这个阶段进出口总额达 13 亿美元。

第三阶段：1997 年至今，是外贸体制改革继续深入的阶段。外贸企业开始与国际接轨，向现代企业制度转变，逐步建立和完善了自主经营、自负盈亏的运行机制。1997—2012 年进出口总额达 1538.06 亿美元，分别是前两阶段的 109.1 倍和 118.3 倍。而且，在保持较高的出口增长势头的同时，进出口结构不断优化，经济效益也逐步提高。

全方位对外开放的格局逐步形成，经营方式向多样化方向发展。1990 年 9 月，随着第二亚欧大陆桥的贯通，及阿拉山口口岸的建成，新疆成为中国向西开放的桥头堡，标志着中国以至新疆全方位对外开放格局的初步形成。特别是 1992 年邓小平同志南方谈话的发表，使新疆的外贸发展呈现了前所未有的大好形势：贸易队伍不断扩大，贸易方式灵活多样，贸易额迅速增长。

目前，对外贸易已形成了现汇贸易、边境贸易、来料加工、补偿贸易、转口贸易、旅游购物贸易、边民互市以及代理制贸易等一系列灵活多样的贸易形式。截至 2012 年 3 月，新疆进出口额 1000 万美元以上企业已达 210 多家，超亿美元企业近 40 家。对外贸易形成了国有、集体、个体、外资等多种经济成分并存，自治区各级外贸公司、兵团贸易公司、各地州企业、"三资"企业、生产自营出口企业共同发展的新局面。这些企业密切配合、互相促进，逐步形成了多层次、多渠道、多形式的外贸新格局。

改革开放使新疆商品市场对外开放化程度越来越高，流通部门与区外企业间的交往日益频繁，联系更加紧密。1978年新疆商品部门从区外调入的商品达10.2亿元，是调往区外商品的3.5倍。到1997年商品部门销往区外的商品总值为149.7亿元，大于从区外购进的商品总值60.6亿元，新疆已由过去商品净调入省区转变为净调出省区。

对外开放的扩大促进了国民经济的发展。随着对外贸易的迅速增长，外贸对国民经济的贡献稳步提高，2012年外贸出口总额251.71亿美元，占同期国内生产总值的21.1%，比1978年的0.4%提高了20.7个百分点。对外贸易的迅速增长，使新疆经济对外贸的依存度大大提高，充分说明新疆经济正逐步向外向型经济过渡。

出口商品结构逐步优化，国际市场得到进一步开拓。1978年新疆出口商品只有六大类几十种，只与苏联等少数几个国家有贸易往来。到2011年，新疆已经与160多个国家和地区建立了贸易往来关系，逐步形成了中亚、美国、欧盟、俄罗斯等为主的主体市场。同时，出口商品结构也得到不断的优化，由附加值低的初级大宗产品扩展到附加值较高的机电设备、精密仪器等产品，特别是近几年工业制成品占出口商品的比重逐年上升。新疆外贸出口结构上了一个新台阶，呈现出一派繁荣景象。

2. 国内外经济技术交流合作加快

对外经济技术合作与交流。1980年，新疆加强了对外经济技术合作，开始引进外资。1989—2001年，签订利用外资合同1268个，合同资金35.38亿美元，实际利用外资24.51亿美元，分别是

1980—1988 年 9 年总和的 18.21 倍、13.44 倍和 17.11 倍。引进外资极大地促进了新疆的经济建设，成为新疆经济发展的重要支撑点。

1989—2012 年，新疆累计签订外商直接投资项目 1917 个，协议资金 53.76 亿美元，实际利用外资 21.57 亿美元。通过利用外资，引进了国外的先进技术、设备和先进管理经验，提高了新疆企业管理水平，并进一步推动了新疆企业的技术改造、产业结构调整与优化，为新疆经济发展注入了活力。

2011 年末，新疆共有 491 家外商投资企业，其中外商独资经营企业 214 家，中外合资企业 239 家，中外合作企业 29 家，中外商投资股份制企业 9 家。从 20 世纪 90 年代开始，"三资"企业的投资方向由原来的制造业、服务业，扩展到建筑、交通、邮电、批零商业、餐饮、房地产、公共事业、居民服务等领域。其中，投向生产型的项目占 58%，投资结构逐步趋于合理。

经国务院批准的 3 个经济技术开发区、1 个高新技术开发区、3 个边境经济合作区的开发建设已初具规模，推动了新疆的对外经济技术合作事业的发展。

与兄弟省区的经济技术合作与交流。在实施沿边开放战略的过程中，自治区党委和人民政府始终把"内联外引""东进西出""联合走西口"当作新疆对外开放的重要一环。虽然新疆有着得天独厚的地缘优势和自然资源优势，但是由于种种原因，新疆的总体经济实力还比较弱，产业的高级化程度还比较低，产品还缺乏在中亚市场强劲的竞争力。因此，有必要通过多种途径，加大和内地经济发达省区的经济技术合作，带动向西的人流、物流、资金流，真正把新疆办成中国向西开放的前沿。通过"内联、外引"，不仅大大促进了新疆的对外开放的发展，也大大增强了新疆的经济活力，促进了新疆和祖国内地的经济贸易交流。

3. 旅游业蓬勃兴起

新疆独具特色的民族文化与自然景观，为发展旅游业提供了十分丰富的旅游资源。随着对外开放的逐步扩大，新疆的旅游业迅速发展。

旅游机构逐步健全，设施不断完善。1978 年以来，特别是 1990 年以来，随着对外开放的逐步扩大，旅游业也加快了改革步伐。在"服务上质量，创汇上台阶""海外抓促销、国内抓建设"的旅游方针指导下，旅行社数量和服务质量快速提升。全区旅行社从 1995 年的 79 家增加至 2011 年的 391 家，可以接待操英、俄、德、日、法、意大利、西班牙、阿拉伯等多种语言的不同国别的旅游者。旅游业直接从业人员超过 25 万人，间接从业人员达 100 万人。

在"完善丝绸之路中道、加强开发南北道"的旅游业发展布局思想指导下，新建、扩建、改建了一批宾馆、饭店、景点和自然保护区。至 2011 年，新疆拥有星级饭店（宾馆）462 家，其中，五星级宾馆 17 家。全区已开发利用的景区（点）1171 个，被评为国家 A 级景区的 266 个，其中 5A 级景区 5 个。

旅游人数逐年上升，旅游客源逐步拓宽。1978 年新疆旅游业刚恢复时，当年仅接待 6 个国家的入境旅游者 88 名。如今，世界各国几乎都有游客来新疆观光旅游。2012 年，新疆接待入境旅游者 150 万人次。国际旅游收入逐年增长，成为新疆非贸易外汇收入的重要来源。

旅游业快速发展，旅游收入增长较快。2012 年，全区旅游外汇收入 5.51 亿美元，而 1978 年这一数字仅为 4.6 万美元，1980—1989 年 10 年间仅为 6450 万美元。2012 年，全区国内旅游收入

542 亿元，旅游总收入 576 亿元。旅游收入占国内生产总值比例
从 1985 年的 0.1% 提高到 7.68%。旅游业成为新疆新的战略支柱
产业。

五、新疆城市化与社会现代化

1. 新疆城市化进程

1950—1957 年：国民经济恢复和第一个五年计划时期，城市
化较快增长阶段。这 8 年农牧业稳定发展，农垦事业、现代工矿
企业以及文化教育事业也都发展较快，在加强以乌鲁木齐市为重
点的城市建设的同时，石河子新城、克拉玛依（含独山子）等矿
区开始建设，加上各地、州所在地城镇人口增加，新疆城镇化水
平发展较快。到 1957 年，全疆城镇人口已达 94.07 万人，比 1949
年增加 41.14 万人，年平均净增 5.14 万人，人口城市化水平达到
16.86%。

1958—1965 年："大跃进"及国民经济调整时期，大起大落波
状起伏阶段。这是因为这 8 年中，先是受"左"的指导思想影响，
掀起了"大跃进"运动，基本建设膨胀，城镇人口非正常地急剧
增加，导致全区城镇人口由 1958 年的 114.37 万人上升到 1960 年
的 180.04 万人，平均每年增长 28.66 万人，城镇化水平由 1958
年的 19.64% 猛升到 1960 年的 26.23%；1961 年以后国民经济进
行调整，大力压缩城市人口，至 1965 年人口城镇化水平下降到
16.95%。

1966—1977 年："文化大革命"时期，徘徊阶段。经过三年国
民经济调整，各项建设步入正常不久，接踵而来的"文化大革命"
十年动乱使经济建设受到严重破坏，这个时期，城镇非农业人口

增长仅相当于人口的自然增长。人口城镇化基本上停留在 1965 年的水平上。

1978 年至今：新的发展时期。自 1978 年改革开放以来，由于坚持对内搞活、对外开放，工农业生产有了较快发展，城镇化进程按正常步伐和轨道相应加快，人口城镇化水平由 1975 年的 19.04% 发展到 1985 年的 26.36%，再提高到 2012 年的 44.0% 左右。

2. 城市化的特点

新疆人口增长的特点是：

（1）人口基数小，总人口增长速度高于全国平均水平。从人口普查资料看，第一次全国人口普查时（1953 年 7 月 1 日），新疆总人口为 478.36 万人；第六次全国人口普查时（2010 年 11 月 1 日），新疆人口总数为 2181.33 万人。与 2000 年第五次全国人口普查相比，10 年间人口平均年增长率为 1.68%，高于全国总人口平均增长率（0.57%）。在 20 世纪五六十年代，人口的区际转移（机械增长）在人口增长中占有重要地位。

（2）新疆人口的自然增长率一直高于全国平均增长率水平。1980 年人口自然增长率为 13.6‰，1990 年达到 18.6‰，由于少数民族计划生育政策的实施，2012 年下降为 10.84‰。

（3）总人口中青少年比重大。据抽样调查资料，新疆 10—24 岁人口数占总人口的 35%，表明新疆人口的年龄结构属于典型的增长型结构。

（4）人口总体文化素质有待提高，高素质人员分布不均衡。75% 以上的专业人员集中在北疆地区，与产业技术直接相关的科技人员、工程技术人员严重不足。

城市化率高，但质量低。新中国成立以来，新疆城市化水平在很多年份居全国前列。1998 年末，市镇总人口占总人口的比重达到 50.1%，城镇非农业人口占总人口的比重达到 30.89%，除北京、天津、上海三个直辖市外，居省区排位第六位。但新疆城市化质量低，城市的各项设施比较差，许多城市居民并未享受到高水平的城市文明生活。

人口向大中城市集聚。当前，新疆城市化发展态势正处在向大、中城市集聚化的发展阶段。由于大中城市的城市综合实力相对较强，城市的规模效应和集聚效应得到发挥。从另外一个角度来看，由于新疆小城镇数量多、规模小，城镇的综合实力十分弱，城镇数量的扩张速度较快，而城镇本身的规模增长速度却十分慢，与东部地区中、小城市与大城市齐头并进共同发展的态势相比，新疆众多的小城镇还有待于加速发展。

城市化水平的提高主要来自城镇数量的增加。在全疆设市的 24 个城市中，有 7 个是解放后至改革开放之前设立的，其他 17 个城市都是在改革开放后设立的；特别是 1978—1988 年的 10 年间，新增了 9 个设市城市，这一时期城镇人口增长率达到 7%；而从 1988 年起至今仅设了 8 个县级市。在近 10 年，城镇数量增加较快的是建制镇，从 1990 年 126 个增加到 2012 年 229 个，这表明影响城镇非农业人口增长的主要因素是行政建制的改变。

1980-2012 年新疆城镇数量与规模发展

年份	设市城市（个）	建制镇（个）	城镇非农业人口（万人）	人口城市化水平（%）
1980	8		283.38	22.1
1985	15	121	358.78	26.4
1990	16	126	416.70	27.3
1995	17	156	498.40	30.0
2000	19	189	550.27	33.0
2012	24	229	981.98	44.0

新疆设市城市现状规模（2012 年）

城镇人口规模	数量（个）	占城镇总数（%）	城镇名称
100 万人口以上	1	4.5	乌鲁木齐市
50 万—100 万人口	1	4.5	石河子市
20 万—50 万人口	8	36.4	库尔勒市、伊宁市、哈密市、喀什市、克拉玛依市、奎屯市、阿克苏市、昌吉市
10 万—20 万人口	6	27.3	博乐市、阿勒泰市、图木舒克市、和田市、阿拉尔市、塔城市
10 万人口以下	8	36.4	阜康市、五家渠市、吐鲁番市、阿图什市、乌苏市、北屯市、阿拉山口市、铁门关市
合计	24	100.0	

城市首位度高，城镇体系发育处于低级阶段。新疆城市发展不平衡，城市规模最大的乌鲁木齐市，2011 年的城镇非农业人口为 182.42 万人；其人口规模比第二大城市石河子市的人口规模（2011 年城镇非农业人口为 56.86 万人）高出 125.56 万人，城市首位度达到 3.21。

新疆城镇体系发育处于初级阶段，城镇体系规模等级结构不合理。目前，新疆有特大城市 1 个、大城市 1 个、中等城市 8 个、小城市 14 个、建制镇 229 个，中等城市也大多是城市非农业人口刚刚超过 20 万人。除乌鲁木齐外，其他 23 个设市城市的平均非农业人口只有 18 万人，68 个县城平均非农业人口仅 3.95 万人。

城市化水平明显滞后于经济发展。2012 年，新疆人均 GDP 为 33909 元。但由于至今导致城乡分割的政策和制度障碍未能得到完全纠正，快速的经济增长未能有效地拉动城市化的迅速推进，城市化水平落后于经济发展水平。2000—2010 年，新疆国民生产总值年均增长速度为 8.6%，而新疆的城市化水平的年均增长速度仅为 0.74%。

3. 城市化存在的问题与原因

城镇规模小，密度低，辐射和带动作用不强。由于自然环境的原因，新疆城市空间分布非常分散，加上城市经济的总体水平低，综合效益差，使得城市的集聚和辐射作用不强，缺乏带动整个区域发展的中心城市。因此，城镇规模小，城市发展滞后，城镇间联系松散、不便捷，已在很大程度上限制了全区经济的发展，影响了城乡经济的协调发展。

城镇职能类型趋同性强。新疆城镇职能绝大多数专业化不突出，以行政职能为主，高度专业化的城市只有克拉玛依，交通运输专业化已在哈密、奎屯、库尔勒3个城市有较明显体现。新疆的城镇普遍存在着第三产业不发达、资源综合利用差、产业配套发展不力等问题，没有形成较高连带系数的产业链和系列化生产，产品结构单一，附加值不高，难以适应市场的变化。大多数县城和一般建制镇仅仅是为农业和人民一般生活服务的小区域中心城镇，产业结构单一，缺乏个性和特色，重复建设多，浪费严重。

城市投资环境普遍较差，其基础设施建设的硬环境特别是软环境都需要极大的改善。新疆城市基础设施和社会服务体系不完善，公共服务设施建设亟待加强；城镇生态环境建设亟待改善，随着城市人口规模的不断扩大，城市建成区绿地和空间越来越少，造成城市环境质量下降，牺牲环境来抓短期经济效益的事时有发生。城市中心区、旧城区超强度开发，环境恶化，特别是一些大中城市中心区人口与建筑过度密集，缺少绿地，居住环境质量下降。市区人流、车流集中，交通拥挤，加重了环境污染。

全疆经济发展差异较大，城镇发展不平衡，产业结构不合理，二、三产业不发达。在新疆，城市及其产业的空间布局在区域上具有集中性。就二、三产业来看，80%以上的工业企业分布在天山北坡经济带，而第三产业分布更为集中，仅乌鲁木齐市的第三产业产值就占全疆第三产业的 40% 以上。工业具有以资源粗加工为主的重型结构特点，表现出区域工业的低加工度，以及对农业和矿产资源的重大依赖，表明新疆处在工业化的初期阶段。

城市管理落后，投资渠道单一。城市化是人、财、物的聚集过程，其中的难点是资金的聚集，要解决这一难题，最根本的是以市场运作的机制经营城市。市场经济体制下，城乡建设与发展是多元化投资决策和开发建设活动的综合结果，各项建设活动都要接受市场的检验。城市建设的投资主体将呈现多元化的格局，非政府部门的投资意向将成为城市基础设施建设的重要经济要素，政府的投资也正在逐步实现市场化运作。当前新疆的城市建设还没有形成市场运作的机制，在实行土地使用制度改革、面向国际融资和利用外资、实行市政公用设施有偿使用及面向市场筹集城市建设资金等方面还没有取得突破。城市建设的投资主体仍为城市政府，由于政府财力有限，城市建设又需要大量资金，资金的缺口比较大，目前新疆城市基础设施建设的相当一部分资金来源于借贷。投资严重不足，已成为加快新疆城市化进程中需要解决的一个重要问题。

六、人民生活明显改善

1. 居民生活水平蒸蒸日上

农民收入水平迅速提高。随着农村改革的不断深入发展和完善，新疆农业连年获得丰收，农民家庭经营的专业化和效益水平明显提高。2012 年新疆农牧民人均纯收入达 6394 元，比 1980 年增加了 6193 元，增长 30.8 倍。同时，农民收入的组成结构也发生了显著变化，可支配的货币收入占总收入的比重迅速增加，2012

年已达 88% 以上，比 1980 年提高了 30 多个百分点。

城市居民收入持续快速增长。30 多年来，国家收入分配体制的改革不断深化，职工工资收入稳步增长。同时，随着经济生活日益活跃，就业门路拓宽，城市居民收入逐步形成收入渠道多元化、收入方式多样化的格局。新疆城市居民收入得到持续、快速的增长。2012 年，新疆城市居民人均可支配收入达到 17921 元，比 1980 年增长了 41 倍。

（1）工资性收入持续增长，工资结构发生变化。1978 年改革开放以来，国家对工资制度进行了改革，行政事业单位曾多次调整提高了工资，企业也实行了工资套改，将工资增长与经济效益挂钩。较重要、范围较大的改革有：一是 1985 年实施的工资改革。企业主要改革了劳动用工和分配制度，引进了竞争机制，打破了"铁饭碗""大锅饭"，实行了岗位技能工资、基本工资加效益工资等多种工资分配形式，体现了按劳分配、多劳多得的分配政策，增加了工资的激励功能，合理、适度地拉开了收入差距。同时，在行政事业单位实行了结构工资制。二是 1993 年和 2006 年实行了公务员工资套改，以及企业和事业单位的工资改革，使工资结构发生了巨大变化，职工收入也有了明显增加。2012 年，城镇居民人均工资性收入达 14432 元，比 1990 年增长了 10 倍。工资作为城市居民收入的主要来源，它的增长极大地促进了居民生活水平的提高。

（2）非工资性收入增幅较大，比重上升。2012 年居民来自非工资性收入达 5763 元，比 1990 年增长了 28.7 倍。非工资性收入占居民实际收入的比重由 1980 年的 21.94% 增长到 28.54%。

——职工从单位得到的其他收入和实物收入增加，1997 年人均计 341.56 元，比 1980 年增长 7.9 倍。

——个体劳动收入和其他劳动收入增加。随着改革的不断深化，实现了多种经济成分的共同发展，1997 年人均个体经营劳动者收人为 237.56 元，从 1981 年以来，年均递增 34.15%。1997 年城市居民从事第二职业的其他收入人均达 33.12 元，从 1981 年以来平均每年递增 10.73%。

——财产性收入成为居民收入的新的增长点。1980 年以前，由于居民收入在满足日常开支之外结余很少，家庭历年积蓄的金融资产不多。1988 年人均财产性收入（包括存款利息、股息、红利、租金等收入）仅 5.4 元，占居民实际收入的 0.98%。近年来，居民的银行存款、国库券、股票、企业债券等金融资产日益增多，2012 年城市居民人均财产性收入达 146 元，比 1988 年增长了 26 倍。

（3）金融资产存款大幅度增加。随着社会主义市场经济的发展，城市居民的金融意识、投资意识和风险意识逐步增强，对结余资金越来越重视保值、增效，越来越注重资金收益率的高低。城市居民各种有形财产如住房、高档耐用消费品以及金融资产如储蓄存款、储蓄性保险、债券、股票等得到快速积累。至 2011 年末，新疆城乡居民人均储蓄存款达 20145 元，比 1990 年增长 23 倍。

（4）家庭人口减少，就业人员负担系数减轻。30 多年来，新疆城市居民严格执行国家的计划生育政策，家庭人口得到有效控制。2011 年户均人口由 1980 年的 4.99 人下降到 2.91 人。同时，随着就业渠道的增加，户均就业人口由 1980 年的 41.9% 上升到 51.2%。因此，就业者的负担减轻，2011 年平均每一就业人口负担的人数（包括就业者本人）为 1.95 人，比 1980 年减少 0.4 人。

2. 消费水平显著提高

农民消费水平显著改善。随着农牧民收入水平的提高，农牧民消费水平显著改善。2012 年，农牧民人均生活消费支出达 5245

元，比 1980 年增加了 5093 元，增长 33.5 倍。农牧民的吃、穿、住、用各项消费全面改善，物质生活和精神生活日益丰富。

2012 年，新疆农村居民家庭的恩格尔系数为 36.1%，与 1980 年相比，居住消费支出大幅度增长，远远超过吃、穿消费支出的增长速度。2010 年，在新疆农民人均消费支出中，用于吃、穿、用、住的比重占 73.2%，比 1989 年下降了 15.1 个百分点。医疗卫生保健、交通和通讯、文教娱乐用品支出的比重占 26.8%，比 1989 年上升了 15.6 个百分点。其中，用于文教及用品的人均支出达 170.15 元，比 1989 年增加了 146.59 元，增长了 6.2 倍。上述情况表明农牧民消费结构显著优化。

改革开放 30 多年来，新疆农村已经基本解决了温饱问题，并在全面建设小康的道路上阔步前进。

城市居民消费水平和消费质量全面提高。随着收入的增加，城市居民的消费水平全面提高，同时，居民的消费观念不断更新，消费领域明显拓宽，生活消费逐步向高品位、高层次的生活方式转化。2012 年城市居民家庭人均消费性支出 13892 元，比 1990 年增长了 11.5 倍。城市居民的生活水平和生活质量发生了巨大的变化。

城乡居民消费的新特点。随着城乡居民收入的大幅度提高、生活消费支出的增加，居民的消费质量明显提高。多数居民逐步改变了传统的消费观念，消费趋于多样化，开始追求各种生活消费品的优质化、中高档化，生活水准进入质量充实和提高期。近年来，居民消费的特点是：

（1）注重营养、讲究质量是食品消费的特点。食品消费在吃饱的基础上，开始向吃得好、吃得卫生、吃得有营养的方向转化。2011 年农民人均消费粮食 236.81 公斤，其中消费细粮的比重达到

94.2%，比1990年提高了8个百分点；人均消费的油脂、肉禽及制品、蛋及制品、水果及制品的数量分别达到12.77公斤、17.87公斤、2.96公斤和22.64公斤。2012年，新疆农民人均食品消费支出达1891元，比2011年又增加了302元；在农民的饮食结构中，主食比重继续下降，副食品比重继续上升。

改革开放以来，随着收入的提高，以及生活、工作节奏的加快，城市居民的饮食越来越注重营养、方便和多样化，追求高蛋白、高热量、低脂肪的饮食方式。由于政府实施"菜篮子"工程成效显著，居民对各类食品的消费，无论是在数量上，还是在质量上，都有了明显的提高。

（2）突出个性，追求高档成为衣着消费的主流。近年来，城乡居民的衣着消费逐渐趋于成衣化、中高档化，日益注重衣着的式样、款式和色彩，而且购买成衣的比重明显增大。2010年，农民人均衣着支出303.66元，比1989年增加了234.25元，增长了3.3倍。衣着消费方式由"一衣多季"变为"一季多衣"。成衣、时装、皮鞋等在农民家庭中已经相当普及，农民的衣着正由"穿暖"向"穿好"转变。城市居民衣着消费趋向成衣化、时尚化和中高档化，服装更换频率明显加快，人们更加喜爱棉、毛、丝等天然纤维及皮革面料的服装。人们对服装的消费行为渐趋成熟，不再盲目赶时髦，而是选择与自身气质、身材、职业、收入等相适应的服装。2011年城市居民人均衣着消费支出1715.94元，比1990年增长8倍；人均购买服装8.6件，比1990年增长了7倍。

（3）建房热逐渐升温，居住条件明显改善。2011年，农民人均用于居住类的消费支出1025.28元，农村人均新建住宅1.06平方米，年末人均住房面积达到26.14平方米，比1985年增长1.1倍。在农民住房面积扩大的同时，住房的质量也明显提高。2011年，

农民人均砖木结构和钢筋混凝土结构住房面积达 15.77 平方米，比
1985 年增长了 8.4 倍，很多富裕农户的住房已向楼房或庭院式房
屋的方向发展。房屋内部装修和卫生设施的配备也进入普通农民
家庭，居住环境和条件明显改善。

在城市，营造一个温馨舒适的居住环境成为多数居民家庭新
的追求。随着住房制度改革措施的出台和实施，居民购买和装修
住房已经成为消费的一个新的热点。2011 年末，城市居民人均居
住面积为 28.92 平方米，比 1985 年增长 1 倍。住房趋向宽敞，室
内布局更加合理，装修更加美观、实用，居民的家庭居住设施和
居住条件明显改善。2011 年末，城市居民居住单元楼式配套住房
的家庭占城市家庭总数的 88.1%，比 1992 年增加了 32.2 个百分点；
住房有暖气的户占 89.4%，使用管道煤气和液化气的户占 89%，有
厕所、浴室的家庭从 1993 年的 0.5% 增加到 76.1%，使用自来水的
户占 98.2%。

（4）方便、实用是家庭用品消费的追求目标。城乡居民家庭
设备、用品和高档耐用消费品的消费数量显著增加。自行车、缝
纫机、钟表和收音机等"老四件"在 20 世纪 80 年代大量进入居
民家庭，到 90 年代已经饱和。而电脑、电视机、洗衣机、电冰箱、
照相机、录像机、DVD、摩托车等高档耐用消费品则以越来越快
的速度进入居民家庭。2011 年，每百户农民拥有摩托车 77.23 辆，
彩色电视机 99.03 台，电冰箱 63.94 台，洗衣机 72.77 台，分别比
2000 年增加 58.9 辆、67.16 台、54.01 台、51.9 台。

近年来，随着城市居民收入水平的提高，家庭设备用品及文
娱耐用消费品的消费大幅度增加，洗衣机、彩电、冰箱已经趋于
饱和，如今正处于升级换代时期。2011 年新疆城市居民每百户
家庭拥有彩色电视机 106.42 台，比 1985 年增长 1.9 倍；电冰箱

94.34 台，增长 8 倍；洗衣机 96.1 台，增长 79.3%。

同时，在更新换代中，家用耐用消费品的档次明显提高，多功能大屏幕彩电、大冷冻室冰箱、全自动洗衣机、淋浴热水器、抽排油烟机、影碟机、微波炉、家庭影院等，逐步进入普通居民家庭。新一轮的高档耐用消费品如家用电脑、摄像机、钢琴、健身器材的拥有量呈快速上升趋势。2011 年，平均每百户城镇居民家庭拥有家用电脑 61.2 台、空调器 11.87 台，分别比 2000 年增长 7.6 倍和 2.1 倍。

（5）交通、通讯支出成倍增长。随着交通、通讯事业的发展，以及伴随经济发展带来的人际交往的增加和生活节奏的加快，居民家庭交通、通讯费支出明显增加。到 2011 年末，农民人均交通、通讯及服务消费支出达 530.59 元，比 2001 年增长 7.1 倍。

2011 年，城镇居民人均交通、通讯费支出达 1377.67 元，比 1985 年增长 153.8 倍。近年来，私人轿车和摩托车作为现代家庭交通工具，其市场消费的发展趋势良好。2011 年，每百户城镇居民家庭拥有汽车 12.32 辆，比 2000 年增长了 14 倍。

通讯消费已成为居民消费的一种新时尚。到 2011 年底，城市居民家庭平均每百户拥有移动电话 181.54 部。全区网民数达 882 万人，互联网普及率达 40.4%。

（6）提高文化科学素质，充实业余生活已成为居民消费的新热点。随着物质生活水平的提高，居民越来越重视精神生活和医疗保健条件的改善；同时，随着社会主义市场经济的发展，人们的竞争意识逐步增强，产生了越来越强烈的学知识、学科学的需求。另一方面，在农村实行承包制以来，农民可以自由安排劳动时间；在城市，1993 年 3 月全国实行每周 44 小时、1995 年 5 月实行每周 40 小时工作制以来，居民的业余时间增多，可以用来从事学习和文化娱乐活动，居民的业余文化生活日益丰富。

随着科教兴国战略的实施，广大农村掀起了学科学、用科学的热潮，书报杂志、技术培训费支出成倍增长，农村劳动力的科学、文化素质普遍提高。进入 21 世纪，具有初中以上文化程度的农村劳动力，已占到农村劳力的 40% 以上。城镇居民教育投入不断增长，同时休闲娱乐活动更加丰富多彩。2011 年，城市居民人均教育文化娱乐服务支出 1122.18 元，比 1985 年增长 11.7 倍，占消费性支出的 9.5%，比 1985 年上升了 8.2 个百分点。

第八章

国家支持下的新疆经济跨越式发展

一、2010 年中央新疆工作座谈会

在中国全面建设小康社会的关键时期，新疆发展和稳定面临重大机遇和挑战的新形势下，2010 年 5 月，中央召开了新疆工作座谈会。会议总结了新中国成立以来，特别是改革开放以来新疆发展和稳定工作取得的成绩和经验，分析了新疆工作面临的形势和任务，进一步明确了当前和今后一个时期做好新疆工作的指导思想、主要任务、工作要求，对推进新疆跨越式发展和长治久安作出了战略部署。

做好新形势下新疆工作，是提高新疆各族群众生活水平、实现全面建设小康社会目标的必然要求；是深入实施西部大开发战略、培育新的经济增长点、拓展中国经济发展空间的战略选择；是中国实施互利共赢开放战略、发展全方位对外开放格局的重要部署；是加强民族团结、维护国家统一、确保边疆稳固的迫切要求。加快建设繁荣、富裕、和谐、稳定的社会主义新疆，是全党全国各族人民的共同意志，是全国人民的共同责任。

会议对新疆工作提出了具体要求。推进新疆跨越式发展，必须始终把提高各族人民生活水平作为一切工作的根本出发点和落脚点，必须始终把握各民族共同团结奋斗、共同繁荣发展的主题，必须始终把促进改革发展同维护社会稳定有机结合起来。一是要着力推进经济建设，加快经济发展步伐，加快推动资源优势向经济优势转化，扶持优势特色产业发展，加强农业综合生产能力建设，推进基础设施建设，优先安排便民基础设施项目。二是着力推进社会建设，把更多财力投到公共服务领域、落实到重大公益性项目上，大幅提高社会事业发展水平，加快提高公共服务水平，逐步使各族群众过上现代文明生活。三是要着力推进生态文明建设，加快构建生态安全屏障，积极发展循环经济，确保新疆山川秀美、绿常在。四是要着力推进体制改革，加快对内对外开放步伐，努力把新疆打造成中国对外开放的重要门户和基地。五是着力加强对口支援新疆工作，充分发挥中国社会主义制度优越性。

对外，新疆地处亚欧大陆腹地和亚欧大陆桥中间地带，是中国向西开放的桥头堡之一。加快沿边开放、向西开放，拓展开放发展、合作发展的空间。对内，新疆地域辽阔、资源丰富、发展潜力巨大，是实施扩大内需战略的主战场之一，是深入推进西部大开发的重点所在，是承接国内产业转移的重要区域。进一步做好对口援疆工作，对于培育西部地区开发、开放新的增长极，对于稳定经济增长，对于调整优化区域经济结构，都具有重要的现实意义。

在全国 19 个省市和央企的支持及新疆上下的齐心努力下，中央新疆工作座谈会召开以来，新疆实现生产总值连续 3 年新增千亿元，2010 年跨上 5000 亿元，2011 年 6500 亿元，2012 年 7500 亿元，成为全国增速最快的省区。

二、全国对口支援新疆

2010 年中央召开新疆工作座谈会决定，自 2011 年至 2020 年，启动 19 个省市对口援疆工作。这是多年来支援地域最广、涉及人口最多、资金投入最大、援助领域最全的一次对口支援。19 个支援省市的对口支援资金量参照地方财政一般预算收入的 0.3%—0.6% 测算，2011 年对口援疆资金总额规模将超过 100 亿元，以后还会逐步增加。同时，通过转移支付、专项资金等渠道，中央投入资金规模将数倍于对口援疆资金规模。2012 年落实中央预算内投资 282 亿元，"十二五"前 2 年累计落实中央预算内投资 478 亿元，落实中央专项基金及财政专项补助资金 340 亿元，这些支持对新疆经济建设发挥了重要作用。

在支援资金的同时，中央还积极促进更多的干部、人才、技术来疆。中央新疆工作座谈会之后，全国 19 个省市和国家各大部委及 20 多个国有骨干企业对新疆大部分县市从资金和项目上实施支援，并形成了经济援疆、干部援疆、人才援疆、教育援疆、科技援疆的新局面，进而增强新疆长远发展的后劲。目前，在新疆的内地援疆干部和科技人员、教师、医生、企业家达 5600 多名。

2 年多来，援疆工作取得了令人瞩目的成就。自治区着力抓好项目、资金、技术、管理等重大环节工作的落实，已实施援疆项目 2375 个，援建项目开工率达到 98% 以上。各省市通过招商引才、项目引才、合作培养等引才方式，已吸引 6933 名各类人才来疆开展服务，组织新疆干部人才赴内地挂职 3887 人次，为新疆培训各类干部人才 42.8 万人次。

援疆工作把保障和改善民生放在支援的优先位置，着力帮助各族群众解决就业、教育、住房等民生问题，着力支持新疆特色优势产业发展，进一步强化新疆经济社会发展内在动力，同时，按照先富帮后富、逐步实现共同富裕的要求，力争 5 年内使新疆特别是南疆地区经济发展明显加快、各族群众生活明显改善、城乡面貌明显改观、公共服务水平明显提高、基层组织建设明显加强；经过 10 年的不懈努力，最大程度地缩小新疆与内地差距，确保 2020 年实现全面建设小康社会的目标。

2010 年起开工建设的"安居富民"和"定居兴牧"工程让 120 多万农民告别了世代居住的"土坯房"，7 万多牧民结束了千百年来逐水草而居的游牧生活。不少地方还通过推广温室蔬菜大棚、建设农牧业示范基地、发展休闲农业和乡村特色旅游业等，扶持了一批特色产业，带动了农牧民稳步增收。

截至 2012 年底，19 个对口援疆省市累计安排援助自治区地方项目 2375 个，援助资金 244.2 亿元，已完成投资 216.6 亿元。围绕自治区"民生建设年"活动，75% 的援疆资金用于民生建设。国家有关部委和国内大企业大集团，在多个领域与南疆地区签署了战略合作协议。今后在国家、自治区、对口援疆省市的大力扶持下，在南疆三地州各族干部群众的共同努力下，一定能改变南疆三地州经济社会发展滞后的局面，南北疆差距势必会逐渐缩小，并最终形成南北互动的区域协调发展格局，实现南疆三地州一同跨越式发展。

经过 2010—2012 年 3 年的努力，自治区生产总值连续保持两位数增长，年均净增 1000 多亿元。2009 年 GDP 居全国第 30 位，2012 年位居全国第 12 位，连续 3 年成为全国增速最快的省区。城乡居民收入增幅超过全疆生产总值的增幅，农民人均纯收入跃居西北省区第一。

在对口援疆的强力推动下，天山南北大建设、大开放、大发展的局面已经形成，新疆经济发展全面提速，人民生活水平明显提高，自我发展能力显著增强，社会和谐稳定基础更加牢固。各族群众生活明显改善，民族关系明显融合，稳定形势明显好转。

2012 年 5 月，中央召开第三次全国对口支援新疆工作会议。会议深入分析了援疆工作的新形势、新要求，总结了 2 年来新疆发生的历史变化和工作经验，对当前和今后一个时期的援疆工作作出了全面部署。这次会议是对推进新疆跨越式发展和长治久安的再动员、再部署、再安排，对在已有基础上进一步全面推进对口援疆工作、加快新疆经济社会发展步伐具有重大意义。

三、兰新铁路扩建与油气资源开发

1. 兰新铁路扩建

兰新铁路扩建工程包括原有兰新铁路双线和在建兰新铁路第二双线。兰新铁路东起兰州，西至乌鲁木齐，全长 1903 公里，1952 年开工建设，1962 年建成；1990 年 9 月铁路延伸至阿拉山口，与哈萨克斯坦铁路接轨，形成了由中国连云港至荷兰鹿特丹的世界第二座亚欧大陆桥；2006 年 8 月兰新铁路完成扩建，实现全线复线运营。该线使亚洲陆地运输到欧洲的距离比海上运距缩短约5000 海里，运费和时间分别节省 20% 和 70% 左右。兰新铁路第二条复线铁路建设项目，于 2009 年 8 月由国家发改委批准，11 月正式开工建设，设计时速 200 公里以上。该线同时进行电气化改造。兰新铁路第二双线全长 1776 公里，为国家"十二五"综合交通运输体系规划中的区际交通网络重点工程。

2011 年 9 月，全长 467 公里的兰新线乌鲁木齐至阿拉山口电气化铁路正式建成开通，大幅提升了乌鲁木齐至阿拉山口口岸的铁路运输能力，缩短了供货期限，更有效保障货物运输安全。2012 年 12 月，兰新电气化铁路实现全线通车运营，实现电气化铁路 886 公里。

兰新电气化铁路的全线建成开通，为新疆资源开发、特色产品外运、人员交流、经贸往来提供了强有力保障。它彻底改变了原有线路技术标准低、运输能力不足的状况。改造后的电气化铁路为客运和货运兼顾线路，客运列车的行车速度更快，载重能力更强，耗能较原来降低 2/3，更有利于环保。

截至 2013 年 1 月，兰新铁路第二双线新疆段路基、涵洞工程已经完成，累计完成投资 261.6 亿元，预计 2014 年实现正式通车。届时新疆出疆铁路通道将增加全 4 条，新建的客运高铁将从乌鲁木齐到北京的时间控制在 15 个小时以内。现有兰新铁路第一双线将作为以煤炭运输为主的货运铁路，届时新疆煤炭外运能力将增至 3 亿吨。2012 年，阿拉山口火车站进出口货物运量已突破 1650 万吨，创历史新高。随着进出口运量逐年递增，兰新铁路已日渐成为沟通中国与中亚各国的重要通道。

2. 油气资源开发

改革开放 30 多年来，新疆石油化工行业积极推进优势资源转换战略，走新型工业化道路，石油化工取得长足发展。石油化工已成为新疆第一大支柱产业，增加值占到规模以上工业的 70% 左右。目前已建成了准东、塔里木和吐哈三大石油天然气生产基地，初步形成了克拉玛依—独山子、乌鲁木齐、吐—哈、南疆等不同规模、各具特色的石油炼制和加工基地。原油产量从 2000 年的 1848.4 万吨增至 2012 年的 2690 万吨。

"西气东输"管道、中国—哈萨克斯坦原油管道、乌鲁木齐—兰州成品油管道、西部原油管道等相继建成投产，使新疆成为中国石油天然气的主产区和 21 世纪国家重要的石油战略基地。石油化学行业的塑料加工、橡胶加工、化纤纺织、化学建材等下游相关产业一体化发展格局已全面展开，石油工业已撑起了新疆现代工业的半壁江山。

"西气东输"工程是西部大开发的标志性工程,它把塔里木盆地与长江三角洲连接在一起,为新疆的天然气资源打开广阔的市场空间,使资源优势真正变为经济优势。新疆作为"西气东输"工程的气源地,已成为国家重要的天然气生产基地,这对于全面带动新疆经济增长意义重大。为加快新疆经济社会发展,2007年国务院出台了《关于进一步促进新疆经济社会发展的若干意见》,对新疆继续执行"西气东输"管道运输营业税部分返还新疆,支持新疆优势资源加工产业发展,加快新疆石化基地建设。2010年6月,中央在新疆率先实施资源税费改革,将新疆原油、天然气资源税由从量计征改为从价计征,并合理提高税率标准。实行资源税费改革后,新疆原油、天然气资源税由过去的从量计征调整为按产品销售额的5%计征。据此,新疆原油和天然气资源税每年将增长32亿元。这些政策的出台,对新疆发展优势产业,增加财政收入,加快经济社会发展,增加人民群众收入极为有利。

与资源相关的产业发展迅速。"十一五"期间新疆采掘工业和原料工业总产值分别占规模以上工业总产值的比重是:2006年,82.5%;2007年,79.2%;2008年,79.5%;2009年,73.0%;2010年,75.1%。

其中,"十一五"期间,新疆煤炭产量快速增长,5年来累计生产原煤3.42亿吨。2010年煤炭产量突破1亿吨,比2005年增加6061.6万吨,增长154%,年均增长20.49%。

2011年,全疆共有钢铁企业66家,其中,大型钢铁企业6家,中小微型钢铁企业56家,形成了年产钢892.98万吨、铁1088.45万吨、钢材985.14万吨的生产能力。

2011年,新疆发电量达到875.19亿千瓦时,比2009年增长

53.2%。目前，已实现 110 千伏、220 千伏全疆联网，初步构建了新疆 750 千伏主干架，并实现了与西北电网联网，实现了"煤从空中走、电送全中国"的跨越，结束了新疆电网孤网运行的历史。

四、扶贫开发战略

中央政府和自治区历来高度重视新疆扶贫开发工作，西部大开发 10 多年来，新疆扶贫开发取得了显著成效，全区累计数百万贫困人口解决了温饱问题；有 2600 多个扶贫开发重点村基本达到了整村推进验收标准；30 个扶贫开发工作重点县农牧民人均纯收入由 2000 年的 980 元提高到 2009 年的 2987 元，人均占有粮食保持在 500 公斤以上，粮食安全得到保障；实现了 30 个扶贫开发工作重点县新型农牧民合作医疗全覆盖，90% 以上的农牧民患病能得到及时医治；对贫困地区中小学生实施"两免一补"政策，使全区农村所有贫困中小学生都能接受免费义务教育；在集中连片开发、边境扶贫、山区扶贫、扶贫到户和扶贫龙头企业贴息、互助资金等方面取得了一系列创新经验。

自 2011 年起，自治区每年从财政扶贫资金中拿出 2.9 亿元，用于 299 个山区特困村扶贫攻坚工程的实施，以专项扶贫资金项目为引领，聚合行业扶贫、社会扶贫、援疆扶贫的力量，集中实施以现代畜牧业、特色种植业、特色手工业、住房建设、基础保障、能源建设、旅游资源开发、生态资源保护、人力资源培训等九大工程，其中产业发展项目占 65% 以上。

据统计，2012 年全区各类资金投向贫困地区总量达 200 多亿元。全区减少农村低收入人口超过 30 万人，实施整村推进规划 370 个贫困村，贫困地区农牧民年人均纯收入增加 600 多元，贫困地区人均财政收入和人均 GDP 的增幅均超过全区平均水平。

新疆扶贫工作的重点区域为喀什地区、克孜勒苏柯尔克孜族自治州、和田地区（简称南疆三地州）24 个县，加上疆内边境地区、贫困区的其余 8 个国家扶贫开发工作重点县，共计 32 个县。目前，在已有政策的基础上，均给予了特殊政策扶持，努力通过连续多年的民生工程，培育和强化自身的造血功能，逐步从根本上扭转当地的贫困局面。

五、对外开放新篇章

1. 向西开放的重要门户

新疆与蒙古国、俄罗斯联邦、哈萨克斯坦、吉尔吉斯斯坦、塔吉克斯坦、阿富汗、巴基斯坦、印度 8 个国家接壤。近年来，随着中国对外开放力度的加大，作为向西开放的桥梁，新疆越来越受到世界的关注。古丝绸之路如今已成为公路、铁路、民航互相连接的一条新的大动脉，地缘优势使新疆与周边尤其是中亚国家的经济合作空间越来越广阔。

为了完善与强化新疆向西开放的基地作用，进一步转变外贸发展方式，优化贸易结构，中央和自治区主要实施了以下政策：

重点扶持 100 家骨干进出口企业，培育 100 家有潜力企业，支持做强做大；

鼓励企业扩大地产品出口和自营出口，加大新疆农产品、建材以及机电、高新技术产品出口力度，保持原油、铁矿砂等大宗能源类商品进口稳步增长，扩大机电产品、新型材料进口，支持重点工程项目、重点产业和战略性新兴产业发展需要的关键技术和设备进口；

采取更为优惠的政策，加快各类开发区、出口加工区、边境经济合作区等特殊经济区建设，积极承接国内外产业转移，大力建设面向中亚、西亚、南亚及欧洲市场的农业、轻纺、机电设备、建材等进出口产品加工基地；

加强与周边国家在资源、农业以及工程承包等领域的合作，鼓励各类资源商品进口；

进一步提升亚欧博览会、喀交会、哈洽会等经贸盛会的办会水平。

2. "乌洽会"与"亚欧博览会"

自 1992 年起，乌鲁木齐对外贸易洽谈会（简称"乌洽会"）连续举办了 19 届，累计对外经济贸易总成交额 396.5 亿美元，国内贸易成交额 1585.06 亿元，签约国内经济技术合作项目 11586 个，总额超过 9400 亿元。

中国—亚欧博览会是在"乌洽会"基础上发展形成的。首届中国—亚欧博览会于 2011 年举办，实现内联合作项目和国内贸易合同签约总额 7930.26 亿元，对外经济贸易成交总额 55.06 亿美元。2012 年举办的第二届亚欧博览会，参展国家和地区首次覆盖亚洲、欧洲、非洲、北美洲、南美洲、大洋洲，"金砖国家"全部参展，参展的国外企业和各类采购商超过 5000 家，国际性特色更加明显。此届博览会内联项目和国内贸易两项合计签约总额 9062.2 亿元，比首届增长 14.27%；对外经济贸易成交总额 62.41 亿美元，比首届增长 13.35%。

乌洽会升格为亚欧博览会后，更加有效地搭建了招商引资和区域经济发展的平台，促进了新疆与东部省市以及中亚、西亚、南亚和欧洲国家的长期经济交流与合作，对推动新疆经济实现跨越式发展具有十分重要的意义。同时，对于促进国际经贸合作与发展，推进和密切亚欧各国经贸关系，加快区域经济合作进程，促进本地区的和平、繁荣、稳定、共同发展，发挥了积极的推动作用。

在中国—亚欧博览会的推进下，近年新疆对外贸易发展进入了历史上的最好时期。2012 年，新疆对外贸易额达 251.7 亿美元，比上年增长 10.3%，增速比全国平均高出 4.1 个百分点；实际利用外资 4.08 亿美元，增长 21.8%；对外工程承包完成营业额 10.14 亿美元，增长 4.3%。对外贸易、利用外资、对外经济技术合作均创历史最好水平。中国—亚欧博览会已成为新疆的一张金名片，丝绸之路的作用已重新构建。

通过展会招商工作从精准化的定向提升到了集群化产业链招商，国内外的一批大企业、大集团被引入新疆。新兴产业的发展，促进新型工业化和地方经济快速发展。据统计，亚博会上这方面的项目签约金额为 597.85 亿元，占签约总额的 28.9%，其中新型煤化工项目签约额占石油、化工项目签约总额的 51.55%；商贸物流、文化旅游等现代服务业项目签约额 296.41 亿元，占签约总额的比重达 14.33%。这些项目的实施，对于调整新疆经济结构、提升产业层次具有积极的促进作用。

多年来，随着乌洽会的连续举办和不断升级，一大批新疆本土企业也在不断壮大并向国际市场进军。目前，新疆地方对外直接投资排名前 10 位的企业中，有 4 家企业投资规模超亿美元，8 家企业投资规模超过 6000 万美元。新疆对外承包工程初步形成了以北新集团、西部钻探、特变电工、新疆三建、新疆油田、吐哈油田等为骨干的境外工程承包队伍。同时，一批企业积极进行海外项目本土化经营尝试，海外项目本土化员工的比率不断上升。截至 2011 年底，新疆地方企业雇佣的海外员工数量已近万人，应对安全风险的能力明显增强。

展会使新疆更好地发挥新亚欧大陆桥的重要枢纽作用，不仅仅带来了经济效应，而且放大出社会效应，使新疆的企业和老百姓视野更开阔，接触面更宽，推动了理念的更新和观念的转变；对新疆城市品位的提升、老百姓文明素质的提高、基础设施的建设、旅游服务业等相关产业的带动发挥了促进作用。

亚博会不仅是新疆对外发展的平台，也是中国进一步走向世界的平台。新疆已被建设成为中国对外开放的重要门户和基地。举办亚博会，发挥新疆东引西出、向西开放的地缘优势，将其打造成区域的国际交流平台，对拓展与外界全方位、多领域的合作具有十分重要的意义，有利于推动和形成中国"陆上开放"与"沿海开放"并进的对外开放新格局。

第九章

少数民族文化保护与传承

一、各级政府保护新疆少数民族文化的举措

在长期的历史生活中，新疆各民族人民创造了丰富多彩的文化，为中华文化的发展作出了独特贡献，造就了文化积淀深厚、文化形态多样、民间文艺丰富多彩、具有地域和民族特色的文化资源。多年来，中国各级政府有计划有组织地对少数民族文化进行保护，使新疆优秀民族文化得到了继承和发扬。

1949 年以前，新疆没有一个专业文艺团体，没有艺术教学和研究机构。经过 60 多年的发展，截至 2011 年底，全区已有专业艺术表演团体 133 个，艺术表演场所 13 个，艺术创作研究机构 5 个，书画院 8 个，高、中等艺术院校 3 所，公共图书馆 108 个，博物馆 73 个，文化馆 112 个，群众艺术馆 15 个，乡镇文化站 1018 个，文化产业机构 1.3 万个，从业人员 3.7 万人。

2003 年，闻名世界的新疆维吾尔木卡姆艺术被文化部、财政部列为"中国民族民间文化保护工程"全国首批 10 个试点之一，并采取诸多措施推动保护工作顺利进行：一是在原生态传承方面，统一规划建设"吐鲁番木卡姆传承中心"等 10 个木卡姆传承中心，实行民间艺人就地传习、教学，既培养新的传承人，又扩大维吾尔木卡姆在原生地的群众性活动频率。二是在专业传承方面，近年由自治区财政投入 180 万元，支持新疆木卡姆艺术团排演了一台原生态的木卡姆大型晚会《木卡姆的春天》，在区内、国内和出访演出中，都获得了广泛好评。三是在文本传承方面，在《十二木卡姆》已有 3 个版本和《吐鲁番木卡姆》《哈密木卡姆》《刀郎木卡姆》各有 1 个版本的基础上，再次深入全区各地开展全面普查，择机出版更为完整、严谨的木卡姆版本。四是在教育传承方面，除继续在新疆有关大专院校开办维吾尔木卡姆传承班，招收木卡姆专业研究生外，正在筹划编写维吾尔木卡姆的普及型乡土教材。五是在多媒体传承方面，制作了《维吾尔十二木卡姆》CD、VCD、DVD 等音像制品，以汉、英、维文编辑出版了《中国新疆维吾尔木卡姆艺术》，编撰出版了"丝绸之路新疆传统文化丛书"之《木卡姆》《解读维吾尔音乐珍宝木卡姆》等多种书籍。

近两年来，先后有新疆著名维吾尔族画家哈孜·艾买提的"天山魂——哈孜·艾买提美术作品展"在中央美术馆举办，《美丽新疆》民族音乐会进京上演，音乐杂技剧《你好，阿凡提》进京演出，"丝路遗韵——新疆出土文物展"在内地展出，以故宫博物院藏品为主的《故宫博物院清代新疆文物珍藏展》在乌鲁木齐自治区博物馆展出，国家部委和 19 省市先后举办"新疆历史文献暨古籍保护成果展"等一系列涉及新疆的国家文化活动。此外，确定了"文化遗产保护工程""新疆文艺译制中心项目"等一批涉及新疆的国家文化建设主体方案，预计中央与新疆地方政府在未来 15 年将投入 140 多亿元文化建设资金。

2013 年，规模宏大的新疆艺术中心建设启动，该中心集艺术馆、文化馆、乐器馆、非物质文化遗产展示馆为一体，总面积 6.4 万平方米，预计投资 8.6 亿元。

二、各民族平等使用本民族语言文字

中国宪法规定，保障中国各少数民族不受其民族、信仰、经济和社会地位的影响，拥有使用本民族语言文字的权利。目前，新疆13个世居民族使用10种语言和8种文字。自治区及各自治州、自治县机关执行公务时，同时使用自治民族语言文字和汉语言文字。自治区政府于1988年颁布了《新疆维吾尔自治区民族语言使用管理暂行规定》，1993年颁布和2002年修改了《新疆维吾尔自治区语言文字工作条例》，从法律上保障了新疆各民族平等使用本民族语言文字的权利，同时也提倡和鼓励各民族互相学习语言文字。1996年颁布的《新疆维吾尔自治区实施〈中华人民共和国消费者权益保护法〉办法》中规定，在自治区境内生产并销售的商品，其包装和说明书上应有少数民族文和汉文。

新疆是全国出版物使用语言文字最多的省区。目前，《新疆日报》用维、汉、哈、蒙4种文字发行。新疆人民出版总社用维、汉、哈、蒙、柯、锡伯6种文字出版各类出版物。2012年新疆出版6种文字图书4126种，其中使用少数民族语文的约占图书总数的70%。

新疆人民广播电台用维、汉、哈、蒙、柯5种语言播出；新疆电视台用维、汉、哈、柯、英语5种语言播出。同时，伊犁哈萨克自治州办有哈萨克语广播电视节目；巴音郭楞、博尔塔拉两个蒙古自治州和克孜勒苏柯尔克孜自治州分别办有蒙古语和柯尔克孜语广播电视节目。目前，全区人口在10万以上的少数民族都有本民族语言的广播电视节目；全区各地州市和绝大部分县（市）、乡村的广播电视台（站），都用汉语和当地主体民族语2种以上语言分频播出节目。1985年以来，伊犁、喀什、和田、阿克苏、巴州、克州、乌鲁木齐、吐鲁番、阿勒泰等 10 个地（州、市）和莎车、库车 2 个县建立了电视译制部，自治区成立了广播影视译制中心，到 2009 年全区少数民族语言影视剧年译制能力达到 5595 部集，初步满足了全区少数民族对本民族语言电视节目的需求。

创办于 2001 年的天山网是新疆重点新闻网站，ALEXA 网站排名居全区网站之首。目前，天山网拥有汉文（2001 年开通）、维吾尔文（2003 年开通）、哈萨克文（2009 年开通）、俄文（2003 年开通）、英文（2006 年开通）等 5 个语种 10 个文版，维吾尔文版实现了阿拉伯文字、斯拉夫文字和拉丁文字的三种维吾尔文字网上自动转换。

为使少数民族语文跟进时代发展，国家建立"新疆维吾尔自治区民族语言文字工作委员会"和各级民族语言文字研究机构，负责少数民族语言文字的规范化、标准化和科学化研究管理。在政府的支持下，已研发出"博格达维、哈、柯文排版系统""锡伯文、满文文字处理和轻印刷系统""新疆 2000 多文种图文排版系统""阿拉伯文及多文种排版系统"等软件。通过制定计算机维、哈、柯等语文信息处理标准化方案和民语文网络软件研制，提供各类民族文字软件的代码、键盘布局、输入法等，有效地推动了少数民族语文网络事业的发展。

三、民族民间艺术保护与发展

新中国成立以来，新疆通过建立各级艺术表演团体，成立艺术院校、艺术研究所等机构，抢救、搜集、整理、保护了一大批民间音乐舞蹈艺术作品，通过培养一代代各类艺术人才，使传统的民间音乐舞蹈艺术后继有人，并且不断发扬光大。20 世纪 90 年代，编纂出版了《中国民族民间器乐曲集成·新疆卷》《中国戏曲音乐集成·新疆卷》《中国民间歌曲集成·新疆卷》《中国民族民间舞蹈集成·新疆卷》等系列丛书，使新疆各民族优秀传统乐舞艺术的各个门类以音、谱、图、文、像的形式全面保存下来。

维吾尔《十二木卡姆》是集歌、舞、乐于一体的维吾尔古典音乐套曲，被誉为维吾尔"音乐之母"，是中华民族音乐文化瑰宝。1951 年自治区政府将《十二木卡姆》列为重点抢救的艺术品，组织力量对木卡姆艺术进行了全面的普查、搜集和整理，1955 年完成了录音、记谱和歌词整理，1960 年出版了《十二木卡姆》乐谱。从此，《十二木卡姆》完成了由口头传承向文本传承的转折。20 世纪 80 年代以来，自治区成立了木卡姆研究机构和艺术团，专门搜集、整理、研究和表演以木卡姆为主的维吾尔古典音乐和民间歌舞，进一步推进了木卡姆艺术的抢救、保护和弘扬工作。2003 年维吾尔木卡姆被列为"中国民族民间文化保护工程"首批试点项目。2004 年自治区全面开展"申遗"工作，2005 年维吾尔木卡姆艺术被联合国教科文组织批准为"人类口头和非物质文化遗产代表作"。

哈萨克族民间古典音乐《六十二阔恩尔》（意为 62 套优美的乐曲）是哈萨克族人民在长期生产和生活实践中，发展游牧文化与草原文化，借鉴中原文化与丝路文化而形成的具有浓郁民族特色的艺术总集，融合器乐演奏、民歌、舞蹈及诗歌吟诵等多种艺术表演形式于一体，是哈萨克族最具代表性的民族民间优秀传统文化。每套"阔恩尔"由几十乃至上百支曲目组成。由于《六十二阔恩尔》主要靠民间口头传唱，缺乏文字记载，加之地域分散、交通不便，如今哈萨克族人中能为大众讲解与演唱者已经不多，能系统演唱《六十二阔恩尔》的民间艺人更是凤毛麟角，许多优秀曲目正面临消亡。自 20 世纪 90 年代以来，国家成立专门机构，搜集、整理、出版了《阿克鹄阔恩尔》(即白天鹅套曲)。1996 年成立专家组，通过深入农牧民家、查找历史文献等方式，全力收集、整理《六十二阔恩尔》民间文化遗产。目前编辑出版的《阿克鹄》套曲用哈、汉两种文字印刷，乐曲充分反映了哈萨克族人民的生活愿望和爱情故事。

自治区全力抢救《六十二阔恩尔》的举动引起了哈萨克斯坦共和国的关注，他们表示希望与中国新疆合作，用 20 年左右的时间，共同抢救这一文化遗产。

在继承、弘扬各民族文化艺术的基础上，通过维吾尔族"麦西来甫"、哈萨克族"阿依特斯"、柯尔克孜族"库姆孜弹唱会"、蒙古族"那达慕大会"、锡伯族"西迁节"等传统文化活动的广泛开展，自治区大力发展具有民族和地域特色的优秀剧目。

一批具有浓郁民族特色、地域特点的优秀剧目，如维吾尔音乐话剧《蕴倩姆》、歌剧《艾里甫与赛乃姆》、杂技《达瓦孜》、音乐杂技剧《你好，阿凡提》、龟兹乐舞《千泉泪》、哈萨克族曲艺音乐《阿依特斯》、柯尔克孜史诗弹唱《玛纳斯》、蒙古族歌舞剧《江格尔》等优秀剧目被相继搬上艺术舞台。大型民族歌舞《我们新疆好地方》《洒满阳光的新疆》《天山欢歌》《喀什噶尔》《丝路彩虹》、音乐剧《冰山上的来客》、传统乐舞《木卡姆的春天》、话剧《马市巷子里的老院子》《二道桥大巴扎》等 20 多台优秀剧目先后登上艺术殿堂，深受群众喜爱，并荣获国家多个奖项。

四、民族古籍整理与保护

20 世纪 80 年代初期，自治区成立了少数民族古籍搜集、整理和出版规划领导小组及办公室，各地州市县也相继成立有关机构，并逐步在全区范围内开展抢救、搜集、整理和出版少数民族古籍工作。先后搜集、整理、翻译、出版了多个民族的民间文学遗产。

根据少数民族民间文学的特点，新疆民间文艺家协会编纂出版了 4 套县卷资料本，分为故事、歌谣、谚语、长诗，总计 432 册，其中长诗 22 卷，选收长诗 186 部。

自治区已整理出版少数民族古籍上百种，其中包括维吾尔不朽名著《福乐智慧》的 3 种抄本、影印本，哈萨克族医学名著《医药志》，以及锡伯族萨满教经典《萨满神歌》等。2006—2010 年，组织编写了《中国少数民族古籍总目提要·新疆各民族卷》，搜集到各民族古籍近 700 册，陆续整理出版了《哈萨克族系谱》等 10 多部古籍。

截至 2011 年，全疆共收藏少数民族古籍 9754 册。此外，对已掌握的民间少数民族古籍 15427 册（件）及时进行复制复印。这些古籍中，主要为书籍类、讲唱类、文书类和碑铭类，文种涉及 15 种。

自治区古籍办收藏的古籍中，第一批 3 部、第二批 5 部、第三批 6 部被文化部列入《国家珍贵古籍目录》，其中，维吾尔古籍《先知传》已被国家古籍保护中心和国家图书馆出版社列入"中华再造善本"二期工程。自治区各少数民族古籍收藏单位及各地州市古籍收藏单位的部分古籍也被列入《国家珍贵古籍目录》。自治区古籍办"少数民族古籍特藏书库"已成为全国古籍重点保护单位。

五、保护文物古迹

1961—2009 年间，国务院先后 7 次公布全国重点文物保护单位，新疆多个文物古迹被列入其中。因为特殊的地理气候，新疆遗留下来的文物古迹十分丰富，堪称文物古迹大省区。截至2011年，已发现的文物点有4000多处，其中国家级重点文物保护单位58处，自治区级374处，县级2134处。

国家和地方十分重视对新疆文物古迹的保护和修缮，在"保护为主、抢救第一"的方针指导下，多年来对重点文物进行了较大规模的抢救维修，其中包括克孜尔千佛洞、库木吐拉千佛洞、森木赛姆千佛洞、柏孜克里克千佛洞、吐峪沟石窟、高昌故城、哈密回王墓、伊犁将军府等。一批维吾尔、蒙古、回、锡伯等少数民族的重要历史建筑，如阿帕克和卓麻扎、霍城秃黑鲁·帖木尔汗麻扎、昭苏喇嘛庙、和静蒙古王爷府、且末托乎拉克庄园等，得到了妥善维修和保护。

2009年，国家对喀什历史文化名城的保护正式立项，计划投入30亿元，按照国家历史文化名城的要求，对其进行保护性修缮。喀什老城区原先的房屋基本上是百年历史的建筑，基础设施滞后，居住条件恶劣，坍塌事故时有发生。修缮和改造遵循自愿原则，一对一逐户设计方案。修缮工程完成后，住房抗震性能大大提高，居住环境大为改善，同时最大程度地保留了喀什老城原有的建筑特征和居民的传统生活方式。因此，不仅得到了当地各族居民的认可，也得到了联合国教科文组织文化遗产保护专家的肯定。

2009年，自治区启动丝绸之路（新疆段）重点文物抢救保护工程，集中财力、物力，对古代丝绸之路主干道上的大型遗址保护区和重点文物保护单位实行区域性、综合性抢救和保护。2010年，丝绸之路（新疆段）申报世界文化遗产地保护设施建设项目正式启动，计划投资1.9亿元，进行遗产地保护设施建设，包括列入丝绸之路跨国联合申报世界文化遗产项目的12个遗产地：交河故城、高昌故城及阿斯塔那古墓群、台藏塔、苏巴什佛寺遗址、楼兰古城、尼雅遗址、克孜尔千佛洞、库木吐喇千佛洞、森木塞姆千佛洞、柏孜克里克千佛洞、吐峪沟石窟、麻赫穆德·喀什噶里墓等。

与丝绸之路共同被列入《中国世界文化遗产预备名单》的还有新疆特有的地下水利工程——坎儿井。2009 年，坎儿井修缮工作正式启动，2010 年第一期对 31 条坎儿井进行了修缮加固，2011 年国家再次投入 1200 万元，启动了第二期 23 条坎儿井的修缮和加固。

六、非物质文化遗产的抢救与保护

近年来，自治区各级政府高度重视对非物质文化遗产的保护，按照国家部署，结合新疆的实际，采取了一系列保护、传承、发展、利用非物资文化遗产的措施，成立了"新疆非物质文化遗产保护研究中心"，制定、颁布了《非物质文化遗产保护工程管理办法》《非物质文化遗产代表作申报评定暂行办法》。

2003 年新疆维吾尔木卡姆被列为"中国民族民间文化保护工程"首批试点项目。2005 年中国新疆维吾尔木卡姆艺术被联合国教科文组织批准为"人类口头和非物质文化遗产代表作"；2006 年、2008 年，柯尔克孜族史诗《玛纳斯》、蒙古族史诗《江格尔》和哈萨克族阿依特斯等 63 项新疆非物质文化遗产项目分别列入第一、二批国家级非物质文化遗产名录。截至 2013 年 1 月，新疆共有非物质文化遗产项目总计 3784 项，其中国家级 70 项，自治区级 185 项，堪称"非遗大省区"。

在地方，成立非物质文化遗产保护工作领导小组和普查队伍，录制、收集、申报非物质文化遗产项目；规划设立本土民族传统文化生态保护区；建立民间文化资源库；为民间艺人建立声像档案，每年给民间艺人发放生活补贴，并鼓励他们多带徒弟。

自 2011 年起，自治区每年投入 500 万元作为非物质文化遗产保护专项资金。2011 年 6 月，在全国第六个"文化遗产日"系列活动启动仪式上，新疆推出了《阿瓦提刀郎文化》《哈萨克族阿依特斯论文集》(英文版)《心血三十年 功业百世存——全国十大文艺集成志书新疆卷编纂纪实》《巴里坤汉语方言俗语》等研究成果。

第十章

生态环境保护

一、主要生态工程

新疆的生态系统可概括为三大类型，即山地生态系统、荒漠生态系统和绿洲生态系统。山地生态系统主要分布在阿尔泰山、天山、昆仑山三大系山脉，荒漠生态系统主要分布在南北疆两大沙漠系范围，绿洲生态系统主要分布在南疆各地州。

1996 年，自治区开始陆续启动多项生态建设工程和环境治理工程。1997 年明确提出"生态效益第一"，出台了《关于加快新疆维吾尔自治区林业发展的意见》。2003 年"生态建设和环境保护重点专项规划"出台，并开始实施九大生态工程，即山区天然林保护工程、古尔班通古特沙漠和塔克拉玛干沙漠工程、防沙治沙工程、节水灌溉工程、艾比湖区域生态保护与整治工程、生态环境监测网建设项目、博斯腾湖水环境保护与生态恢复工程（南疆巴音郭楞蒙古自治州境内）、野生动植物保护建设工程、乌鲁木齐大气污染综合治理工程。通过这些年九大生态工程的付诸实施，新疆的区域、流域生态环境有了明显的好转。

1. 防沙治沙工程

新疆沙漠总面积为 42 万平方公里，占全国沙漠总面积的 58.9%。中国面积 1 万平方公里以上的十大沙漠中，新疆占据 3 个，即塔克拉玛干沙漠，面积 33.76 万平方公里，属中国最大、世界第二大沙漠，占中国沙漠总面积的 47.3%；古尔班通古特沙漠，面积 4.88 万平方公里，属中国第二大沙漠；库姆塔格沙漠，面积 2.28 万平方公里，属中国第九大沙漠。

新疆生态环境脆弱，土地荒漠化面积以每年 85 平方公里的速度扩张，草原退化沙化严重，沙化土地面积占到 45% 以上，承载经济社会发展的生态基础脆弱。国家实施西部大开发战略以来，新疆启动实施了退牧还草、水土保持小流域综合治理、防沙治沙综合示范区建设及其他林业重点工程，颁布了《自治区实施〈防沙治沙法〉办法》，出台了《自治区防沙治沙规划》，通过大力实施造林种草等综合治理措施，有效地解决了土地沙化问题。

1978 年，新疆开始实施三北防护林体系建设工程，截至 2011 年，自治区已有 12 个地州市、82 个县（市）基本实现了农田林网化，全区 7000 多万亩耕地中的 95% 受到林网保护。2003 年启动新疆天然草原退牧还草工程以来，通过围栏、休牧、轮牧、禁牧等方式，保护和自然恢复了 1.15 亿亩天然草地。

2000—2010 年，全区完成沙化土地治理任务 1.03 亿亩，沙化土地面积由 20 世纪末年均扩展 384 平方公里转变为现在年均不足 100 平方公里，沙进人退的局面初步得到了遏制。全区人工绿洲面积已由 20 世纪 50 年代初的 1.3 万平方公里扩大到现在的 7 万多平方公里，一片片新的绿洲陆续建成。在防沙治沙确保生态改善的同时，大力发展沙区产业，增加农民收入。全区以沙区药用植物种植及深加工为主体的沙产业正在兴起，种植面积达 106 万亩，年产值近 20 亿元。

防沙治沙改善了地区生态环境，巩固了国家西部生态安全屏障，为新疆跨越式发展的顺利实施构筑了坚实的根基。

2. 湿地保护

湿地是人类重要的生存环境之一，在蓄洪防旱、净化水源、调节气候、控制土壤侵蚀、促淤造陆、美化环境等方面有着不可替代的作用，被誉为"地球之肾"。

新疆现有各类湿地148.35万公顷，其中河流湿地45个，湖泊湿地108个，沼泽湿地148个，人工湿地134个。湿地占全区国土总面积的0.8%，湿地比重远低于全国平均水平。湿地的垂直分布从海拔-154米至山地4800米，形成了复杂多样的内陆干旱区特有的湿地生态系统。

多年来，由于人口增长、水资源不合理开发利用以及环境污染等原因，全区湿地不断萎缩。目前，湿地面积由20世纪50年代初的280万公顷降至148.35万公顷，湖泊湿地面积由1.2万平方公里降至7000平方公里。湿地面积减少，使多种水禽和依赖湿地生存的野生动植物失去生存空间，数量大幅减少，甚至出现濒危或灭绝现象。

近年来，新疆湿地保护工作不断得到加强，并取得了一定的成效。全区共计建立湿地类型自然保护区13处（其中国家级自然保护区3处、自治区级7处、县级3处），建立国家湿地公园16处（其中2013年新增5处）。目前，全区有面积大于100公顷的湿地435块，湿地分布有各种鸟类121种，鱼类87种（其中51种为本土类），两栖类动物7种，爬行类动物20种，兽类12种，植物463种。

《新疆维吾尔自治区湿地保护条例》于2012年10月1日起正式施行。条例规定每年5月25日为自治区湿地保护宣传日，同时要求县级以上人民政府加强对湿地保护工作的领导，建立湿地保护协调机制，将湿地保护纳入国民经济和社会发展规划，设立湿地保护专项资金。国家批复了新疆 9 个湿地保护项目和 6 个湿地保护补助试点项目，投入资金超过亿元。这些措施实施与保护项目的推进，均对新疆的湿地保护发挥了积极的推动作用。

3. 适度开发和利用水资源

新疆地表水资源量较为稳定，多年平均年降水量 154.5 毫米，区内水资源总量 832 亿立方米，其中地表水资源总量 789 亿立方米，地下水天然补给量 43.3 亿立方米。全区共有大小河流 570 多条，其中年径流量 10 亿立方米以上的河流有 18 条，径流量 517 亿立方米。湖泊面积 5504.5 平方公里，占全国湖泊总面积的 7.3%。冰川储量 2.58 万亿立方米，为全国冰川储量的 50%。水能资源理论蕴藏量达 38178.7 兆瓦。

从水资源的绝对数量来看，新疆人均占有地表水是全国人均占有量的 2.4 倍，在全国各省区排名第四。但单位面积产水量为 5.06 万立方米 / 平方公里，仅为全国平均数的 16%，属水资源缺乏地区。而且新疆的水资源空间分布极不平衡，"北多南少，西多东少"是其基本特征。额尔齐斯河、伊犁河水资源比较丰富，但开发程度较低，水资源利用率仅为 20%；塔里木河以及天山北坡经济带、东疆等地区水资源十分匮乏，天山北坡一带缺水率超过 10%；南疆地区水资源开发利用总体已经接近承载能力。

水是可持续发展最为重要的基础性自然资源，有效利用水资源事关新疆生态环境保护与恢复的成败。随着社会、经济的快速发展和人口增长，合理利用、优化配置有限的水资源越显重要。

近年来自治区完成水利基本建设投资 236.7 亿元，初步建成了以防洪、灌溉、调水为主的水利工程体系，为新疆经济社会的持续、快速、健康发展提供了水资源保障。截至 2011 年，全区已建成水库 451 座，总库容约 112 亿立方米；有效灌溉面积 4209.61 千公顷，农业高效节水灌溉面积 2327.85 千公顷。

4. 塔里木河流域综合治理工程

塔里木河是中国最长的内陆河，全长 2179 公里，流域总面积 102 万平方公里，流域总人口 902 万人。2001 年起，国家开始实施塔里木河流域治理工程。

经过多年治理，塔里木河干流整治工程、博斯腾湖东泵站、下坂地水利枢纽等重点工程已相继建成，有效提高了流域灌区的抗旱减灾能力。同时完成了 13 次向塔里木河下游"绿色走廊"的应急输水任务，结束了塔里木河下游 300 多公里河道断流 30 多年的历史。下游沿河两侧地下水位明显回升，两岸植被恢复面积达 27 万亩，初步扭转了生态恶化的趋势。

截至 2012 年底，塔里木河流域近期综合治理项目已累计完成投资 98.82 亿元，投资完成率为 94%。"十二五"期间，将继续完成项目剩余的 19.1 亿元工程建设任务，加快骨干工程建设和配套工程建设，并尽快开展近期综合治理效果的总体评估，编制塔里木河流域综合规划，为启动塔里木河流域治理二期工程创造条件。

2012 年，塔里木河流域首次实现了全流域全年水量统一调度，流域水资源利用率显著提高。2011—2012 年度，塔里木河流域完成农业灌溉面积 2414 万亩，生产、生态供水取得双赢。

5. 乌鲁木齐"蓝天工程"

新疆首府乌鲁木齐地处严寒区，采暖期达 181 天。2010 年冬季，乌鲁木齐市建筑采暖实际燃煤达 349 万吨，供暖燃煤向大气中排放二氧化硫 6 万吨，烟尘 8.7 万吨，二氧化碳 663 万吨。而乌鲁木齐市二氧化硫和烟尘的环境容量分别为 6.7 万吨和 4 万吨，仅供暖造成的烟尘排放量就远远超过环境容量。2010—2011 年，乌鲁木齐空气质量约有 30% 天数达不到国家空气质量二级标准要求，特别是冬季采暖期达标天数不足 50%，五级重度污染天气在 15 天左右，冬季大气环境呈现典型的煤烟型污染特征。

为了加快大气污染治理工作进度，乌鲁木齐启动"蓝天工程"，制订了《乌鲁木齐市大气污染防治建设项目规划》，计划在2010—2014 年全面实施热电联产建设项目，以及供热热源治理工程、能源结构改善与综合控制工程、工业企业生态化建设工程、污染源治理工程和环境管理能力建设工程，总投资 301.42 亿元。

2011 年 4 月，自治区出台了《自治区重点区域大气污染联防联控工作实施方案》，对乌鲁木齐市、昌吉市、阜康市和五家渠市等区域内的煤烟型污染进行了关停，对重污染企业进行搬迁，对重点污染源加强监管。2011 年 6 月，在新疆召开的全国环保援疆会议上，环保部将乌鲁木齐市大气污染防治项目纳入国家"十二五"环境保护规划，在政策和资金上给予支持。2012 年，作为"蓝天工程"重要组成部分的全市"煤改气"投入 71 亿元，对市区包括集中供热企业、社会单位的锅炉和一些城中村小锅炉进行了清洁能源改造，由以往的燃煤供暖改为天然气供暖，成为实施"蓝天工程"以来力度最大的一年。

随着 2012 年冬季的到来，各供热企业和单位开始全面采用天然气供热。根据市环境监测中心站监测数据显示，进入采暖期以来，全市的空气质量持续保持优良水平，没有出现三级以上的污染天气，较往年有明显改善。同时，空气中主要污染物的浓度水平也较去年同期有所降低。其中二氧化硫浓度降低 33.3%，达到了国家有关标准；臭氧检测也达到国家标准；可吸入颗粒物浓度降低 16.8%；二氧化氮浓度降低 3.3%。这个冬季乌鲁木齐迎来的一场场降雪，再也不见过去"黑胡椒面"的踪迹，"蓝天工程"取得了明显成效。

二、建立系列自然保护区

自 1980 年新疆成立第一个自然保护区——塔城野巴旦杏自然保护区以来，截至 2011 年末，全区共建成各类自然保护区 34 个，保护区总面积 2251.67 万公顷，位居全国第二位。其中，国家级自然保护区 9 个：

罗布泊野骆驼国家级自然保护区 面积 7.78 万平方千米，2000 年建立，2003 年升为国家级自然保护区。保护对象为野生双峰驼及其生存的荒漠景观和其他珍稀动植物，也保护奇特的雅丹地貌、盐泉及古代丝绸之路上的历史文化遗迹。

阿尔金山国家级自然保护区 规划面积 4.5 万平方千米，1983 年建立，1985 年升为国家级自然保护区。保护对象为原始状态的高原生态系统、高山湖泊、高原岩溶及冰川地貌，高原珍稀动物有野牦牛、藏野驴、藏羚、雪豹、马熊、盘羊、北山羊、岩羊、雪鸡、兀鹫、胡兀鹫等，此外还有珍稀高原垫状植物。

塔里木胡杨林国家级自然保护区 面积 3954 平方千米，1983 年成立，2001 年升为国家级自然保护区。保护对象为胡杨及其生态环境。

艾比湖湿地自然保护区 总面积 2671 平方千米，2000 年建立。保护对象为艾比湖水体及其四周的滩涂、湖滨荒漠林地、草地及野生动物植物所构成的自然生态系统。20 世纪 70 年代后，艾比湖湖面一度缩至不足 500 平方千米，保护区成立后，采取积极有效的措施，湖域水量增加，生态环境明显改善。

喀纳斯国家级自然保护区 面积 2202 平方千米，是中国唯一的北冰洋水系流域分布区，也是中国唯一的古北界欧洲—西伯利亚动植物区系分布区。

巴音布鲁克天鹅国家级自然保护区 面积1150平方千米，1980年建立，1988年升为国家级自然保护区。保护对象为天鹅、水禽及其生存环境。目前，天鹅数量已由1980年保护区成立时的2000余只恢复到5000—8000只。

托木尔峰国家级自然保护区 1980年建立。保护对象为高山冰川、森林、草原及动植物。

甘家湖梭梭国家级自然保护区 总面积547平方千米，1983年建立，1998年升为国家级自然保护区。主要保护对象为渐危种中国三级保护植物梭梭和白梭梭及其荒漠生态环境。

西天山国家自然保护区 面积312平方千米，1983年建立，1999年升为国家级自然保护区。保护对象主要为雪岭云杉及其生态环境。保护区的活立木总蓄积量达285万立方米，每平方千米的平均活立木蓄积量达到8807立方米，属全国罕见。

三、在开发油气资源时采取保护生态环境措施

新疆境内的石油和天然气资源非常丰富，油气田的勘探开发必然会对环境造成一定的影响。由于开发多在沙漠和戈壁地区进行，其生态环境极为脆弱，所以对生态的影响就显得尤为突出。多年来，自治区内多家油田在油气开发中，坚持把环境保护纳入油田发展规划中，坚持油田开发与环境保护并重，着力保护油田周边生态环境，防止发生环境污染。通过植树种草、保护原有植被、铺设地膜等方式，建设和保护油田周边生态环境。

1997年自治区政府颁布了《新疆维吾尔自治区"13211"环境保护行动计划实施方案》，把油田开发中的生态环境保护问题摆在了重要位置。为减少油田勘探开发所产生的环境污染和生态环境

破坏，自治区制定了油田环境保护目标，提出彻底整治现有落地原油、新油田杜绝产生新的落地油污染、油田勘探开发地表进行复貌、植被适度恢复、"三废"处理率达标等具体要求。

油田建设初期规划把生态环境保护和水土保持纳入整体方案中，坚持执行环境影响评价。在油田勘探初期、工程项目建设期和生产运营3个阶段，根据对生态环境影响的不同特点进行治理和技术改造。在钻井、修井及井下作业中所有生产废液全部采用密闭流程，避免对作业区域产生不利影响。为防止在戈壁、沙漠采油作业时造成对生态环境的破坏，加强了作业区防沙治沙工程建设，利用草方格固定沙丘流动，并在固沙体系内侧建立了10—20米宽的防护林体系，使油田开发初期管线敷设、油田道路修建过程中损坏的荒漠植被得到恢复。同时，对油田生活基地和周围沙丘进行绿化，使生活区的生态环境得到了明显改善。

与此同时，大力研发和推广环保新技术，严格限制和淘汰落后工艺，结合油田实际，围绕水、气、渣污染治理和新能源开发等难点，依靠科技力量攻坚克难，减少了污染物的产生和排放。

过去，新疆油田一直被采油过程中的污水所困扰。21世纪初，油田公司投入资金、组织技术力量，对油田出水处理进行技术攻关，油田采出水离子调整旋流反应污泥吸附法处理技术问世，并在实践应用中取得成功，向全油田推广。利用这一关键技术，油田投入8亿多元，在各采油作业区先后建成了19座污水处理站。

2012年年初以来，塔里木油田的塔北地区会聚了47支钻井队。每支队伍坚持做到"先环境后生产、先环保后施工、先治理后交井"，大力推广弃物不落地达标处理技术，实现钻井过程废油、泥浆、废水"三个不落地"，确保井场及周边环境零污染。

为有效防止污染事件发生，吐哈油田实施单井环保责任制，为每口井安装防护栏。通过强化油水井的日常管理，杜绝了油井跑、冒、滴、漏现象，同时加大植树造林力度，做到开发一个区域，形成一片绿洲。2012 年，吐哈油田在全盆地新钻探了 52 口油水井，全部实现零污染。

主要参考书目

一、基本史料

《山海经》

《竹书纪年》

《左传》

《穆天子传》

《国语》

《史记》

《汉书》

《后汉书》

《三国志》

《晋书》

《魏书》

《北史》

《周书》

《隋书》

《旧唐书》

《新唐书》

《唐会要》

《唐大诏令集》

《资治通鉴》

《通典》

《册府元龟》

《新五代史》

《旧五代史》

《辽史》

《宋史》

《金史》

《西夏书事》

《西夏纪》

法显:《佛国记》

玄奘、辩机:《大唐西域记》

李德裕:《李文饶文集》

魏源:《圣武记》

《新疆图志》

二、国内论著

王炳华:《新疆古尸》,乌鲁木齐:新疆人民出版社,2002年。

田广金、郭素新:《鄂尔多斯青铜器》,北京:文物出版社,1986年。

王尧:《吐蕃金石录》,北京:文物出版社,1982年。

王尧、陈践:《吐蕃简牍综录》,北京:文物出版社,1986年。

新疆社会科学院考古所编:《新疆考古三十年》,乌鲁木齐:新疆人民出版社,1983年。

中国民族古文字研究会编:《中国民族古文字》,北京,1982年。

中国民族古文字研究会编:《中国民族古文字图录》,北京:中国社会科学出版社，1990 年。

《新疆通志》第 76 卷《语言文字志》，乌鲁木齐：新疆人民出版社，2000 年。

耿世民：《维吾尔族古代文化和文献概论》，乌鲁木齐：新疆人民出版社，1983 年。

季羡林：《敦煌吐鲁番吐火罗语研究导论》，台湾：新文丰出版公司，1993 年。

牛汝极：《维吾尔古文字古文献导论》，乌鲁木齐：新疆人民出版社，1997 年。

余太山：《西域文化史》，北京：中国友谊出版公司，1996 年。

林梅村：《西域文明》，北京：东方出版社，1995 年。

林梅村：《古道西风》，北京：三联书店，2000 年。

胡振华、黄润华：《高昌馆杂字》，北京：民族出版社，1984 年。

王素：《敦煌吐鲁番文献》，北京：文物出版社，2002 年。

牛汝极：《回鹘佛教文献》，乌鲁木齐：新疆大学出版社，2000 年。

黄烈：《中国古代民族史研究》，北京：人民出版社，1987 年。

高永久：《西域古代民族宗教综论》，北京：高等教育出版社，1997 年。

荣新江：《中古中国与外来文明》，北京：三联书店，2001 年。

季羡林：《敦煌学大辞典》，上海：上海辞书出版社，1998 年。

姜伯勤：《敦煌艺术宗教与礼乐文明》，北京：社科出版社，1996 年。

《龟兹佛教文化论集》，乌鲁木齐：新疆美术摄影出版社，1993 年。

林悟殊：《波斯拜火教与古代中国》，台湾：新文丰出版公司，1995 年。

龚方震、晏可佳:《祆教史》,上海:上海社会科学院出版社,1998 年。

林悟殊:《摩尼教及其东渐》,北京:中华书局,1987 年。

《中国新疆地区伊斯兰教史》,乌鲁木齐:新疆人民出版社,2000 年。

龚学增:《宗教问题概论》,成都:四川人民出版社,1999 年。

周菁葆:《丝绸之路的音乐文化》,乌鲁木齐:新疆人民出版社,1987 年。

杜亚雄、周吉:《丝绸之路的音乐文化》,北京:民族出版社,1997 年。

余太山:《西域通史》,郑州:中州古籍出版社,1996 年。

《新疆简史》第一至三册,乌鲁木齐:新疆人民出版社,1980 年。

王治来:《中亚史纲》,长沙:湖南教育出版社,1986 年。

林干编:《匈奴史论文选集》,北京:中华书局,1983 年。

孟凡人:《楼兰新史》,北京:中国光明日报出版社,新西兰霍兰德出版有限公司,1990 年。

周伟洲:《敕勒与柔然》,上海:上海人民出版社,1983 年。

王素:《高昌史稿·统治篇》,北京:文物出版社,1998 年。

张广达、荣新江:《于阗史丛考》,上海:上海书店,1993 年。

薛宗正:《突厥史》,乌鲁木齐:新疆人民出版社,1991 年。

刘志霄:《维吾尔族历史》,北京:中国社会科学出版社,1994 年。

韩儒林:《元朝史》,北京:人民出版社,1986 年。

魏良弢:《喀喇汗王朝史稿》,乌鲁木齐:新疆人民出版社,1986 年。

魏良弢:《叶尔羌汗国史纲》,哈尔滨:黑龙江教育出版社,1994 年。

贾合甫·米尔扎汗:《哈萨克族》，北京：民族出版社，1989 年。

《准噶尔史略》编写组:《准噶尔史略》，北京：人民出版社，1985 年。

潘志平:《中亚浩罕国与清代新疆》，北京：中国社会科学出版社，1991 年。

中国社会科学院近代史研究所编:《沙俄侵华史》第三卷，北京：人民出版社，1979 年。

《沙俄侵略中国西北边疆史》编写组:《沙俄侵略中国西北边疆史》，北京：人民出版社，1979 年。

陈慧生、陈超:《民国新疆史》，乌鲁木齐：新疆人民出版社，1999 年。

杨增新:《补过斋文牍》《补过斋文牍续编》《补过斋文牍三编》。

《新疆三区革命大事记》，乌鲁木齐：新疆人民出版社，1994 年。

《新疆三区革命史》，北京：民族出版社，1998 年。

《新疆和平解放》，乌鲁木齐：新疆人民出版社，1990 年。

陶峙岳:《陶峙岳自述》，长沙：湖南人民出版社，1987 年。

张治中:《从迪化会谈到新疆和平解放》，乌鲁木齐：新疆人民出版社，1987 年。

包尔汉:《新疆五十年》，乌鲁木齐：新疆人民出版社，1984 年。

王恩茂:《王恩茂文集》上、下册，北京：中央文献出版社，1997 年。

阿不来提·阿不都热西提、韩学琦:《新疆建设 40 年》，乌鲁木齐：新疆人民出版社，1995 年。

中共新疆维吾尔自治区委员会办公厅、新疆维吾尔自治区人民政府办公厅编:《新疆辉煌 50 年》，乌鲁木齐：新疆人民出版社，1999 年。

王希恩主编:《当代中国民族问题》,北京:民族出版社,2002年。

新疆维吾尔自治区民族宗教事务委员会编:《新时期民族与宗教政策法规选编》,乌鲁木齐:新疆人民出版社,1999年。

张尔驹:《中国民族区域自治史纲》,北京:民族出版社,1995年。

《当代中国的民族工作》(上),北京:当代中国出版社,1993年。

国家民族事务委员会政策研究室编:《中国共产党主要领导人论民族问题》,北京:民族出版社,1994年。

中国少数民族自治地方概况丛书:《焉耆回族自治县概况》,乌鲁木齐:新疆人民出版社,1986年。

中国少数民族自治地方概况丛书:《伊犁哈萨克自治州概况》,乌鲁木齐:新疆人民出版社,1985年。

新疆地方志编委会:《新疆年鉴》(1985—2012年),乌鲁木齐:新疆人民出版社,1986—2013年。

新疆维吾尔自治区统计局编:《新疆统计年鉴》(1992—2012年),北京:中国统计出版社。

《腾飞发展的新疆工业——中华人民共和国1995年工业普查资料汇编(新疆卷)》,北京:中国统计出版社,1996年。

新疆维吾尔自治区党委宣传部、新疆维吾尔自治区统计局编:《新疆四十年(1955—1995)》,北京:中国统计出版社。

新疆党史委、党校编:《中国共产党新疆历史大事记》(上册),乌鲁木齐:新疆人民出版社,1993年。

新疆党史研究室编:《改革开放在新疆》,乌鲁木齐:新疆人民出版社,1998年。

《当代中国的新疆》,北京:当代中国出版社,1991年。

王拴乾:《走向21世纪的新疆》(政治卷),乌鲁木齐:新疆人民出版社,1999年。

新疆政协文史资料研究委员会编:《新疆文史资料选辑》第1—20辑,乌鲁木齐:新疆人民出版社。

三、国外论著(译著、原著)

克林凯特著,林悟殊翻译增订:《古代摩尼教艺术》,台湾:淑馨出版社,1995年。

克林凯特著,林悟殊翻译增订:《达·伽马以前中亚和东亚的基督教》,台湾:淑馨出版社,1995年。

克林凯特著,赵崇民译:《丝绸古道上的文化》,乌鲁木齐:新疆美术摄影出版社,1994年。

羽田亨著,耿世民译:《西域文明史》,乌鲁木齐:新疆人民出版社,1981年。

邹如山译:《高昌回鹘王国的生活》,吐鲁番地方志编辑室1989年编印。

W.巴特霍尔德:《突厥斯坦——圣蒙古入侵》,伦敦,1968年。

安部健夫:《西回鹘国史的研究》,乌鲁木齐:新疆人民出版社,1985年。

(俄)兹拉特金:《准噶尔汗国史》,莫斯科科学出版社,1964年。

(日)《山本博士还历纪念东洋史论丛》,东京,1972年。

(日)佐口透:《18—19世纪新疆社会史研究》(中文译本),乌鲁木齐:新疆人民出版社,1983年。

(俄)《十七世纪俄中关系》,莫斯科,1969年。

L.本森:《伊犁起义》(英文版),伦敦,1990年。

(俄)《联共(布)、共产国际和中国·文件集》第2卷(1926—1927),莫斯科,1996年。

（俄）A.H.海费茨：《苏联外交与东方民族（1921—1927）》，莫斯科，1968 年。

（俄）P.A.米罗维茨卡娅：《30—40 年代国民党战略中的苏联》，莫斯科，1990 年。

（俄）B.巴尔明《1941—1949 年间苏中关系中的新疆》，巴尔瑙尔，1999 年。

尤·米·加列诺维奇：《两大元帅：斯大林与蒋介石》（中译本）成都：四川人民出版社，1999 年。

（英）A.D.W.福布斯：《新疆军阀与穆斯林（1911—1949 年民国新疆政治史）》，剑桥大学出版社，1986 年。

四、档案材料

俄罗斯现代史文献保管与研究中心，全宗 62，目录 2，案卷 2209。全宗 514，目录 1，案卷 27、案卷 56。全宗 62，目录 2，案卷 8。

俄罗斯外交史文献保管和整理中心，全宗 495，目录 154，案卷 457。全宗 17（政治局特档），目录 162，案卷 1、案卷 16。全宗 62，目录 2，案卷 3037。

俄罗斯联邦对外政策档案馆，中国问题咨询处全宗，目录 32-a，第 299 篓，卷宗 11。

俄罗斯联邦国家档案馆，全宗 9401（п.п.贝利亚专篓），目录 2，卷宗 146。

俄罗斯联邦国家档案馆，全宗 9401C，（B.M.莫洛托夫专篓），目录 2，卷宗 104。

俄罗斯联邦国家档案馆，全宗 P-9491C/Y，目录 2，卷宗 137，收于 N.B.斯大林专篓。

新疆维吾尔自治区档案馆馆藏档案。

后　记

　　《中国新疆历史与现状》不是一部通史性著述，而是一部重点阐述与新疆稳定和发展相关的新疆历史及现状的著作。尊重史实、分清是非，立足现实、落笔历史是本书的主旨。

　　本书是由课题组集体完成的。各章的执笔者如下：

　　引　言　马大正（中国社会科学院中国边疆史地研究中心研究员）

　　第一章　厉　声（中国社会科学院中国边疆史地研究中心研究员）

　　　　　　杨圣敏（本章·三）（中央民族大学教授）

　　　　　　华　涛（本章·四·1—4）（南京大学教授）

　　第二章　李　方（中国社会科学院中国边疆史地研究中心研究员）

　　第三章　厉　声

　　　　　　马大正（本章·一·2）

　　　　　　马品彦（本章·五）（新疆社会科学院研究员）

　　第四章　厉　声

　　第五章　厉　声

　　第六章　李晓霞（新疆社会科学院副研究员）

　　第七章　黄　俊（新疆社会科学院研究员）

　　第八章　厉　声

艾力提·沙力也夫（中国社会科学院新疆发展研究中心特约研究员）

第九章　厉　声

艾力提·沙力也夫

第十章　厉　声

艾力提·沙力也夫

本书的撰写是在中国社会科学院时任副院长王洛林同志直接领导下进行的。书稿的大纲由厉声研究员拟定。全书成稿后，李方研究员、许建英副研究员承担了书稿的编辑和部分修改工作；厉声负责全书的统稿和定稿工作。

本书在撰写中参阅和利用了大量国内外学者的相关成果，书后所列参考书目部分反映了这一情况。在此，特向有关作者致谢。

本书出版 10 年后，根据土耳其国内学者的提议，将原书稿修订增补，重译土耳其文，以中文和土耳其文共同再版发行。在对原书做了适当增补、调整后，付梓刊印。

厉　声

2013 年 8 月记